Pour Monique
Que les vents du Grand Sud
vous soient favorables !
Bruno

LA VOLTA

Au cap Horn dans le sillage
des grands découvreurs

1re édition (2003), Transboréal
Transboréal 23, rue Berthollet, Paris (Ve)
Téléphone 01 55 43 00 37
Télécopie 01 55 43 00 38
Courriel contact@transboreal.fr
Internet www.transboreal.fr

Transboréal est une maison d'édition qui veut promouvoir
le travail d'auteurs, d'illustrateurs et de photographes
ayant fait preuve d'abnégation et de courage
lors d'études ou de voyages au long cours
marqués par une réelle connivence
avec le milieu humain
ou le monde naturel.

Conception graphique et réalisation : Transboréal
Gravure : Point Carré, à Rosny-sous-Bois (93)
Impression : Jean-Lamour, à Maxéville (54)
ISBN : 2-913955-34-7
Dépôt légal : janvier 2004

Bruno d'Halluin

La Volta

Au cap Horn dans le sillage des grands découvreurs

TRANSBORÉAL

« Il y a une musique
qu'on ne pourra jamais s'approprier,
c'est celle du vent.

Il y a un mouvement
qu'on ne pourra jamais arrêter,
c'est celui de la mer. »

Un marin pêcheur
de l'île de Groix

Préambule

Les deux amis décidèrent de concrétiser enfin un désir ancien.

Ce désir paraissait s'être usé au fil du temps, à la manière d'un vœu pieux ou d'une envie refoulée. Il resurgissait parfois dans la griserie d'un soir, puis s'évaporait avec l'ivresse lorsque l'aurore pointait, laissant un goût amer. Il faisait penser à un animal en hibernation, dans l'ombre chaude du terrier, ou à un vieux caillou érodé qui recélerait de précieuses pépites. L'ancien désir était stagnant comme une mare aux eaux lisses mais pleines de vie, poussiéreux à la façon d'une horloge enfermée par quelques planches vermoulues, qui n'aurait pas sonné depuis longtemps, mais dont le tic-tac persisterait.

Pourtant, ce jour-là, un vent d'insurrection souffla contre la routine, les hésitations furent balayées, les renoncements s'évaporèrent, et le vieux désir fané bourgeonna de nouveau. L'horloge sonna les douze coups de la rébellion, l'animal s'ébroua et sortit de son long sommeil, le caillou explosa comme en plein dégel. Un coup de vent salutaire succéda aux calmes interminables et leva un joyeux clapot à la surface de la mare.

Ce désir assemblait tous les rêves formés au fil de l'eau, glanés sur les quais ou issus d'errances sur les rivages, propices aux vagabondages de l'esprit. Les deux amis rêvaient de retrouver des sensations de grande traversée ; d'abattre à la sortie du golfe de Gascogne ; de faire pointer l'étrave vers de hauts volcans enneigés ou des criques désertes et glacées ; de se laisser enivrer par de torrides chaleurs ; de couper la Ligne ; de naviguer humblement dans le sillage des découvreurs ;

d'aller doubler un grand cap au sud du monde ; de pouvoir cracher au vent ; de se fondre dans la nature ; de vérifier que la mer est ronde ; avant de jeter à nouveau l'ancre dans une rivière bretonne et de se regarder…

Il était temps, enfin, d'assouvir ce vieux désir et de larguer les amarres. Les deux amis tinrent compte des enseignements des anciens : du parcours issu de leurs rêves, dont les contours prenaient forme peu à peu, leur parvenait le souffle des vents favorables.

Ils décidèrent de baptiser leur bateau *La Volta*.

Au début du XVe siècle, les Vénitiens dominaient le commerce européen avec les Indes, par l'intermédiaire des Arabes. Ces derniers acheminaient les précieuses marchandises d'Asie, en particulier les fameuses épices, vers la Méditerranée et l'Adriatique, en empruntant des voies terrestres ou maritimes, par l'océan Indien et la mer Rouge. Le petit royaume du Portugal décida alors, sous l'impulsion de l'infant Henrique, dit « Henri le Navigateur », de contourner ce monopole en suivant les côtes du continent africain dont on ignorait les dimensions. Le premier mythe vaincu fut le cap Bojador, au sud des îles Canaries, doublé en 1434 par Gil Eanes. Le franchissement de ce cap – le bout du monde, selon la croyance médiévale – marqua la sortie de l'espace intellectuel du Moyen Âge et l'entrée dans « la mer ténébreuse ». Les expéditions portugaises descendirent vers le golfe de Guinée, une zone climatique défavorable au retour : les vents de nord-est, l'alizé et l'harmattan du Sahara y soufflent régulièrement. Le contre-amiral François Bellec, qui dirigea le musée de la Marine à Paris, écrit à ce propos :

> *S'opposant au retour des navires portugais vers Lisbonne ou Lagos, ces vents contraires firent des capitaines du prince Henri sinon les premiers navigateurs hauturiers de l'histoire, du moins les inventeurs des méthodes universelles de navigation en haute mer. Se posa alors à Sagres*[1] *un premier problème inopiné, puisque la poursuite de l'exploration de la mer du Sud exigeait de mieux remonter au vent.*

---

1. Promontoire au sud du Portugal, où l'infant Henrique préparait les expéditions d'exploration.

> *Il fut brillamment résolu par l'adoption d'un navire adapté à ces conditions de navigation, la caravelle, et surtout par une conception révolutionnaire de la navigation à voile, la* volta. *[...]*
>
> *La* volta *était un vaste détour vers les Açores vers lesquelles on se laissait pousser par les vents de nord-est, avant de piquer cap à l'est sur le Portugal, au lieu de s'échiner à remonter en route directe en louvoyant au plus près. On l'appelait* volta do mar largo[2]*, ou* volta *des Sargasses. [...]*
>
> *Les Portugais savaient désormais aller d'un point à un autre non plus en suivant la côte, ni même en ligne droite, mais en tirant un large bord vers les vents portants. [...]*
>
> *La* volta *fut l'intuition déterminante de la découverte maritime du monde et de l'histoire de la navigation. Comme l'agriculture remplaçant la cueillette et l'élevage la chasse, la domination du vent fut l'une des étapes majeures de notre civilisation.*[3]

Le contre-amiral ne cache pas son admiration pour les navigateurs lusitaniens. Les Portugais contournaient donc l'anticyclone des Açores de manière à se laisser porter par les vents dominants, quitte à rallonger leur route en milles, pour la raccourcir en jours. Un peu plus tard, pour doubler le cap de Bonne-Espérance, découvert en 1488 par Bartolomeu Dias, sur la route des Indes (finalement atteintes en 1498 par Vasco de Gama), les navires portugais allèrent chercher les vents portants au large des côtes du Brésil. Ils y butèrent pour la première fois en 1500 sur la flotte de Pedro Álvarez Cabral et n'y restèrent alors que dix jours, avant de poursuivre leur route vers les Indes. Cette nouvelle *volta* de l'Atlantique Sud fit le tour de l'anticyclone de Sainte-Hélène dans le sens du vent. C'était la « grande *volta* », qui reproduisait dans l'hémisphère austral la « petite *volta* » des Açores[4]. Aujourd'hui, tous les navigateurs au long cours utilisent naturellement la manœuvre de la *volta* comme le montrent les sillages laissés par les voiliers ultra-perfectionnés lors des courses autour du monde.

---

2. C'est-à-dire « la *volta* du grand large ».
3. François Bellec, *Tentation de la haute mer*, Seghers, Paris, 1992.
4. Voir carte en annexe : « La manœuvre de la *volta* à partir du XVe siècle ».

Inspirés par les anciens et les modernes, les deux amis tracèrent au crayon sur leurs cartes marines des courbes allant jusqu'au bout de l'océan Atlantique, et bien au-delà.

Volta, en portugais courant, signifie aussi « tour », ou « changement ». Le choix du nom du bateau les conquit rapidement, attirés qu'ils étaient par les pays, déjà connus ou à découvrir, de langue ibérique en général et portugaise en particulier. Ils furent également séduits par la féminité du nom de leur embarcation. Nos amis d'outre-Manche ne s'y trompent pas. L'un des rares termes anglais féminins ne désignant pas une personne n'est-il pas *boat*?

Ces deux amis sont mon camarade Thierry Debyser et moi-même. Installés sur un banc le long du quai, nous observons aujourd'hui avec bonheur notre voilier qui dodeline doucement de l'étrave, objet de notre ancien désir, et qui porte fièrement ce nom auréolé d'histoire maritime.

Le périple de La Volta

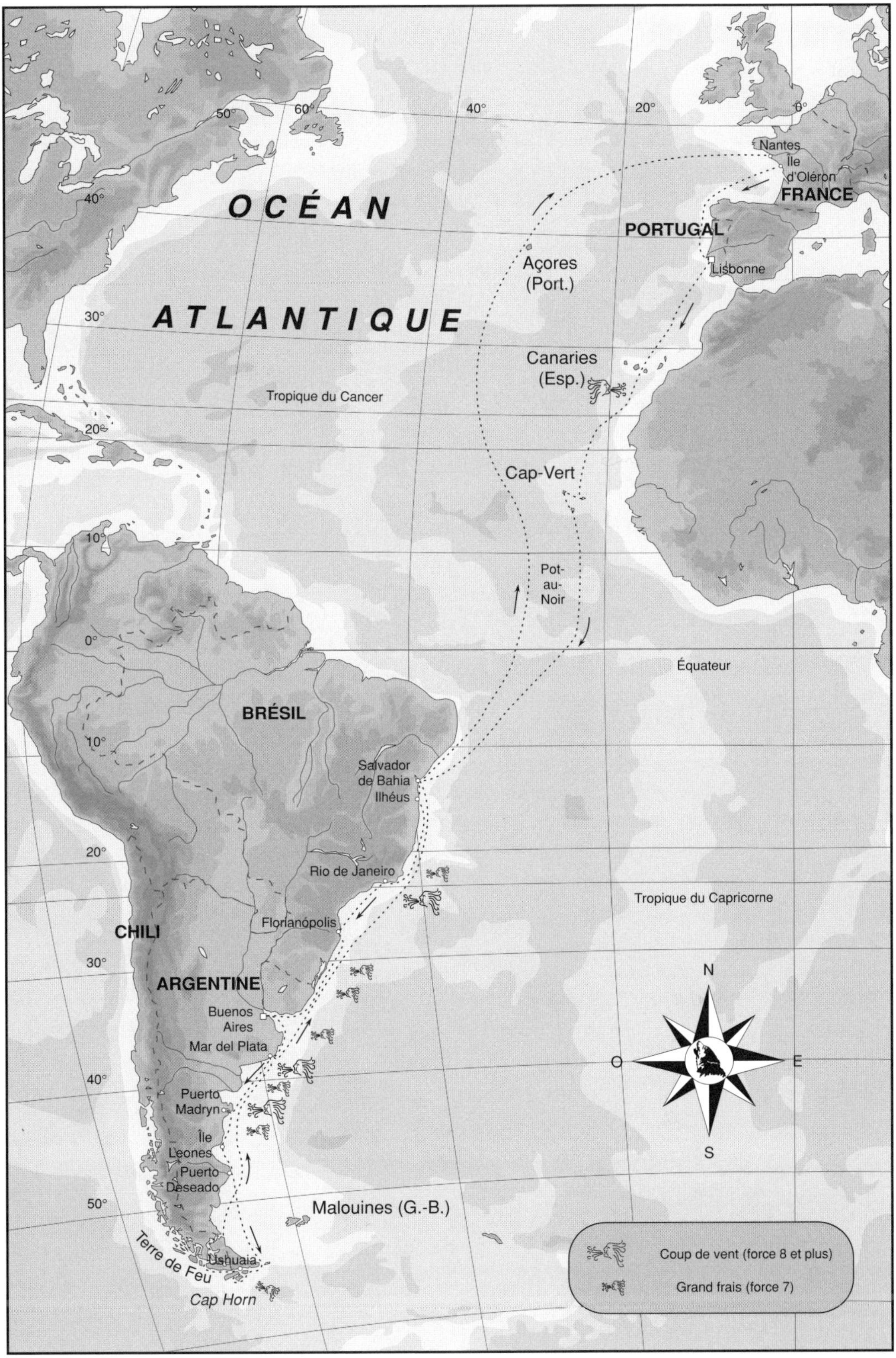

OCÉAN
ATLANTIQUE
60°
50°
40°
20°
0°
40°
30°
20°
10°
0°
10°
20°
30°
40°
50°
Nantes
Île d'Oléron
FRANCE
PORTUGAL
Lisbonne
Açores (Port.)
Canaries (Esp.)
Tropique du Cancer
Cap-Vert
Pot-au-Noir
Équateur
BRÉSIL
Salvador de Bahia
Ilhéus
Rio de Janeiro
Tropique du Capricorne
Florianópolis
CHILI
ARGENTINE
Buenos Aires
Mar del Plata
Puerto Madryn
Île Leones
Puerto Deseado
Malouines (G.-B.)
Terre de Feu
Ushuaia
Cap Horn
N
O
E
S
Coup de vent (force 8 et plus)
Grand frais (force 7)

A VOLTA DO MAR LARGO

ÎLE D'OLÉRON - LISBONNE

« Voilà le vent du nord qui rentre. »

Oui, le vent espéré est là, fidèle au rendez-vous que nous lui avons fixé aux abords du cap que l'on découvre à bâbord. Il nous porte vers le point cardinal qui cristallise nos espérances, vers lequel nous voulons tracer un sillage de milliers de milles : le Sud. Ce vent, appelé communément « l'alizé portugais », est le vent dominant au large de la côte ouest de la péninsule Ibérique. Il propulse les heureux voiliers vers les latitudes ensoleillées. Ce cap, c'est le cap Finisterre, à la pointe nord-ouest de l'Espagne. Comme la plupart des fins de terre occidentales de l'Europe, elle est habitée par un peuple celtique, les Galiciens. C'est le premier grand cap que nous nous proposons de franchir.

Ainsi, voilà le vent du nord. Je suis de quart. Le ciel du matin se dévêt lentement de ses nuages épars. Je surveille la trajectoire des cargos, nombreux à emprunter cette route. La côte au loin est bientôt baignée de lumière. Je règle le bateau : réduire la surface de la voilure tandis que le vent forcit, modifier un peu le cap, laisser filer les voiles car le vent vient maintenant de l'arrière, plus favorable. Abattre[5] à la sortie du golfe de Gascogne était l'un de nos premiers objectifs. Nous y voilà. Nous sommes le 19 juin et nous avons quitté les côtes françaises depuis cinq

5. Les termes techniques sont référencés dans un glossaire en fin d'ouvrage.

jours mais, cette fois, alors que nous sortons du golfe, c'est pour de bon. Nous « dégolfons », et entrons du même coup dans la communauté disparate des coureurs de mers, la proue et la tête tournées vers l'autre côté de la Terre.

L'arrivée du vent éloigne brusquement de nous l'île d'Oléron, notre point de départ. Jusqu'alors, notre progression laborieuse au cœur de vents faibles et instables nous donnait l'impression d'être en aimable croisière côtière, à la périphérie de notre port d'embarquement. J'observe mes coéquipiers à chaque changement de quart. Le visage de Thierry semble rayonner d'une vitalité nouvelle. L'excitation à bord monte d'un cran. Sébastien Fivaz s'installe discrètement sur le pont et observe la mer turbulente. Nicolas Charpentier et Serge Viallefond scrutent, hument, écoutent et échangent des plaisanteries. Paradoxalement, si l'arrivée du vent et le changement de cap vers le sud tendent nos esprits vers l'espace maritime qui s'offre à nous, ils nous rapprochent subitement de notre première escale. Curieusement, nous sommes partagés entre l'excitation de voir l'immensité de l'océan Atlantique s'ouvrir à notre étrave et celle de toucher bientôt au port. Nous profitons aussi de l'instant, car enfin *La Volta* file, poussée par les vagues.

Le grand départ a eu lieu du modeste port du Douhet, sur l'île d'Oléron. C'était lors d'une belle journée de juin, en début d'après-midi. Le baromètre et le moral étaient au beau fixe, et le vent d'ouest-nord-ouest modéré. Nous partions vingt-quatre heures avant l'horaire prévu, pas peu fiers de ce jour d'avance pris sur notre planning.

La foule en délire sur les pontons du Douhet était composée de deux personnes : Gilles, le frère de Thierry, et Yannick, leur sœur, venus nous souhaiter bonne chance. Le débouquement du chenal se fit sans encombre – comment aurait-il pu en être autre-
ph. 5 ment ? –, malgré une amicale dispute entre Thierry et moi pour s'approprier la barre en cet instant symbolique. Après la dernière bouée du chenal, les voiles furent hissées et leur surface légèrement réduite pour l'adapter à la force du vent. Le cap fut mis sur la sortie du pertuis d'Antioche entre les îles de Ré et d'Oléron. Une heure plus tard, nous doublions le phare de Chassiron, en haut duquel nous savions que Yannick et Gilles étaient juchés, observant notre sillage. Puis la côte disparut progressivement.

Dans le courant de l'après-midi, une vague perfide jeta notre réserve d'œufs sur le plancher du carré. Cette omelette inopinée nous rappela que nous étions en mer, et qu'il nous fallait réapprendre les réflexes propres à prévenir les inconvénients dus aux mouvements du bateau. En particulier, arrimer les œufs !

Le système de quarts mis en place pour cinq personnes avait fait l'objet de nombreux débats avant le départ. Ces quarts définissent le temps que chacun doit consacrer à la bonne marche du bateau, au repos et aux travaux collectifs que sont la cuisine, l'entretien ou les réparations éventuelles : ils scandent la vie à bord. Partisan d'un planning aux changements réguliers et rationnels, je dus m'incliner devant « l'option Sébastien », qui pourtant réfutait toute logique : tranches de deux, trois ou quatre heures s'y enchevêtraient de façon désordonnée. Néanmoins, en situation réelle, cette étrange méthode donnerait entière satisfaction. Chacun y trouverait son compte de repos ou de manœuvre, et la composante aléatoire que le système semblait receler serait bénéfique contre la routine. J'y avais apporté une touche personnelle en planifiant sur le tableau une vérification du gréement tous les quatre jours, si les conditions le permettaient. Quelqu'un devrait grimper en haut du mât pour vérifier les extrémités et attaches des haubans, traquer les gendarmes et autres points d'usure sur les poulies et les câbles. Ces débats sur le rythme de quarts à adopter étaient davantage motivés par le plaisir de la contradiction que par une obligation de rigueur à bord. L'équipage était solide, constitué de marins déjà confirmés, et nous étions tous les cinq aptes à prendre un quart seul dans des conditions ordinaires.

Pour cette première étape, l'équipage était composé, outre Thierry et moi, de trois amis venus d'horizons différents. Serge, le beau-frère de Thierry, est capable de calculer en quelques secondes le pourcentage de perte de distance qu'aurait un bateau qui s'éloigne d'un certain nombre de degrés de son cap direct. Nicolas, capitaine d'un voilier de 6,50 mètres de type Coco, est fréquemment à la barre de son bateau quand il vogue du côté de la baie de Bourgneuf, où il connaît les mouettes par leur prénom et surnom. Les deux compères, adeptes de bons jeux de mots et excellents bricoleurs, ont souvent navigué avec nous lors de croisières vers l'Angleterre ou l'Irlande. Ils nous quitteront à Lisbonne.

J'avais rencontré Sébastien quelques mois auparavant lors d'un stage « technologie » à la base concarnoise de l'école de voile des Glénans. Moniteur, il m'avait appris ce que tout bon marin doit connaître du fonctionnement et de l'entretien d'un moteur, de la réparation des voiles, de l'électricité à bord, et dévoilé quantité de petites astuces qui facilitent la vie. J'avais apprécié la manière discrète et le tact avec lesquels il m'avait confié son désir de participer au voyage.

Peu après la mise en place du rythme des quarts, à 21 heures, nous aperçûmes nos premiers dauphins. La découverte des animaux marins faisait partie de nos attentes, et l'apparition le premier jour de ces sympathiques cétacés nous parut de bon augure. Dès le début du voyage, je me soumis aux tâches quotidiennes que je m'étais fixées. Je souhaitais me perfectionner dans les langues des pays où nous désirions faire escale. Je commençai donc par le portugais, à l'aide d'un manuel. Je désirais également raviver mes vieux souvenirs de navigation astronomique avec le sextant du bord. J'avais aussi embarqué deux haltères avec lesquels j'effectuais quelques exercices journaliers. Fortifier son corps, apprendre à parler des langues étrangères ou à se positionner à l'aide des astres sont des activités contraignantes à terre mais, lors d'un voyage en mer, le temps n'est plus le même, et ce qui pouvait être une corvée devient un réel plaisir.

Pour les points astronomiques, nous bénéficiâmes ces premiers jours de bonnes conditions, car la mer était calme. Nous mesurions, avec l'aide du sextant, la hauteur d'un astre – en général le Soleil – sur l'horizon, en notant l'heure à la seconde près. Après force manipulations d'équations trigonométriques, nous en déduisions la droite de hauteur, matérialisée par un coup de crayon sur la carte, sur laquelle nous étions censés nous trouver. Nous contrôlions nos premiers points à l'aide du GPS, qui nous positionnait à quelques mètres près, grâce aux satellites américains : il suffisait d'appuyer sur une touche. Sextant ou GPS, anciens contre modernes, la polémique alimente les débats dans les bistrots des ports fréquentés par les navigateurs au long cours. Le GPS est évidemment un progrès important en matière de sécurité. Il permet de se situer instantanément, précisément, et par tout temps sur les cartes marines. Son prix est devenu très abordable. Cependant, une panne est toujours possible et il ne doit pas être considéré comme l'unique moyen de positionnement du bord. Pour plus de sûreté, certains en embarquent une collection. D'autres résistent avec opiniâtreté au modernisme et ne se munissent que du seul sextant. Arriver en vue de l'île tant désirée après de nombreux jours de navigation avec, pour se guider, la seule aide des astres et de quelques calculs, est une grande satisfaction. Hélas, la soumission au progrès nous prive parfois de ce genre de plaisirs. Le sens marin s'émousse au fur et à mesure que la technique apporte des réponses efficaces et rapides à ce qui nécessitait, par le passé, observation, anticipation et expérience. Radars, échosondeurs, GPS, récepteurs de cartes météo, ou même ordinateurs avec leurs logiciels de routage sont fort utiles ; pourtant les marins s'en sont passés pendant des siècles.

Mais, plus tard, résistant à l'appel pernicieux du GPS, nous bouclerions avec bonheur une étape de deux semaines entièrement au sextant, arrivant exactement sur l'île de nos souhaits. Le sextant nous avait été prêté par un ami et nous avions apprécié ce geste, d'autant que cet instrument, onéreux et fragile, n'est pas un objet que l'on confie facilement, car il possède dans l'inconscient du navigateur un caractère mythique, presque magique. N'était-ce pas depuis longtemps, et récemment encore, l'unique moyen d'établir sa position en pleine mer, et cela grâce au Soleil, à la Lune, aux étoiles et aux planètes ? Le sextant est respecté, voire vénéré, et l'on n'y pose les doigts qu'avec précaution.

Parfois, une observation approximative ou un calcul hasardeux aboutissait à une position délirante sur la carte, mais dans l'ensemble nous fûmes très satisfaits de nos premiers points astronomiques. Malgré des conditions météorologiques moroses avec un vent « variable à faible », nous étions dans la douce attente, sans impatience, que le voyage prenne forme peu à peu. Les jours passaient : nos premiers essais de pêche, peu fructueux, ne nous permirent pas de nous rassasier de poisson. Une hirondelle dormit clandestinement à l'intérieur de l'embarcation et ne manqua pas de déposer du guano sur le duvet de Nicolas, déclenchant chez lui quelques bougonnements matinaux et chez moi une fort bonne humeur au moment de commencer mon quart. Thierry et Sébastien me signalèrent avoir aperçu dans l'obscurité une forme arrondie de bonne taille, puis perçu comme le souffle d'un évent. Cette furtive apparition fut probablement celle de la première baleine croisée par *La Volta*. Nous nous occupions aussi à observer le niveau des batteries, qui donnèrent rapidement des signes de faiblesse, au point qu'un jour le moteur refusa de démarrer. Un peu de vent se leva alors et, après quelques heures de charge par notre éolienne, le moteur obtempéra. Cet épisode nous rasséréna dans notre choix de nous être équipés de cette source d'énergie. Le vent nous fournit à la fois des nœuds pour notre vitesse et des ampères pour nos batteries.

Thierry eut besoin de deux jours après le départ pour s'amariner puis, contrairement à moi, il ne chercha pas à fournir d'activité particulière, préférant pénétrer en douceur dans le voyage, à l'écoute de ses sensations.

Nous avons maintenant l'impression d'y entrer vraiment, dans le voyage, avançant à 6 ou 7 nœuds[6] au large du cap Finisterre, poussés par un vent propice. Après quelques jours de cap à l'ouest-sud-ouest, qui semblent déjà loin, nous avons tourné à gauche à la pointe de la Galice et nous nous sommes lancés, laissant loin derrière nos habitudes et nos sentiers battus, vers des horizons à découvrir et des sensations nouvelles. Quelques dauphins au corps élancé et aux flancs chamarrés – des dauphins communs – viennent saluer notre accélération et exhiber leurs talents nautiques à l'étrave de *La Volta* pendant plusieurs heures. Entretemps, notre premier poisson vient finir ses jours dans le seau, événement qui réunit tout le monde dans le cockpit. Après quelques tergiversations parmi l'équipage quant à son identité, Nicolas déclare d'un ton sans appel qu'il s'agit d'une orphie, et ajoute que les touristes l'appellent aussi « aiguillette ». Aiguillette, orphie ou autre, elle finit dans nos assiettes.

Dans la nuit, nous croisons un paquebot qui, brillant de mille feux, nous fait l'effet d'une véritable ville flottante. Nous ne manquons pas d'imaginer des hommes en nœud papillon, dégustant caviar et fumant cigare, et fantasmons un brin sur le décolleté et l'échancrure des robes de soirée des dames. Cette apparition presque irréelle s'éclipse bientôt à l'horizon, dissipant nos rêveries impudiques.

---

6. Un mille nautique = 1 852 mètres. Un nœud = un mille nautique à l'heure.

La météo le confirme : le vent reste favorable, tournant vers l'ouest. Notre arrivée à Lisbonne est pour demain. Nous observons de curieux bouts de matière translucide de 3 ou 4 centimètres de diamètre qui flottent par milliers en surface. Les prenant de prime abord pour des pièces de plastique échappées d'un cargo malheureux ou peu scrupuleux, nous nous lamentons sur la pollution des mers et la négligence des hommes. Peu à peu, de vieilles images de traversée me reviennent en mémoire. Oui, je me souviens maintenant avoir déjà aperçu ce genre de formes étranges. J'annonce à mes coéquipiers que ce sont en réalité des méduses. L'excroissance qu'elles portent sur le corps au-dessus de la surface de l'eau leur sert à utiliser le vent pour progresser à la manière d'un voilier, d'où leur surnom de « caravelle portugaise ». Devant le scepticisme ambiant, Serge se décide à fabriquer un piège à méduses à voile. Détournant la fonction première de la gaffe, il y fixe une bouteille plastique préalablement dotée d'une ouverture latérale suffisamment grande pour y faire entrer nos bestioles, mais suffisamment petite pour éviter qu'elles ne ressortent. Contre toute attente, la pêche fonctionne, et il remonte rapidement à bord deux ou trois spécimens qui sont exhibés sur le pont pour l'édification des incrédules. Ce sont des animaux de forme ovale, portant une protubérance tendue vers le ciel, comme une sorte de crête sagittale. Sébastien demande si ce type de voilure remonte bien au vent ; je préfère éluder que d'avouer mon ignorance sur cette question difficile.

Cette ambiance bon enfant ne nous fait pas oublier la navigation. Nous sommes dans une zone de fort trafic à l'approche du Cabo da Roca – la pointe la plus à l'ouest de l'Europe continentale – et de l'entrée du Tage. Nous tâchons de ne pas nous attarder sur les routes suivies par les cargos. Toute la nuit, nous surveillons la trajectoire de leurs lumières, dans le vent toujours établi. La falaise du cap, obscurcie par l'ombre du soleil levant, est dépassée. Après quelques manœuvres pour passer les rails maritimes, nous approchons de l'embouchure du Tage. Les villes résidentielles de Cascais et d'Estoril sont laissées à bâbord. Par chance, la marée est montante et son courant dans l'estuaire nous propulse vers Lisbonne. Nous sommes partis depuis exactement sept jours et avons parcouru 700 milles nautiques, soit environ 1 300 kilomètres. Notre vitesse moyenne de 4 nœuds correspond à la vitesse de référence qui a servi à estimer la durée probable de chaque étape lors de l'élaboration de notre parcours. Pour l'instant, cela concorde.

Nous atteignons la tour de Belém, construite sous le règne du roi dom Manuel en 1515. Ce bel édifice à la base carrée était salué par les bateaux en partance pour les Indes. À proximité se dresse le monument des Découvertes, de facture plus grossière, construit en 1960 et qui ressemble à une proue de bateau. À sa
ph. 4 pointe, le prince Henri le Navigateur parade, suivi d'un cortège de personnages importants de l'histoire portugaise. Un trafic intense anime les eaux du Tage. Nous croisons des caboteurs, des bacs traversant vers Cacilhas, des cargos battant pavillon de complaisance et quelques voiliers parmi lesquels se trouve un magnifique trois-mâts. J'aime cette ambiance affairée et bigarrée de grand port. Nous passons sous le pont du 25-Avril, que surplombe un Christ Roi monumental. Ces deux édifices, comme le monument des Découvertes, furent construits sous Salazar. Le pont, qui portait son nom, fut rebaptisé de la date de la révolution des Œillets en 1974, qui mit fin sans effusion de sang à la dictature militaire au Portugal, et par répercussion, à la colonisation et aux interminables guerres d'indépendance des Africains – conséquences dramatiques des grandes découvertes maritimes du XVe siècle. Puis nous longeons le centre-ville et la place du Commerce, qui donne directement sur le Tage. Nous approchons de la colline de l'Alfama, pittoresque quartier populaire au pied duquel se trouve un bassin dans lequel nous amarrons *La Volta*. Quelques voiliers s'y trouvent, au pied d'immenses cargos rouillés accostés au bord du Tage.

Une fois les amarres réglées, les voiles pliées, les cordages lovés, chacun s'abandonne et les esprits vagabondent. Je me remémore le film de l'étape, puis des images de la préparation se bousculent, en désordre. Comment en sommes-nous arrivés là ?

L'idée avait germé un an auparavant. J'habitais à Nantes depuis quelques mois, car j'avais délaissé ma Haute-Savoie natale pour me rapprocher de l'océan. J'aimais pourtant la montagne et son milieu naturel et humain. L'hiver me voyait glisser sur la neige, mais à la belle saison je préférais les vallées aux sommets : là se trouve l'eau, celle des torrents et des lacs. Gamin, j'avais appris à nager dans le lac d'Annecy, et y avais remporté la première régate à laquelle j'avais participé :

l'absence de vent avait favorisé le gosse le plus prompt à godiller avec la barre de son Optimist. Adolescent, la natation puis la planche à voile étaient mes sports favoris. Plus tard, j'adoptai le kayak afin de sillonner l'eau vive des rivières de montagne. Il m'offrait le plaisir de naviguer et de maîtriser l'embarcation, d'évoluer dans la nature avec un fort contact avec l'eau. Mes parents, sans être eux-mêmes marins, m'avaient donné le goût de la mer au fil des nombreuses vacances en famille passées à camper le long des magnifiques rivages que proposent les côtes françaises. Ma sœur et moi nous ébattions inlassablement dans les vagues. Déjà, j'aimais m'installer sur un rocher et observer longuement la mer. Le temps qu'il fait, le vent, la luminosité, la marée contribuent à en faire un spectacle toujours renouvelé.

Installé en bordure de la Bretagne, j'étais décidé à profiter des occasions de naviguer qui se présenteraient dans cette région où j'avais complété mon expérience maritime au fil des ans. Quel merveilleux espace offrent les côtes bretonnes pour y tracer le sillage d'un voilier ! Les stages à la base de l'école de voile des Glénans à Paimpol en tant que stagiaire puis moniteur, les locations de bateau entre amis vers l'Angleterre ou l'Irlande, ou encore aux Antilles, jalonnent mon parcours nautique. C'est l'un de ces amis, Thierry, qui, quinze ans auparavant, alors que nous sortions de notre vie d'étudiants, m'avait le premier fait découvrir la navigation à voile lors d'une croisière entre l'île d'Yeu et Belle-Île-en-Mer. C'est ce même ami qui, un beau jour, m'avait appelé depuis Annecy : « Cette fois, je me lance : j'achète un bateau, et non pas pour qu'il reste à un quai : ce sera un coureur d'océans. Si tu veux te joindre à moi, tant mieux. Sinon, je me débrouillerai seul. »

Thierry est ainsi. Il déborde toujours de projets : la plupart terminent aux oubliettes, mais certains se réalisent. Son coup de fil avait eu lieu peu après l'abandon forcé d'une mission professionnelle de deux ans en Chine, à la suite d'un revirement inattendu de ses employeurs. D'un tempérament enthousiaste, mon camarade avait encaissé la déception, mais il lui fallait rebondir. Ses activités sont dictées par la foi et l'ardeur qui l'anime. C'est un homme qui va de l'avant, parfois à l'excès, poussé dans son désir d'accomplir les choses intensément. Parmi ses passions, la mer et la voile. Un jour, nous louâmes au départ de Brest, en compagnie de camarades, deux voiliers identiques pour une croisière vers l'Irlande. Habitant tous deux Annecy à cette époque, nous avions fait l'acquisition d'un catamaran de sport, un Dart 18, que nous avions baptisé *L'Imbénable*, dont nous avons usé les coques pendant des années sur le lac d'Annecy ou le lac de Garde, ou encore du côté des îles de Houat, d'Oléron et de Porquerolles. La passion commune de la voile et une certaine conception de la navigation et du voyage nous ont beaucoup rapprochés au fil des ans et des milles.

Fréquentant Thierry depuis longtemps, je crois savoir mesurer les rituelles et quasi légendaires exagérations dans les propos de mon ami. Cette fois-ci, sa proposition semblait sérieuse. Alors, évidemment, je réfléchis. Nous avons toujours eu, comme la plupart des mordus de voile et de mer, des envies ou des ébauches de projet de ce genre. Partager les frais mettait l'aventure à portée de nos bourses. Les conversations téléphoniques qui suivirent parlaient de coques, de mâts, de latitudes où le vent souffle fort, et d'un cap très loin au Sud. Bientôt, et sans même que cela fût décidé formellement, l'évidence s'imposa : nous allions partir.

Deux mois plus tard, nous naviguions vers les îles Scilly, à la pointe sud-ouest de la Cornouaille britannique, à bord de *La Volta* que nous venions d'acheter dans les environs de Saint-Malo. Ce voilier est un Romanée. Si le Romanée est un grand cru de Bourgogne, c'est aussi un grand cru de l'architecte naval Philippe Harlé, connu pour sa passion de l'élément liquide, qui créa ce bateau de grand voyage en aluminium, à la coque ronde d'une longueur de 10 mètres. Il possède une solide réputation pour la navigation en conditions difficiles. Cent quatre-vingt-cinq exemplaires ont été construits en Vendée entre 1973 et 1983. Le nôtre est de 1980. Vieilli comme une bonne bouteille, il ne cache pas sa nature de vieux baroudeur.

Nous avons rapidement porté notre dévolu sur ce type de bateau, car il possède les caractéristiques que nous souhaitons. Dix mètres de long nous semblent être un bon compromis en vue du programme que nous nous proposons de suivre : suffisamment grand pour avoir une bonne aptitude à affronter les coups de vent, et pour y vivre confortablement à deux ou six personnes ; suffisamment petit pour pouvoir être gréé en sloop – ce qui simplifie les manœuvres et l'entretien –, pour pouvoir être mené avec une barre franche – nous préférons les sensations qu'elle procure à celle d'une barre à roue –, et pour ne pas trop grever le budget. Chaque mètre de longueur de coque supplémentaire nécessite de dimensionner en conséquence voiles, cordages, câbles, poulies, de tout acquérir en plus résistant, plus grand, plus cher. Nous apprécions une coque faite d'une matière à la fois solide et légère et réclamant peu d'entretien. L'aluminium associe avec bonheur ces qualités. Quelques anodes judicieusement placées suffisent à juguler les problèmes d'électrolyse. Nous jugeons par ailleurs sa forme, avec une quille longue et donc peu profonde, rassurante dans le gros temps. En effet, une quille profonde peut constituer dans certains cas un appui sur l'eau trop important et pourrait faire basculer le bateau par un effet croc-en-jambe : c'est le chavirage. Dans le même ordre d'idées, le gréement est composé d'un mât solide et relativement court, portant une grand-voile à trois ris. Nous disposons d'un génois à enrouleur et de quelques focs que nous pouvons mettre à poste sur un étai largable. Nous tenons absolument à ce dernier point, de façon à avoir la possibilité de ramasser le plan de voilure dans la brise et à pouvoir aisément, le cas échéant, gréer un tourmentin. Enfin, un spi rond et multicolore vient compléter la garde-robe.

Ces considérations techniques méritent peut-être quelques éclaircissements. En navigation, la réduction ou le renvoi de voilure (ou de toile) sont des manœuvres importantes. Plus le vent est fort, plus la surface des deux voiles doit être réduite. En ce qui concerne la grand-voile, lorsque le vent forcit, on doit « prendre un ris » : la voile est abaissée d'un cran vers le bas, et la partie basse de celle-ci est soigneusement pliée pour ne plus faire de prise au vent. Crochets et cordages – les « bosses » – judicieusement placés permettent de réaliser l'opération. La grand-voile de *La Volta* est conçue pour prendre trois ris : elle offre donc la possibilité de choisir entre quatre surfaces de voilure différentes. Lorsque l'on prend le troisième ris, c'est que l'on est confronté à un coup de vent sérieux. Si la situation empire, on peut encore affaler complètement la grand-voile. Pour la voile d'avant, nous avons plusieurs possibilités : par vent modéré, on utilise le grand génois à enrouleur (ou foc à enrouleur), dont la surface se réduit facilement en l'enroulant autour de son axe – un câble, ou hauban, appelé « étai » – qui va de l'avant de la coque vers le sommet du mât. Par vent fort, on préfère l'enrouler complètement pour établir une voile plus petite, plus près du mât et du centre du bateau, sur un hauban amovible appelé « étai largable ». Sur *La Volta*, cette voile peut être le foc de brise ou foc 2, voire le minuscule tourmentin en cas de tempête.

Cerise sur le gâteau, mais qui a son importance lors d'un long voyage, l'intérieur nous plaît. Son agencement est le suivant : un ample carré où il fait bon s'installer, deux cabines arrière indépendantes, un coin W. C. lavabo fonctionnel à l'avant, à droite en entrant un poste de navigation doté d'une spacieuse table à cartes, en regard d'une cuisine confortable en « U » permettant au maître coq de se caler convenablement, même lorsque la mer est facétieuse. De nombreux rangements sont prévus, complétés par l'espace qu'offre la soute volumineuse située à la proue. Nous sommes sensibles à une foule de détails qui rendent un bateau agréable en navigation : toiles antiroulis sous toutes les couchettes, placards à cirés, pompes mécaniques d'eau douce et d'eau de mer sont autant d'indices révélateurs d'un bateau qui n'est pas confortable uniquement au port. Le Romanée a été rapidement notre élu, sans même que nous eussions vraiment pris le temps de nous intéresser à ses concurrents éventuels. Nous avons choisi, après quelques bords tirés dans la Rance qui finirent de nous convaincre, celui qui allait devenir *La Volta*, alors que nous n'avions pas encore défini précisément son programme de voyage.

Peu après l'achat, nous décidâmes de rapprocher notre voilier de mon domicile nantais, et donc de nous offrir une croisière entre Rance et Vilaine. Pour ce tour de Bretagne, trois amis nous rejoignirent. La navigation était paisible et nous atteignîmes sans encombre l'Aber-Wrac'h, charmante ria non loin de la pointe de Bretagne. L'annonce par la météo de l'arrivée d'une dépression modérée nous décida à faire un large crochet par les îles Scilly, de manière à vérifier la réputation du voilier dans les conditions sportives qui s'annonçaient, et à aller boire une pinte en face au Mermaid : les bières britanniques tirées des fûts de ce pub ont une renommée qui a traversé la Manche, traversée que nous nous proposions d'effectuer nous aussi.

Nous appareillâmes par une légère brise de sud. Le temps se dégrada rapidement et le vent atteignit un bon force 8, peut-être 9, bien supérieur à ce que nous avions déjà connu en mer.

Les vagues grossirent rapidement pour atteindre 5 à 6 mètres de hauteur. Nous les vîmes frapper avec violence le flanc d'un cargo qui passait non loin, à demi masqué par l'abondant crachin qui nous enveloppait et la nuit qui s'épaississait. Malgré des confusions dans nos manœuvres de réduction de surface de voile et quelques vomissures abandonnées aux poissons, le bateau réagissait bien, nous confortant dans notre choix. Trempés par la pluie et les embruns, les estomacs malmenés par les vagues, nous restions concentrés sur la marche du bateau, et nous étions heureux. C'était comme un baptême. On sent la barre ferme sous la main, on manie les voiles humides et tendues par le vent, on mesure l'angle qu'il faut donner au voilier en fonction de la vague qui arrive. C'est alors que, progressivement, on se sent faire corps avec son bateau. C'est pendant cet épisode que nous nous appropriâmes vraiment *La Volta*, et mesurâmes qu'avec elle nous pouvions aller loin, très loin…

Très loin, mais pas jusqu'aux Scilly. Ce fort coup de vent de secteur sud ne me donnait guère envie d'atterrir dans les îles, car la remontée des fonds à l'approche de l'abri risquait de lever une mer difficile. À 20 milles à peine du Mermaid, nous renonçâmes à l'objectif. Au petit matin, sur la mer apaisée, nous embouquions de nouveau l'Aber-Wrac'h.

Entretemps, Thierry et moi, tous deux informaticiens travaillant dans des sociétés de service, avions demandé et obtenu sans difficulté quinze mois de congé sabbatique dans nos entreprises respectives. Quinze mois nous paraissaient nécessaires pour conduire à bien notre projet selon l'itinéraire que nous nous étions fixé. Celui-ci s'était élaboré peu à peu. Lorsque l'idée du voyage avait germé, nous avions pensé pêle-mêle à toutes les escales qui nous faisaient rêver. Rapidement, nous recentrâmes nos idées autour de ce qui se révéla bientôt être l'objectif essentiel et incontournable : le cap Horn.

Le cap Horn ou les fantasmes du marin, ses rêves et ses cauchemars de vagues gigantesques et de vents fous ! L'un des rares endroits de la planète synonyme d'absolu, peut-être le seul pour les navigateurs. Il est le théâtre des récits les plus terribles de lutte contre la tempête, de naufrages terrifiants, dans le fracas des mâts qui s'effondrent et des vergues brisées. Le Horn est un rêve, un aboutissement. Il est situé à l'extrémité d'une contrée ancrée au bout du monde, une terre ultime qui ne se décrit qu'au superlatif : la Patagonie. S'étendant entre deux océans, la région est réputée pour être d'une rude beauté, parsemée de paysages âpres et grandioses, qui vont des sommets andins à la plaine de la pampa, et flanquée, à son extrémité sud, de l'archipel de la Terre de Feu et de ses canaux balayés par les rafales qui s'engouffrent entre des montagnes couvertes de grands glaciers. Mais nous n'en sommes pas là. Le Horn se mérite !

L'itinéraire devait s'articuler autour de lui. Puisqu'il est situé à l'extrême sud de l'Amérique du Sud, le projet nous vint tout naturellement de contourner ce continent. L'idée initiale était d'en faire le tour en s'engageant d'abord dans le canal de Panamá pour déboucher dans l'océan Pacifique, puis en descendant vers le cap Horn de façon à le passer dans le sens des vents dominants, donc d'ouest en est, et en remontant l'océan Atlantique. Ce parcours était séduisant et offrait à notre gourmandise quelques alléchantes escales dans le Pacifique où nous nous proposions de flâner, telles les îles Marquises ou l'île de Pâques. Néanmoins, une étude plus approfondie des distances et des vents nous fit abandonner ce plan trop ambitieux. Je ne désirais pas passer mon temps à avaler les milles et n'avoir que quelques jours pour profiter d'une escale. Des choix étaient nécessaires, des tentations devaient être abandonnées. Il nous fallait trouver un équilibre entre le temps passé en mer et à terre. Aller chercher le cap Horn en quatorze mois nécessitait un temps de navigation important, représentant environ quarante pour cent de la durée du voyage, ce qui était bien au-dessus de la moyenne des navigateurs au long cours. Le parcours classique d'un voyage d'un an reste un aller et retour aux Antilles, en passant par l'île de Madère ou les îles Canaries à l'aller, et l'archipel des Açores au retour. Je n'étais pas partisan de multiplier les arrêts pour ne faire qu'effleurer les climats, les sensations, les populations. Je proposai à Thierry de concentrer nos envies sur quelques escales que nous jugions particulièrement attrayantes, et donc de faire des étapes en mer d'une durée plus importante. Je lui soumis ce qui allait devenir notre adage : « Longues étapes, longues escales ». Je tenais beaucoup à ce que nous fussions d'accord là-dessus, car derrière les mots se cache une certaine philosophie du voyage.

Les premières îles de la Polynésie sont situées à 4000 milles à l'ouest de Panamá. Peut-être un mois et demi de mer. L'océan Pacifique est immense, ses îles innombrables. C'est un autre voyage. De plus, un examen complet des régimes de vents nous fit prendre conscience que, dans notre obsession de passer le cap Horn dans le bon sens, nous avions dédaigné le fait que le reste du parcours n'était pas de tout repos. Nous serions souvent contraints de nous échiner contre les vents dominants. Le contournement des anticyclones dans le sens du vent est la donnée essentielle pour qui veut voyager loin, et cela nous ramena aux sources de la navigation hauturière, inventée par les Portugais il y a plus de cinq siècles : la *volta*. Dès lors, tout devint plus clair. Le tour de l'Amérique du Sud se ferait dans l'autre sens. Nous serions poussés par des vents favorables sur le flanc est de l'anticyclone des Açores, au large de l'Afrique, puis par les alizés, puis sur le côté ouest de l'anticyclone de Sainte-Hélène, le long des côtes d'Amérique du Sud. Une fois dans l'océan Pacifique, nous serions du bon côté de l'anticyclone de l'île de Pâques pour remonter les côtes chiliennes et péruviennes. Après Panamá, de retour dans l'Atlantique Nord, nous irions chercher la latitude favorable des grands vents d'ouest qui nous ramèneraient chez nous. Tout s'enchaînait parfaitement.

Dans ce tableau idyllique se dressait toutefois un problème, et non des moindres : le franchissement du cap Horn à l'envers, en l'abordant par l'est, s'annonçait fort délicat : nous aurions à lutter contre le vent d'ouest, fidèle et furieux compagnon de cette contrée déjà inhospitalière. Advienne que pourra, nous verrions bien !

Aller chercher le cap Horn dans le cadre d'une année sabbatique est un défi que peu d'équipages se sont lancé, ce qui renforçait notre motivation. Les escales prévues étaient Lisbonne, les îles du Cap-Vert, Salvador de Bahia au Brésil, Buenos Aires en Argentine, les mouillages des côtes patagonnes et fuégiennes, Valparaiso au Chili, puis, après une longue étape, le canal de Panamá, et enfin Cuba, New York et Terre-Neuve par un large crochet dans l'Atlantique Nord. Aborder ces lieux nous enthousiasmait au plus haut point. Nous ne savions pas encore que ce beau parcours serait sensiblement modifié par la suite, en particulier dans sa seconde partie, et que nous devrions nous adapter aux conditions météorologiques exceptionnelles de cette année-là…

Notre projet ayant pris forme, nous nous interrogions sur la manière dont nous pourrions y associer notre entourage. L'idée de tenir un journal de bord trimestriel, auquel s'abonneraient ceux qui le souhaitaient, émergea alors. Thierry suggéra la création d'une association des amis de *La Volta*. Mon coéquipier impliqua son entourage dans l'opération. Père de famille, il ne manqua pas d'intéresser sa femme et ses deux petites filles au voyage. Ainsi, son épouse, Claire, devint la secrétaire de l'association. Le président et le trésorier furent choisis parmi nos nombreux amis communs. Je suis célibataire, mais ma famille participa aussi à l'afflux des adhésions puis à la diffusion de notre journal. La centaine de cotisations récoltée fut la bienvenue et nous décida à nous doter d'un radar. Nous hésitions à faire l'achat de cet équipement onéreux, à la fois rarement nécessaire et gourmand en énergie. Cependant, dans les quelques occasions où il se révèle utile, il l'est pleinement. Quiconque a déjà navigué dans le brouillard, dans une zone à fort trafic, au milieu des hurlements lugubres des cornes de brume et des bruits inquiétants des moteurs, comprendra.

La question de la venue à bord d'équipiers volontaires, si possible membres de l'association, et de leur éventuelle participation financière, était plus délicate. Nous avions envie de faire seuls une bonne part du périple. Nous savions aussi que donner des rendez-vous au cours de ce type de voyage implique une perte de liberté alors que nous souhaitions que la durée des étapes et des escales garde une composante aléatoire, que ce soit pour des raisons météorologiques ou personnelles. L'ouverture aux occasions éventuelles et aux changements de programme est indispensable à un voyage réussi. Pourtant, les événements se dérouleront sans encombre tout au long de notre parcours. Quant à l'épineux problème de la participation des matelots à l'usure du bateau et aux divers frais d'entretien (en dehors de celle, qui tombe sous le sens, concernant le biscuit et le tafia[7]), il divisa notre entourage. Jusqu'alors, notre mode de fonctionnement avec nos amis entrait dans le cadre de la location de voilier et chacun contribuait aux frais à parts égales. Mon jugement, partagé par Thierry, fut le suivant : le bateau nous appartenait,

7. Boisson très populaire à l'époque de la marine à voile, sorte d'eau-de-vie plus ou moins frelatée.

mais cela n'entraînait en rien la prise en charge de la totalité des frais sur notre budget, et la gratuité pour les équipiers. Les charges d'entretien et de dépréciation due à l'usure courante devaient être partagées, chacun en profitant.

Ainsi sont nés l'association « L'astral de La Volta » et le journal de bord du même nom. *Astral* est un mot portugais qui se prononce à peu près « achtrao » et est difficile à traduire en français. Cette expression brésilienne nous avait été rapportée par José Djalma de Morais Junior, un copain de Salvador de Bahia dont nous reparlerons. Avoir l'*astral*, c'est avoir un fluide positif, suivre sa bonne étoile, avoir la possibilité de vivre ses rêves, c'est le courant de marée montante qui nous pousse dans le Tage. Une tentative de définition du président de notre association, notre ami Michel Blanc, facteur et grand homme de lettres, donna ceci : « L'*astral* est une disposition psychologique particulière qui tend à provoquer et à entretenir une spirale favorable. »

Prolongeant ma rêverie sur les pontons de Lisbonne, je me souviens aussi des quelques semaines que *La Volta* a passées dans le hangar d'un chantier de La Roche-Bernard, au bord de la Vilaine, à se refaire une beauté à l'abri des regards. Elle réclamait un toilettage et désirait compléter sa garde-robe. Une couche protectrice – un antifouling – fut appliquée sur ses formes rondes et généreuses, très efficace contre les petites bêtes qui s'agrippent à la surface des coques et atténuent leur vitesse sur l'eau. Ses menus soucis d'épiderme résolus, *La Volta* ne se jugea pas suffisamment parée pour la grande sortie à laquelle nous l'invitions. Nous satisfîmes ses moindres désirs, non sans lui avoir fait remarquer qu'elle nous coûtait un peu cher. Pour éviter qu'un cargo du genre goujat, profitant perfidement d'une brume voilant son forfait, ne l'importune, ne l'agresse, voire ne l'éperonne, nous la dotâmes d'un sens supplémentaire lui permettant d'y voir clair par tous les temps : le fameux radar financé par l'association. Les éventuels importuns seraient ainsi évités ou éconduits. *La Volta* était également inquiète du temps que nous serions obligés de passer à la maintenir dans le bon cap, avec le risque de négliger des tâches plus essentielles à ses yeux : son nettoyage et son entretien. Pour nous permettre de la soigner, elle fut équipée d'un système « régulateur d'allure » qui lui donnait la faculté de s'orienter avec la seule aide du vent. Ce dispositif entièrement mécanique permet au bateau de se gouverner sans avoir recours à un barreur. Le voilier suit alors un cap selon la direction du vent.

Notre embarcation préfère marcher à la voile qu'à l'hydrocarbure. Elle a horreur des moteurs, qui passent leur temps à éructer, sont malpropres et malodorants. Seulement, pour s'illuminer le soir, elle a besoin d'énergie. Pour éviter de puiser celle-ci dans le moteur abhorré, le vent fut de nouveau mis à contribution. Une éolienne fut mise en place. Nous soupçonnons d'ailleurs *La Volta* d'avoir avec le vent des rapports troubles et ambigus. Ne reste-t-elle pas, en son absence, prostrée, désœuvrée, grinçante et grincheuse, et ne semble-t-elle pas revivre et s'épanouir quand il réapparaît ? Cependant, pour éviter que le vent, dans un coup de folie, ne la déshabille brutalement et la fasse démâter, nous renforçâmes sa capacité à se défendre, en espérant qu'elle le veuille bien. Tous les haubans furent remplacés à cet effet. Enfin, pour rendre plus agréable son mouillage, un guindeau manuel nous permettant de relever l'ancre plus facilement fut adapté. De cette manière les valeureux matelots ne seraient pas usés physiquement avant l'heure et garderaient de l'énergie plus longtemps. Ayant cédé à tous ses caprices, nous embrassions notre embarcation d'un tendre regard. *La Volta*, ainsi fardée, était prête à faire son entrée, telle une océanide, sur la grande scène maritime[8].

À cette époque, nous fûmes confrontés à de nombreux choix passionnants. Nos décisions s'appuyaient sur notre propre expérience nautique et sur notre conception de la voile et du voyage. Les discussions entre mon coéquipier et moi-même étaient intenses et captivantes. Nous nous laissions également influencer par l'expérience de quelques marins plus expérimentés. J'étais avide de renseignements en tout genre. Je me demandais comment était la mer dans le Grand Sud, comment l'on pouvait prévenir un chavirage ou réagir face à lui, s'il fallait étanchéifier le panneau de descente. Des marins m'ont apporté leur précieux concours. Particulièrement André, que j'avais joint par téléphone chez lui à Morlaix. André avait fait le tour

8. Voir l'annexe : « Considérations techniques ».

du monde en solitaire par les trois caps[9], précisément avec un Romanée, ce qui n'était pas sans m'impressionner. Ce type de route extrême nécessite une conception du voyage différente de celle qui pousse les voiliers sur l'autre parcours « tour-du-mondiste », chemin plus clément par les tropiques et les alizés, les canaux de Panamá et de Suez. Je considère les deux options comme respectables : notre parcours ne relève-t-il pas un peu de chacune de ces catégories ?

J'ai toujours estimé que le passage le plus sensible de notre voyage était la descente le long des côtes argentines, où, après le quarantième parallèle sud, les tempêtes ont la réputation de croître et de se multiplier. En deçà, sauf exception, il n'y a pas à attendre de cataclysmes météorologiques, et au-delà, aux abords du cap Horn et de la Terre de Feu, la côte offre de nombreux abris. Dans les parages de la Patagonie argentine, nous irions pointer l'étrave dans ce que les Anglais ont baptisé les *Roaring Forties*, que nous traduisons par « Quarantièmes rugissants », prolongés 10° plus au sud par les « Cinquantièmes hurlants ». Tout un programme. Cependant, les côtes pouvaient éventuellement jouer un rôle protecteur. Pour André, la question de savoir à quelle distance du littoral argentin il valait mieux naviguer pour minimiser les risques ne s'était pas vraiment posée, puisque le gaillard avait choisi de se lancer délibérément sur la route la plus extrême. En revanche, il me fit part des sensations, des hantises et des états d'âme qu'il avait ressentis, seul, lors des tempêtes, perdu au milieu de nulle part. Il me donna, sur la façon de régler le Romanée par gros temps, de précieux conseils et des astuces dont je pris note fiévreusement, ses paroles paraissant encore ruisseler d'eau de mer.

Cette phase de préparation s'acheva par une sorte de prologue au périple avec quelques jours de navigation du port
d'Arzal dans la Vilaine à celui du Douhet sur l'île d'Oléron, puis, ph. 1
début juin, par deux semaines de dernières mises au point sur cette même île – où les parents de Thierry possèdent une maisonnette –, juste avant le départ, avec l'aide précieuse de Sébastien. ph. 3

9. Il s'agit du cap de Bonne-Espérance, du cap Leeuwin et du cap Horn, respectivement les pointes méridionales de l'Afrique, de l'Australie et de l'Amérique du Sud.

Nous avions mille choses à penser, à faire ou à nous procurer, que nous notions sur des listes sur lesquelles des lignes étaient insérées ou biffées régulièrement, depuis des mois. La mise à jour de ces listes[10] s'intensifia dans l'agitation qui augmentait à l'approche du grand départ.

L'une des dernières difficultés, et non des moindres, fut de faire entrer notre « barda » dans le bateau : à nos affaires personnelles s'ajoutait une cargaison de nourriture impressionnante, qui ne concernait pas que l'étape à venir, car une partie des provisions était destinée à nous servir de réserve tout au long du parcours. Ce stock, essentiellement constitué de boîtes de conserve et de bouteilles de vin, fut entreposé dans les fonds. Notre pharmacie pléthorique fit l'objet d'un inventaire rigoureux sur les tables du caboulot du port. Il nous fallait de l'espace pour étaler et classer les nombreux remèdes, sirops, pastilles, bandages, drogues en tout genre gracieusement fournis par nos médecins respectifs qui, en apprenant notre projet, avaient vidé leurs armoires de leurs échantillons. En cette avant-saison, les clients étaient rares dans le café et nous pûmes prendre nos aises. Finalement les médicaments furent rangés dans différents sacs suivant la première lettre de leur nom, et un tableau récapitulatif peu réjouissant, composé de maladies connues ou inconnues et de leurs remèdes supposés, fut dressé sur papier.

Dès le lendemain, le bistrotier nous vit réapparaître, non sans froncer le sourcil, avec de mystérieux rouleaux sous les bras, que nous éparpillâmes sur les tables disponibles, c'est-à-dire à peu près partout. Nous disposions d'un impressionnant stock de cartes marines, achetées quelques mois plus tôt au propriétaire de l'un des quatre Romanée que nous avions visités un an auparavant. Notre homme avait entretemps disparu de la circulation. Comme nous ne connaissions que son nom de famille et sa région, l'Auvergne, bon nombre de ses homonymes avaient reçu un étrange coup de fil qui leur parlait de cartes marines. Finalement, nous avions retrouvé sa trace... par l'entremise de la patronne du bistrot du port de Sète. Pierre, car c'est son prénom, nous avait fait un prix dérisoire pour l'achat de ses cartes. Il faut dire que la plupart de ces documents

10. Voir le détail de ces listes dans l'annexe : « Considérations techniques ».

étaient dûment estampillés « Carte périmée, dangereuse pour la navigation » par les autorités maritimes compétentes. Nous avions alors décidé que les cailloux ne bougeaient pas et que les *Instructions nautiques*, qui contiennent les renseignements utiles à la navigation (météorologie, courants, ports, amers, dangers) et le *Livre des feux*, qui contient les caractéristiques des phares, permettraient de vérifier les changements éventuels du balisage depuis la dernière mise à jour des cartes.

Nous nous étions munis d'un autre type de document : les *pilot charts*. Ces rouleaux de cartes produits par l'armée américaine donnent des statistiques précises sur un grand nombre de paramètres, en particulier la force et la direction moyennes des vents, symbolisés par un graphique positionné dans chaque parcelle du globe, pour chaque mois de l'année. Les océans y sont découpés en carrés égaux de 5° de côté, pour chacun desquels on peut connaître, pour le mois de septembre par exemple, la probabilité de vents de sud-ouest, la moyenne de la force des vents de nord, le nombre de jours de calme plat, le courant marin dominant, la température probable de l'eau, la pression atmosphérique, la hauteur des vagues, la chance ou la malchance de rencontrer un coup de vent. Une véritable mine d'informations. La connaissance du régime des vents a de tout temps été fort utile lorsqu'il s'agit de choisir le meilleur trajet à suivre pour une traversée. Ce n'est pas autrement que les navigateurs portugais du XVe siècle explorant les côtes africaines choisirent de rallonger la distance de leurs routes maritimes de manière à aller chercher des vents favorables, inventant ainsi la *volta*. Le classement de nos cartes par zones géographiques et leur rangement dans des tubes PVC étanches ph. 2
nous occupèrent l'intégralité de la soirée et nous coûtèrent quelques bières.

Au bord du Tage, je suis sorti de mes pensées par Thierry qui déclare qu'il est temps de se préoccuper de l'apéritif. Je suggère d'acheter une ou deux bouteilles de *vinho verde*, ce vin blanc jeune que les Portugais savent si bien élaborer. Puis j'annonce avec grandiloquence, sur le ton, qui ne souffre pas la contradiction, d'un homme déjà instruit de la vie nocturne lisboète : « Les amis, nous sommes samedi et, ce soir, nous irons au Bairro Alto. » Cette affirmation déclenche l'enthousiasme de l'équipage, qui n'a jamais entendu parler du Bairro Alto, mais qui devine dans l'intonation de mon propos la promesse d'une fameuse bordée bien méritée après notre semaine de mer. J'ajoute, en jetant les pâtes dans l'eau bouillante : « D'abord, on va lester la soute à biscuits. »

Quelques verres de *vinho verde* et quelques kilomètres à pied plus tard, alors que nous errons depuis une heure dans des rues vides et que mes compagnons commencent à bougonner, je me sens moins fier. À vrai dire, mon souvenir de Lisbonne est flou et je suis un peu perdu. Comme ces rues se ressemblent ! Les grognements de mes camarades prennent fin lorsque nous arrivons enfin dans le quartier dont j'avais chanté les louanges à l'heure de l'apéritif. Le Bairro Alto – « quartier haut » – est situé sur l'une des nombreuses collines de Lisbonne. Ses ruelles sont animées et constellées de bars plus intéressants les uns que les autres. Nous nous fondons dans la nuit.

Nous demeurons une semaine à Lisbonne. Nicolas et Serge, dont la navigation avec nous s'arrête ici, restent néanmoins à bord jusqu'à notre départ. Nous constatons rapidement que la ville est en pleine période de liesse, et ce pendant toute la seconde quinzaine de juin : c'est la Santo António, le saint patron de Lisbonne, et des festivités sont organisées sur les places et dans les rues. Nous attribuons séance tenante cette bonne fortune du calendrier à l'*astral* qui veille sur nous. Bals populaires et feux d'artifice, lampions et sardines grillées rythment agréablement notre séjour. Nous fréquentons assidûment le Bairro Alto et les Docas, cette partie des bords de Tage réhabilitée et prise d'assaut par les oiseaux de nuit. Parfois, le hasard d'une rencontre nous surprend au détour d'une ruelle ou d'une gargote, comme ce repas dans un bistrot de quartier, en compagnie d'une bande de joyeux étudiants. Ils aiment chanter, nous leur donnons la réplique. Nous sommes adoptés et invités à leur soirée de fin d'année, dont nous repartirons avec des visions de Nicolas assis sur un tonneau, une rose à la main, puis devant un micro, vantant les charmes de Lisbonne et de ses habitantes, devant des groupies déchaînées. C'est son soir.

Nous nous éparpillons fréquemment dans la ville avant de nous retrouver au réveil dans le carré du bateau, pour le compte rendu animé des événements de la nuit. Mais qu'on ne s'y trompe pas, cinq matelots dans un port ne pensent pas qu'à s'amuser sitôt le soleil disparu. Nous avons aussi des activités diurnes. *La Volta* n'est pas oubliée, et nous la gardons en parfait état de naviguer. De nombreux éléments sont nettoyés, le gréement est vérifié, le régulateur graissé, le moteur reçoit sa ration d'huile, que malheureusement il aime consommer, avec modération toutefois. Les amarres sont régulièrement vérifiées, car un important ressac venu du fleuve secoue parfois durement les bateaux. Le plus gros travail est effectué par Thierry, qui transforme la cabine arrière-tribord. Celle-ci est composée de deux couchettes, l'une surplombant l'autre. Mais un lit double – ce dont est équipé son vis-à-vis de bâbord – est plus commode pour un capitaine qui veut prendre ses aises dans sa cabine personnelle. De manière à ce que nous ayons chacun une chambre confortable, mon coéquipier s'enferme deux jours consécutifs dans le coin arrière-tribord avec la caisse à outils pour seule compagnie. Il scie, tape, sue, vocifère. Inquiet, j'implore Santo António et tous les saints afin qu'il ne taille pas le bateau en pièces. Sébastien jette de temps à autre un regard dubitatif vers le chantier en cours. Pourtant, un beau soir, Thierry annonce le sourire aux lèvres que les travaux sont terminés. Ensemble nous admirons son œuvre : la nouvelle couchette double est impeccable et nous nous y vautrons dans un fatras indescriptible.

En revanche, les tentatives de réorganisation de la soute avant se révèlent infructueuses. Ce compartiment, relativement volumineux, semble toujours avoir un peu d'espace disponible. Nous y rangeons pêle-mêle toutes sortes d'objets hétéroclites. Sa fonction première de soute à voiles détournée, le compartiment prend peu à peu la dénomination de « soute à chiffons ». Outre voiles et cordages, de nombreux vêtements à la propreté et au possesseur incertains, des bottes humides et des sacs plastiques au contenu douteux finissent par se côtoyer dans ce capharnaüm. Au fin fond de ce désordre, entre deux rangées de boîtes de petits pois et de cassoulet, les deux bouteilles de champagne offertes par nos proches, réservées au passage de l'équateur puis du cap Horn, sont soigneusement protégées et enveloppées dans un empaquetage de mousse.

Lisbonne est une cité vallonnée et présente ainsi des quartiers typés : du Bairro Alto on peut descendre, à pied ou en ascenseur, vers la Baixa – « ville basse » – commerçante, puis remonter vers l'Alfama, dite la « ville blanche », lacis de ruelles populaires à consonance méditerranéenne, en passant ph. 6 par le château São Jorge, qui offre un panorama des toits et du fleuve. La ville est à la fois capitale et grand port maritime. Cette singularité, rare en Europe, lui confère une atmosphère particulière. Une promenade au hasard des rues et des pas peuvent mener d'une vaste place ceinte de monuments historiques à un immense marché aux poissons aux abords du fleuve. La balade peut se poursuivre sur le flanc de l'une des collines de la ville. À la faveur d'un lacet de ruelle, on aperçoit parfois au loin un cargo fendre les eaux de l'estuaire. C'est au cœur de la Baixa, dont les rues sont bondées de Lisboètes et de touristes, que je suis agressé par un type à l'air désespéré. Il m'explique en anglais qu'il sort de prison, qu'il n'a plus rien à perdre, qu'il a un couteau en poche dont il compte se servir si je ne lui donne pas mon argent, qu'il me suivra jusqu'à ce que le moment soit propice pour m'enfoncer la lame dans le corps. J'hésite. Soit il bluffe, ce qui est probable, soit il est réellement prêt à tout, allant jusqu'à traquer le touriste dans un quartier pourtant policé. Je finis par lui abandonner quelques billets. Ce sera le seul incident de ce type de tout le voyage.

Une affichette repérée au cours de mes déambulations m'informe de la tenue d'une soirée de fado, organisée par une association de quartier. Les fados sont des chants traditionnels portugais, tristes et mélancoliques. Ces concerts me semblent être à l'écart des circuits touristiques et je convaincs mes camarades de nous y rendre. Nous sommes accueillis dans la cour d'un hôtel particulier, en compagnie d'une centaine d'habitants du quartier. Un verre nous est servi, puis les chants commencent, accompagnés d'une guitare. Les personnes de l'assistance se relaient spontanément pour prendre le micro. Les autres manifestent parfois leur entrain ou leur désarroi lorsque sont entonnées des péripéties d'histoires d'amour impossibles. Les Portugais chantent la *saudade*, mot difficilement traduisible que l'on retrouve dans tous les pays lusophones. Sans doute la traduction la plus proche est-elle « nostalgie ». Une douce nostalgie qui évoque la séparation, les souvenirs heureux, le désir du retour, la difficulté d'être un peuple tourné vers l'océan. « Ô mer salée, quelle portion de ton sel sont des larmes du Portugal ? »

Par une belle journée ensoleillée, nous partons pour le quartier de Belém, que nous avons longé avec *La Volta* le jour de notre arrivée. Nous flânons le long du Tage, puis allons saluer les tombeaux du navigateur Vasco de Gama et du poète Luis de Camões dans le magnifique couvent des Hiéronymites, chef-d'œuvre de l'art manuélin du XVIe siècle. Nous entrons ensuite dans le tout proche *Museu de Marinha*, le musée de la Marine, à la recherche d'informations sur la *volta*. Je suis heureux d'avoir suggéré de donner ce nom à notre bateau. Dès l'entrée, nous observons une carte représentant les routes des caravelles des découvertes, en particulier la *volta* des Açores, ou *volta da Mina*, et la grande *volta* de l'hémisphère Sud qui vient côtoyer le Brésil. Nous en profitons pour compléter nos connaissances.

On considère généralement que l'expansion maritime portugaise commença en 1415 avec la prise de Ceuta en Afrique du Nord, et se termina en 1542 avec l'arrivée des Portugais au Japon. Au Moyen Âge, les souverains chrétiens européens rêvaient de croisades contre les infidèles. Le Portugal n'y échappa pas. Les Maures avaient été définitivement chassés de l'Algarve en 1250, mais restaient accrochés à l'Andalousie. En 1415, une flotte portugaise s'empara à leurs dépens de Ceuta et mit donc le pied en Afrique. Puis des expéditions furent lancées dans l'Atlantique le long des côtes africaines, de plus en plus au sud. Henri le Navigateur initia ce mouvement en envoyant ses capitaines découvrir de nouvelles terres et l'organisa jusqu'à sa mort en 1460. À cette date, les Portugais avaient atteint la Sierra Leone. Lorsque je m'étais documenté sur le règne du prince Henri, l'avancée de ses voiliers m'avait paru timide : en quarante-cinq ans, à peine plus de 25° de latitude avaient été gagnés. Pourtant des étapes décisives furent franchies durant cette période, permettant ainsi de briser les anciennes superstitions médiévales et d'inventer la véritable navigation hauturière.

En 1434, après une première tentative l'année précédente, Gil Eanes doubla le cap Bojador. Ce modeste cap africain situé à 120 milles au sud des îles Canaries représentait depuis longtemps les limites du monde connu et l'on s'exposait à de graves dangers si l'on était suffisamment fou pour le dépasser : on considérait, entre autres, que de forts courants entraînaient vers le sud sans espoir de retour, que la chaleur devenait rapidement insupportable et que l'on risquait d'être brûlé vif. Le cap Bojador franchi sans encombre, les vieilles peurs tombèrent et un espace soudain agrandi s'ouvrit aux voiliers du prince Henri.

D'autres problèmes survinrent. Autant il était facile de se laisser porter vers le sud, car dans cette zone les vents étaient favorables, autant le retour vers Lagos ou Lisbonne présentait des difficultés : les bateaux et les équipages souffraient contre ces vents venus du nord-est. Le plan de voilure des vaisseaux fut amélioré pour une meilleure remontée au vent et la caravelle devint l'embarcation emblématique des grandes découvertes.

Longtemps, personne n'eut la folle idée de s'éloigner des côtes. Cette possibilité incongrue n'était pas inscrite dans les mentalités de l'époque, ou était considérée comme suicidaire. Néanmoins, peu à peu, les expéditions revenant d'Afrique à intervalles réguliers, lasses de lutter contre vents et courants, tirèrent un bord de plus en plus large vers le nord-ouest, en se laissant finalement porter jusqu'à l'archipel des Açores. Il était alors plus facile de rentrer vers le Portugal, aidé en cela par des vents généralement favorables. Dinis Dias, en 1444, fit un large crochet au cœur de la mer océane : la *volta* était née[11].

> *Ayres Tinoco fut, en 1446, le premier navigateur à rester un mois hors de vue de terre, au retour des côtes d'Afrique. La* volta*, ce bord tiré vers le grand large à la rencontre des vents favorables, est sans doute la plus impressionnante invention en matière de navigation, le plus extraordinaire témoignage d'un nouvel esprit d'aventure, d'une compréhension renouvelée de la signification de la géographie.*
>
> *Peu importait ensuite que l'on fît route vers l'ouest ou vers l'est pour rejoindre, au plus court, le Cathay ou Cipango*[12] *la fabuleuse. L'espace méditerranéen avait éclaté. Le monde médiéval introverti s'était déchiré. Le plus court chemin amphibie entre l'Orient et l'Europe ne passait plus par l'Adriatique, un canal plus qu'une mer, à l'échelle des océans où se mesurerait désormais la puissance des nations.*[13]

11. Quelquefois appelée « *volta* des Sargasses » : il est donc probable que le crochet se prolongeait parfois au-delà des Açores.
12. Les noms mythiques de la Chine et du Japon, pays décrits par Marco Polo au XIIIe siècle.
13. François Bellec, *Océans des hommes*, Éditions Ouest-France Université, Paris, 1987.

Dès lors, l'expansion portugaise fut lente mais constante : les caravelles descendirent de plus en plus loin vers le golfe de Guinée. São Tomé fut atteinte fin 1471 par João Santarém et Pêro Escobar, qui poussèrent jusqu'à l'île d'Ano Bom le 1er janvier suivant : l'équateur franchi, l'étoile Polaire disparut et la face cachée de la Terre s'ouvrit aux étraves des voiliers. Ce fut Diogo Cão qui inaugura la tradition des *padrões*, colonnes de pierre surmontées d'une croix, jalons qui symbolisèrent l'expansion du Portugal. Lors de ses deux voyages, il fit reculer la limite du monde connu des Européens jusqu'à l'embouchure du Congo et à l'Angola, puis érigea un dernier *padrão* aux confins de la Namibie en 1485. Au musée de la Marine, nous considérons avec égards la réplique de l'un de ces jalons.

En 1488, enfin, la flotte de Bartolomeu Dias, malmenée par les vents, franchit sans le voir un cap que son chef appellerait plus tard le cap des Tempêtes, le cap « immense et mystérieux » chanté par le poète Luis de Camões dans *Les Lusiades*. Bartolomeu Dias découvrit l'incurvation de la côte africaine vers l'est et du même coup ouvrit la route des Indes. Il voulut pousser plus loin. Ses officiers refusèrent. Lors du retour triomphal vers Lisbonne, le roi João II rebaptisa le cap en « Bonne-Espérance ».

La voie était ouverte vers les Indes, atteintes dix ans plus tard en 1498, lors de l'expédition historique de Vasco de Gama. Ces deux voyages furent l'occasion d'ébaucher puis d'emprunter franchement l'option de la grande *volta* de l'Atlantique Sud, dont la route lors de la descente passait finalement plus près du Brésil, encore à découvrir, que de l'Afrique. Les navigateurs eurent-ils l'intuition du régime des vents de l'hémisphère Sud en y transposant celui de l'hémisphère Nord, ou voulurent-ils simplement éviter de tirer des bords ? Toujours est-il que le convoi suivant, celui de Pedro Álvarez Cabral en 1500, fit un crochet tellement large dans les vents portants qu'il se retrouva au contact du continent sud-américain[14].

Dans les décennies qui suivirent, caractérisées par la découverte maritime du globe, la pratique de la *volta* se généralisa. Christophe Colomb prolongea vers l'Amérique la traditionnelle *volta* des Açores. Lors de son fameux voyage de 1492,

14. Voir carte en annexe : « La manœuvre de la volta à partir du XVe siècle ».

il fit voile vers le sud-ouest et se positionna sur la latitude des alizés qui le portèrent jusqu'aux îles Bahamas. Au retour, il commença par remonter vers le nord-est jusqu'à la latitude de la péninsule Ibérique, puis se laissa pousser à travers l'Atlantique, bouclant le tour de l'anticyclone des Açores. Choisit-il cette tactique par facilité de navigation, en se positionnant d'abord sur la bonne latitude (qui était alors beaucoup plus facile à déterminer que la longitude, par la culmination des astres) avant de suivre le parallèle jusqu'à son objectif ? Eut-il l'intuition que le régime des vents à l'est de l'Atlantique Nord, maîtrisé par les Portugais depuis des décennies, se prolongeait à l'identique vers l'ouest ? Eut-il simplement de la chance ? Sans doute un peu de tout cela à la fois.

Beaucoup plus tard, dans l'océan Pacifique, la liaison maritime entre le Mexique et les Philippines fut inaugurée par les Espagnols. Les « galions de Manille », chargés des richesses des Indes, tentations des corsaires, faisaient une fois l'an cette fabuleuse rotation, accomplissant le tour de l'anticyclone du Pacifique Nord. La route aller passait par le sud, dans l'alizé favorable, et le retour par le nord, dans la zone des vents d'ouest, jusqu'à rejoindre Acapulco. Cette grande *volta* transpacifique fut pour la première fois bouclée en 1565.

Au musée de la Marine de Lisbonne, nous rendons hommage au père spirituel de la *volta*, Henri le Navigateur, dont le portrait domine le hall. Le prince, pour y implanter son quartier général et son école de navigation, ladite *Vila do Infante*, avait jeté son dévolu sur le promontoire de Sagres, non loin du cap Saint-Vincent, en Algarve, à l'extrême sud-ouest du Portugal. Quel emplacement merveilleusement choisi que cette majestueuse avancée bordée de hautes falaises, comme un doigt pointé vers l'océan, montrant le chemin et encourageant les caravelles en partance à découvrir de nouveaux mondes ! Quiconque chemine sur le sentier qui surplombe la mer peut mesurer combien le site est propice à la méditation et à l'éclosion de grands desseins. La presqu'île semble vouloir rompre l'isthme qui la rattache au continent afin de prendre aussi le large.

L'enthousiasme retombe lorsqu'on contemple la face sombre de l'histoire. Dès 1444, un premier marché aux esclaves fut ouvert non loin de là, à Lagos. Les Noirs de Guinée qui avaient survécu à la traversée y furent vendus sans souci des liens de parenté. L'infant Henrique, indifférent aux larmes des mères africaines, monté sur son puissant cheval, participa à l'odieux commerce.

> *Pour les historiens, la colonisation henricienne marque le passage d'une forme d'esclavage épisodique à une économie reposant sur la traite. C'est véritablement un moment décisif dans l'histoire de la servitude.*[15]

On estime à 140 000 le nombre de Noirs déportés au Portugal entre 1444 et 1505.

Le soleil est radieux et nous allons explorer les environs de Sintra. Nous longeons l'estuaire du Tage et, au-delà de Cascais, l'océan apparaît. Ses vagues expirent en rouleaux blancs sur une longue plage de sable bordée de dunes. Puis la route du nord grimpe vers les falaises, jusqu'à atteindre le Cabo da Roca, la pointe occidentale du continent, que nous avons observée il y a quelques jours, depuis la mer. Un phare s'y dresse et une plaque ph. 7
rappelle que nous sommes à une extrémité de monde : *« Aqui… onde a terra se acaba e o mar começa »* (Camões). Ici, où la terre s'arrête et la mer commence. Une invitation à reprendre le large.

---

15. Michel Vergé-Franceschi, *Un prince portugais, Henri le Navigateur*, Éditions du Félin, Paris, 2000.

LES ÎLES LUMINEUSES

LISBONNE – ÎLES DU CAP-VERT

La Volta glisse sous le pont du 25-Avril, l'étrave pointée vers l'ouest et l'océan. L'ombre du tablier suspendu qui enjambe le fleuve éteint un instant les rides scintillantes du Tage, provoquées par des risées venues de la mer. Les sentiments de l'équipage sont partagés.

La navigation qui nous attend offre des perspectives attrayantes : un climat de plus en plus chaud, tempéré par le souffle régulier de l'alizé, de belles moyennes journalières, le voilier porté par le vent et les vagues, des promesses d'envol de poissons volants annonçant la douceur des tropiques. Notre prochain objectif : les îles du Cap-Vert. Nous ne connaissons guère de cet archipel que sa situation géographique, au large du Sénégal, et son statut politique d'ancienne colonie portugaise aujourd'hui indépendante. Nous ignorons tout de ses habitants et de ses paysages, dont nous n'avons jamais vu d'images fixées sur papier ou sur pellicule. Son mystère, ainsi préservé, accentue le sentiment délicieux de découverte. Le dépaysement commence vraiment. Au fur et à mesure que l'estuaire s'élargit, devenant peu à peu la pleine mer, la sensation grisante du large nous prend. Nous tournons le dos au continent européen, pour un long voyage. Cette agréable impression est malheureusement atténuée par le fait que nous tournons aussi le dos à une trop courte semaine d'exploration dans une ville attachante et à une ambiance de franche camaraderie. *La Volta* semble dépeuplée, qui n'accueille plus que trois personnes à son bord. Chez moi, la morosité domine, entretenue par le mal de tête dû à la soirée de la veille qui m'a mené du Bairro Alto aux bars des Docas.

Nous avons largué les amarres après le déjeuner. L'esprit encore embrumé, nous sommes partis sans même nous préoccuper des horaires de marée. Par bonheur, celle-ci est descendante et son courant nous entraîne vers le large. J'y vois un signe, une manifestation de l'*astral* qui veille, comme un foyer lumineux qui ne s'éteindrait jamais. La mer est belle, le vent léger et la côte s'éloigne lentement, avant d'être avalée par l'horizon. Quelques dauphins s'approchent. J'aime les voir apparaître au début d'une étape, comme s'ils venaient encourager notre retour sur l'eau et nous souhaiter la bienvenue dans leur domaine. Le vent s'essouffle puis s'absente, ce qui n'aide pas à recouvrer l'enthousiasme. Nous retrouvons nos comiques méduses à voile. Cependant, leur vision ne m'amuse plus. Thierry et Sébastien, plus en verve, tentent d'établir le spi, mais, le vent étant trop faible, le moteur est finalement démarré pour une heure de recharge de batteries. Son désagréable ronron relance ma migraine. La pluie fait son apparition pendant la nuit qui est occupée à la surveillance des nombreux cargos en route pour le détroit de Gibraltar, parfois masqués par des grains.

La vie à bord s'organise. Nous prenons trois heures de quart chacun, à tour de rôle. La ligne de pêche est lancée. Un gros poisson que nous supposons être un thon nous échappe, sans que cela trouble la sérénité qui s'installe sur le voilier. Le sextant est ressorti de sa boîte, les haltères de leur placard et le manuel de portugais de la bibliothèque. Lisbonne s'éloigne.

La tranquillité ambiante est perturbée par un avion de tourisme qui vient frôler notre mât à deux reprises, sans doute par curiosité ou par amusement. La ligne de pêche reste désespérément immobile, contredisant mes promesses. En effet, devant le nombre ridicule de poissons pêchés lors de la première étape, j'avais sollicité des conseils dans un magasin spécialisé de Lisbonne. Malgré la difficulté à saisir certaines explications techniques en portugais, j'avais été convaincu d'avoir acquis la science et le matériel nécessaires. J'étais ressorti du magasin lourdement équipé de lignes, plombs, hameçons et appâts adaptés, que j'avais achetés à grands frais, avec les billets de la caisse du bord. J'avais en outre pris connaissance de la bonne longueur de ligne à laisser traîner, du poids qu'il fallait au plomb pour enfoncer idéalement l'appât sous l'eau, de la distance du plomb à l'appât pour que celui-ci fasse correctement son office, de la vitesse idéale du bateau. J'avais alors promis alors un régime piscivore à mes coéquipiers.

Aujourd'hui, je fanfaronne moins, car mes camarades ne font guère preuve d'indulgence et ne semblent pas vouloir se contenter de la touche inefficace de tout à l'heure. À la tombée du jour, nous nous apercevons que sept ou huit gros poissons nous suivent en cortège, juste derrière le bateau, alors que l'appât (un leurre en plastique de la forme de l'un de leurs congénères, flanqué d'un hameçon) les attend une centaine de mètres plus loin. Mes coéquipiers me lancent des regards moqueurs. Les poissons nous suivent toujours, si proches qu'on pourrait les effleurer de la main. Cependant, deux touches sur l'appât me font m'obstiner dans la technique que m'ont transmise les experts portugais.

Nous nous habituons à utiliser le régulateur d'allure, fort utile maintenant que nous sommes en équipage réduit. Nous le laissons barrer de plus en plus souvent, de manière à pouvoir vaquer à d'autres occupations mais, de temps en temps, par pur plaisir et pour ne pas perdre la main, nous reprenons le contrôle du gouvernail. Thierry est particulièrement friand de ces quarts de barre.

Lassé d'observer nos poissons suiveurs, je remonte le leurre et le fait tremper au milieu de ce banc qui me nargue depuis la veille. L'appât sautant vivement au-dessus de l'eau engendre dans la troupe une agitation et une excitation qui, par contagion, m'atteignent à mon tour. Après deux ou trois touches, un poisson y mord franchement et est ramené à bord : « On va pouvoir lester la soute à biscuits », dis-je en me frottant la panse. C'est une bonite et je suis tenté de soumettre de nouveau le leurre à la voracité de ses copines, mais après concertation nous décidons que ce poisson-là suffira pour le soir. De toute façon, le banc a l'air de vouloir continuer à nous suivre. Nous disposons d'un garde-manger dans lequel il suffira de piocher à l'heure de l'apéritif. Je m'explique le succès de cette technique de pêche, sans plomb et avec deux mètres de ligne, par le sautillement imprimé à l'appât qui simule le poisson volant, dont les bonites seraient friandes. Hélas, notre garde-manger ambulant nous abandonne pendant la nuit.

Le vent tourne et s'établit au nord-est. Son arrivée est peut-être bon signe, puisqu'il s'agit de la direction caractéristique de l'alizé dans l'hémisphère boréal. Ce vent régulier fait le bonheur des voiliers car il est constant et souffle à une vitesse idéale. Dans la zone bénie des alizés, en région tropicale, on ne rencontre jamais de calme plat, ni de coup de vent. L'exception vient du phénomène des cyclones, circonscrit dans le temps (de mi-juin à mi-décembre avec un maximum en septembre) et dans l'espace : ils se forment à l'ouest des îles du Cap-Vert et prennent de l'ampleur en traversant l'océan pour aller dévaster les rivages bordant la mer des Caraïbes. La limite nord de la zone où soufflent les alizés est fluctuante. En principe, on ne les touche qu'à partir de la latitude des îles Canaries, où nous avons prévu de faire une courte escale pour nous ravitailler. Parfois, il faut aller les chercher beaucoup plus au sud. Si ce vent-là est déjà un début d'alizé, alors la chance est avec nous.

Depuis le départ de Lisbonne, nous écoutons la météo marine sur Radio France Internationale, RFI, qui donne quotidiennement les prévisions sur les zones de l'Atlantique Nord. Comme pour renforcer notre optimisme, elle annonce aujourd'hui un vent de nord-est jusqu'au Cap-Vert. Avec l'arrivée de ce vent robuste, la vitesse du bateau augmente. Thierry et Sébastien rivalisent durant leurs quarts pour battre des records de vitesse dans la houle maintenant formée. Les 10 nœuds sont régulièrement frôlés. Désappointé de ne pas réussir moi-même à battre le moindre record, et trouvant que nous demandons un peu trop d'efforts à *La Volta*, je fais remarquer à mes camarades leur attitude de véliplanchistes alors que nous sommes en croisière au long cours. L'argument porte, et nous réduisons la surface de voile. Qui veut voyager loin… Dès lors, les journées se suivent et se ressemblent. La mer est agitée, parfois forte quand le vent monte encore en puissance. Les vagues vigoureuses et pleines, d'environ 3 mètres de haut, poussent le bateau dans des surfs à répétition. Le baromètre monte régulièrement. Nous sommes en position favorable, sur le flanc sud-est de l'anticyclone des Açores. Nous avançons de 150 milles par jour, enchantés par ce déboulé vers les tropiques. Les quarts succèdent aux quarts, non sans une certaine monotonie : à chaque relève on ne peut que constater que les conditions sont bonnes et invariables, à tel point que nous nous surprenons parfois à souhaiter un peu de changement.

Le vent de nord-est nous accompagne pendant trois jours, nous permettant de rallier rapidement les îles Canaries. Nous avons décidé d'y relâcher pour nous avitailler en vue de la traversée de l'Atlantique, car cet archipel offre plus de choix que celui du Cap-Vert. Thierry et moi avons déjà fait escale ici par le passé, chacun dans l'un des deux grands ports des îles : lui à Las Palmas de Gran Canaria, moi à Santa Cruz de Tenerife. Malgré la charmante réputation des îles moins peuplées, nous décidons de nous amarrer dans l'une de ces deux villes. Les Canaries, qui comptent sept îles, ne font pas partie des escales privilégiées définies avant le départ, et nous préférons ne pas nous y attarder pour découvrir tranquillement les îles suivantes, celles du Cap-Vert. Cet archipel est un morceau d'Espagne, pays que j'affectionne mais qui est facilement accessible depuis la France et ne présente pas le dépaysement qui devrait nous attendre plus loin. Une escale technique, en quelque sorte.

Nous choisissons l'île de Tenerife et son volcan qui culmine à plus de 3 700 mètres, le Teide. Contemplant cette magnifique montagne, que les équipages des navires aperçoivent de loin, nous accostons à Santa Cruz, dans un bassin à l'écart du brouhaha de la ville. Les 700 milles de l'étape ont été couverts en sept jours, à 4 nœuds de moyenne.

Une plage de sable blanc s'étend non loin de là. Cette couleur est surprenante sur le rivage d'une île volcanique. L'explication nous en est donnée : ce sable est allogène, importé d'Afrique. Nous ne résistons pas à l'envie de nous y prélasser et plongeons avec délice dans l'eau transparente. Beaucoup de monde profite de la plage en ce mois de juillet : touristes allemands ou français y côtoient les Canariens. Ces derniers ont un type tout à fait espagnol. À l'origine, une société indigène, les Guanches, peuplait ces îles. Elle fut rapidement décimée lors de la colonisation.

L'ambiance de vacances et de farniente qui règne ici nous ramollit passablement et notre séjour se prolonge insidieusement. Enfin, après quatre jours d'escale, nous nous ressaisissons et nous attelons aux derniers préparatifs du départ. L'avitaillement est fait, *La Volta* est inspectée, graissée, huilée, nettoyée. Un plaisancier nous fait remarquer que la mer est agitée, mais qu'importe : nous larguons les amarres.

Nous retrouvons notre vent de nord-est, qui s'oriente nord entre les îles et souffle à force 6. Nous mettons le cap au sud et prenons le deuxième ris dans la grand-voile. Plus nous avançons entre les îles de Tenerife et de la Grande Canarie, plus le vent forcit. Nous sommes gênés par des vagues qui viennent de côtés différents : nord-est ou nord-ouest. Cette mer est-elle due au ressac provoqué par la présence des îles ? Nous prenons la barre car nous ne voulons pas laisser le régulateur d'allure mener *La Volta* dans cette mer difficile. Nous dépassons les pointes sud des îles et la situation empire. Le vent, de force 8, souffle à une puissance à laquelle nous n'étions pas préparés. Cependant, nous pensons qu'il s'atténuera à mesure que nous nous éloignerons des îles. Ce phénomène, connu des marins, est celui de l'accélération du vent entre des îles proches, encore accentué si ces îles sont montagneuses, ce qui est ici le cas. Les physiciens appellent cela « l'effet Venturi ».

Pour l'instant, le vent persiste et la mer est de plus en plus hachée. Les harnais sont crochés, les visages concentrés. Les vagues venant du nord, qui ont été séparées en deux et repoussées de chaque côté des îles, se rejoignent et s'entrechoquent au sud de celles-ci. L'une d'elles entraîne le bateau en travers, alors que je manœuvre sur le pont. Notre embarcation se couche et je dois m'accrocher fermement pour ne pas glisser Une belle frayeur, malgré mon harnais ! Enfin le bateau se redresse. La mer reste confuse… Lors de mon quart de barre, je sens une vague pyramidale soulever l'arrière du bateau. J'essaie tant bien que mal de maintenir *La Volta* perpendiculaire à la lame… Cette fois-ci, le bateau réagit bien et la vague vient déferler le long des deux bords. Je jette un coup d'œil au loch : l'appareil indique 10,7 nœuds. J'ai enfin battu le record de vitesse, mais je ne me vante pas de ce surf exceptionnel : nous portons trop de toile et le gréement doit souffrir sous ces coups de boutoir.

« C'est dur pour le barreur et le navire », dis-je à mes coéquipiers, qui ont sorti leur tête par la descente. Sébastien nous raconte avoir senti la vague soulever l'arrière, et vu par le hublot au-dessus de sa couchette, successivement le ciel, puis une épaisse mousse blanche, et enfin… de l'eau verte. Il était à l'intérieur de la vague. Thierry, harnaché à la ligne de vie, se dirige vers le pont avant rincé par les embruns, afin d'établir une nouvelle voile plus petite. La barre est alors moins dure et cette manœuvre soulage l'homme de quart. Le vent baisse d'un ton mais reste puissant, et les vagues sont difficiles à manier. Nous nous relayons toute la nuit à la barre dans ces conditions éprouvantes. Le jour se lève sur un alizé apaisé et une mer aplatie. Les îles ont disparu.

Nous réfléchissons à la tactique et aux options de route à suivre au cours de cette étape. Nous nous attendons à rencontrer un vent oscillant autour du nord-est jusqu'aux îles, notre cap étant au sud-sud-ouest, pratiquement dans son axe. Comme les vagues sont toujours formées, l'allure de vent arrière est inconfortable. Nous éloignons la pointe du bateau du lit du vent, jusqu'à une allure dite de grand largue, ce qui nous empêche de faire route directe. Nous choisissons le bord sur lequel nous voulons recevoir le vent, en fonction des oscillations de celui-ci. Quand le vent souffle du nord-est, ce qui est le plus souvent le cas, le bord qui nous rapproche le plus de notre objectif est celui qui se tient au sud. Il nous faut aussi gagner un peu d'ouest, ce que nous faisons lorsque le vent bascule de temps à autre vers le nord-nord-est. Nous en profitons pour changer de bord : nous empannons.

À 19 heures ce vendredi 11 juillet, nous dépassons la latitude du cap Bojador, cinq cent soixante-trois ans après Gil Eanes. Le souvenir de l'explorateur nous incite à reprendre la navigation à l'ancienne, et nous décidons de n'utiliser que le sextant pendant quelques jours. Nous constatons qu'un verre de planteur s'harmonise élégamment avec le climat de plus en plus tropical. Des dauphins tachetés viennent taquiner l'étrave. Nous profitons de l'assoupissement du vent pour nous adonner aux joies de la baignade. C'est les vacances ! De nombreux poissons volants font leur apparition. Nous en ramassons fréquemment une dizaine au petit matin, venus s'écraser sur le pont durant la nuit. Leur nombre devient même problématique car ils percutent parfois l'homme de quart comme des projectiles sortis subitement de l'obscurité. Sébastien, par deux fois, en a reçu un dans la joue. Ces exocets peuvent atteindre les 50 kilomètres à l'heure et pourraient nous crever un œil. Dès lors, nous y prenons garde lors de nos quarts nocturnes. Nous balayons régulièrement le pont de leurs écailles et débarbouillons les marques de sang qu'ils laissent suite aux chocs que nous pouvons entendre de l'intérieur. Comme nous avons perdu tous les appâts qui peuvent servir à attraper bonites ou dorades, probablement arrachés de la ligne par quelque bestiole vorace, nous commençons à considérer d'un air gourmand ces poissons volants que nous ramassons sur le pont, dans une nouvelle version de la pêche à pied. Après quelques jours d'hésitation, nous finissons par en mettre un dans la poêle. La chair est bonne, mais, entre les arêtes et les ailes, plutôt rare.

Malgré un ciel parfois couvert, le soleil domine la plupart du temps. Sa chaleur est adoucie par le souffle de l'alizé. Cette descente progressive vers les régions tropicales nous permet de nous adapter peu à peu au nouveau climat. Les crèmes solaires sont mises à contribution et les peaux s'habituent à la morsure des rayons solaires. Nous sommes bronzés comme jamais nous ne l'avons été. Moi, le grand rouquin, qui ai l'habitude de protéger ma peau, claire et fragile, je brunis quelque peu. Mes cheveux s'éclaircissent. Ceux de Thierry, naturellement blonds, ont poussé. Une barbe ombre ses joues et son menton. La légère tendance à l'embonpoint qu'il développait à terre a disparu. À l'approche de nos 35 ans, nous nous sentons mieux que jamais.

Au petit matin du 14 juillet, après avoir croisé de près un cargo pendant la nuit, nous approchons du tropique du Cancer. Le GPS est sollicité pour nous permettre de faire sauter un bouchon au moment exact de son franchissement, mais, confondant les minutes et les secondes de latitude, je réveille tout le monde pour un faux passage du tropique à 6 heures. Heureusement Thierry, qui était du quart précédent, me fait remarquer mon erreur en grommelant, juste avant que je ne débouche la bouteille. Trois heures plus tard, le champagne dans les verres, nous entonnons la chanson de Gainsbourg :

Un point précis sous le tropique
Du Capricorne ou du Cancer
Depuis j'ai oublié lequel
Sous le soleil exactement
Pas à côté, pas n'importe où
Sous le soleil, sous le soleil
Exactement juste en dessous.
[...]

Était-ce le Nouveau-Mexique ?
Vers le cap Horn, vers le cap Vert ?
Était-ce sur un archipel ?
Sous le soleil exactement...

Nos points astronomiques fonctionnent. Ce midi toutefois, Sébastien, qui était chargé de la méridienne – un simple relèvement de la latitude au moment précis de la culmination du soleil –, n'y parvient pas. Je suis surpris car les conditions sont faciles pour utiliser le sextant : l'horizon est net, le bateau ne remue pas trop. Je lui fais un peu la tête, car j'attribue cet échec à une certaine nonchalance, bien qu'il m'assure s'être appliqué. Je tenais à ce que la navigation astronomique se fasse de façon sérieuse et qu'on joue le jeu malgré l'utilisation toujours possible du GPS.

Les distances quotidiennes sont régulières, à plus de 120 milles, en dépit des zigzags de nos bords de grand largue, dans l'alizé fidèle et assidu à assurer notre moyenne. Les manœuvres sont rares. Nous avons la plupart du temps un ris dans la grand-voile, parfois largué lorsque le vent mollit. Confus, je présente des excuses à Sébastien car, en faisant mes calculs à la suite d'un relevé au sextant, je m'aperçois que nous étions, lors de son relevé de méridienne, dans une situation particulière : notre latitude était égale à la déclinaison du soleil : nous sommes passés juste au-dessous de lui, car il était exactement au zénith. Cela rendait problématique le relevé, puisque le Soleil à sa culmination avait le même angle à l'horizon, 90°, quel que soit le côté vers lequel on dirigeait le sextant.

« Sous le soleil exactement… »[16]

Nous commençons à sentir la terre, et comme toujours dans ces moments-là, l'excitation nous gagne. Celle-ci est accentuée par le fait que nous approchons d'une contrée qui nous est inconnue. Nous passons entre deux cargos : un tel embouteillage ne s'était pas produit depuis longtemps. Une légère brume s'installe. Le vent mollit et la nuit est calme.

À l'aube, *La Volta* glisse doucement sur une eau paisible. L'archipel n'est plus qu'à 35 milles. Une colline en forme de mamelon apparaît, légèrement voilée par la brume. Nous observons silencieusement sa silhouette grossir. En nous rapprochant, nous cherchons vainement la trace d'un arbre, d'un arbuste… La terre que nous découvrons est d'aspect aride. Il n'y a pas âme qui vive. C'est l'île de Sal.

---

16. Voir l'annexe : « Sous le soleil exactement ».

Nous longeons maintenant la côte. Premières traces de civilisation, deux éoliennes dont les pales tournent paresseusement. Un peu plus loin, nous distinguons sur l'eau une embarcation légère. Deux silhouettes s'y affairent. À notre approche, les deux pêcheurs nous font un signe amical auquel nous répondons volontiers, tant ce geste chaleureux tranche avec l'austérité environnante. Nous continuons à suivre le rivage vers le sud-ouest. La terre est toujours enveloppée d'une nébulosité diffuse, qui amplifie l'impression d'aridité. J'aime cet abord de l'archipel, âpre, un peu mystérieux, presque lugubre. De cette rudesse apparente se dégage un certain parfum d'aventure.

Les premières maisons apparaissent. Un quai se profile, puis peu à peu le village de Palmeira se découvre à nous, au fond de la baie du même nom que nous avons choisie pour y crocher notre ancre. Quelques voiliers et barques de pêche se dandinent mollement. Nous nous faufilons entre eux. Au passage, un jeune Noir juché sur le pont d'un voilier battant pavillon français nous salue dans notre langue en levant le bras, tandis qu'une tête barbue apparaît dans la descente et qu'un chien nous observe du cockpit. Nous mouillons par 4 mètres de fond à proximité de la plage et plions les voiles en considérant le paysage : la bourgade montre un visage peu coquet, avec ses maisons aux moellons apparents et de nombreux toits de tôle ondulée. La plage est ornée, à son extrémité opposée au village, d'énormes citernes d'hydrocarbures. Des arbres épars complètent le panorama. Le silence à bord est bientôt rompu : « Où sont les cocotiers ? »

Notre annexe gonflable est mise à l'eau. Nous y prenons place puis nous ramons vers un autre bateau français qui paraît être sur le départ. Son skipper nous interpelle :

– Nous partons dans un quart d'heure. Voulez-vous des renseignements ?

– On nous a dit qu'il y a des problèmes d'eau dans ces îles.

– Avec l'usine de désalinisation, l'eau est à volonté à la fontaine, à un prix ridicule.

– On nous a signalé un risque de tornades en cette saison.

– Nous sommes à Sal depuis un mois, et personne ne nous en a jamais parlé.

Les quelques désagréments que nous pensions rencontrer ici s'évaporent à chaque échange de question-réponse. L'*astral* est toujours là.

– Où allez-vous ?

– À Brava, à l'autre bout de l'archipel. Puis nous irons d'île en île. Nous adorons le Cap-Vert, conclut-il en remontant la chaîne de son mouillage.

Nous reprenons les rames, accostons le voilier qui suit et hélons ses éventuels occupants. L'Union Jack flotte à sa poupe et une authentique lady apparaît sous le taud de soleil. Nous la saluons dans la langue de Shakespeare : *« Hello! »* Elle nous répond dans celle de Molière, avec un léger accent : « Bonjour, Messieurs. Vous venez d'arriver ? » Nous jetons de discrets coups d'œil vers l'intérieur du bateau, à la recherche du capitaine. Nous apprenons qu'Helena, qui doit être quinquagénaire, est venue seule d'Angleterre à bord de son voilier de 9 mètres. Nous ne cachons pas notre admiration. Après avoir échangé des nouvelles de nos traversées respectives, elle nous prête volontiers quelques billets de monnaie locale, l'escudo. Ainsi équipés, nous mettons le cap vers la grève. Des gamins nous aident à accrocher l'annexe à un muret qui s'affaisse dans l'eau. Amarrés de la sorte à cet embryon de débarcadère, nous posons le pied à terre.

« Tud'drête ? » nous lancent gaiement les gosses. Bigre, je n'ai pas souvenir d'avoir lu cette expression dans mon livre de portugais. Si nous savons qu'il y a des parlers créoles dans ces îles, issus en grande partie du portugais archaïque, nous ignorons quelle est l'importance respective des deux langues. J'espère que mes leçons quotidiennes me seront utiles. *« Tud'drête ? »* insistent-ils. Je tente un timide *« bom dia »*, un bonjour bien portugais et, à mon soulagement, ils comprennent. Plus loin, quelques pêcheurs nous saluent distraitement, puis nous nous enfonçons dans les ruelles. Notre impression se bonifie : les deux ou trois places du village sont charmantes, les premiers regards échangés sont réservés mais avenants. Nous ne croisons pas de Blancs. Sans tarder, nous nous mettons en quête d'un endroit où étancher notre soif. Nous hésitons quelque peu car il n'y a pas beaucoup d'enseignes sur les maisons puis entrons finalement dans une cahute où un comptoir en bois traverse la pièce de part en part, derrière lequel de nombreux articles d'épicerie sont rangés. Nous nous asseyons à l'unique table et attendons la suite des événements en nous raclant la gorge. Une femme apparaît derrière le comptoir. Elle nous propose, un peu sèchement : *« Cerveja, grogue, punch. »*

Nous savons que la *cerveja* est la bière, mais nous sommes curieux de savoir quel type de grog ou de punch ils servent par ici. De plus, un rapide calcul nous fait remarquer que ces deux dernières boissons ne coûtent que l'équivalent de quinze centimes d'euro. Le punch est une sorte d'alcool de canne, cousin du rhum, adouci par quelque sirop de fruits. Le *grogue*, quant à lui, est de l'alcool de canne pur. Lorsque nous ressortons dans la rue, le soleil, pourtant sur le déclin, semble taper plus fort.

Nous nous apercevons rapidement que ce genre de commerce de type épicerie-bar est fréquent à Palmeira. Nous ne résistons pas à l'envie de pousser une autre porte. Nous engageons la conversation avec un groupe d'hommes installés à une table. Nous apprenons que *« tudo drête ? »* en créole signifie mot à mot « tout va bien ? », un peu l'équivalent de notre « salut ». Puis le mystère des idiomes locaux est éclairci : le créole est la langue de la rue et de la maison, mais tout le monde parle le portugais, la langue de l'école, commune à toutes les îles, le créole différant d'un bout à l'autre de l'archipel. Parmi ces hommes, un pêcheur nous propose de curieux crustacés qui ressemblent aux anatifes, ces petites bêtes trop affectueuses qui se fixent aux coques des bateaux par leur fort pédoncule. Leur aspect n'est guère engageant, mais nous acceptons, poussés par la curiosité de goûter à ces bestioles d'allure pourtant peu ragoûtante, et par le désir de ne pas altérer ce premier contact sympathique.

De retour sur *La Volta*, tandis que nos étranges crustacés goûtent les joies de l'eau bouillante, nous échangeons avec excitation nos impressions. Ce premier contact avec les îles nous paraît prometteur, même si nous n'avons fait qu'en effleurer l'atmosphère. Nous n'ignorons pas que la différence de pouvoir d'achat est comme un large canal qui nous sépare de ces gens, mais qui reste navigable. L'archipel se dessine comme un passionnant champ de découvertes, loin des clichés tropicaux.

Nos bêtes sont cuites. La conversation se poursuit avec animation pendant le repas, alors que nous apprécions diversement notre premier contact avec les fruits de mer locaux. Puis chacun retrouve sa couchette et s'endort, heureux de cette première journée.

Les jours qui suivent, nous faisons plus ample connaissance avec nos quelques voisins qui ont mouillé dans la baie. Helena, notre navigatrice solitaire, a du vague à l'âme : le pont de son voilier se désolidarise de la coque et les cadènes, pièces qui fixent les haubans au pont, sont fragilisées. Elle ne peut dans l'état actuel partir vers le Venezuela, son rêve. Elle ne sait quelle décision prendre et cherche des solutions à Sal, mais elle devra probablement, pour trouver une aide efficace, changer d'île et rejoindre l'une des deux villes principales de l'archipel : Mindelo ou Praia, la capitale.

Helena avait proposé à son mari de l'accompagner sur l'océan. Celui-ci s'y étant refusé, elle est partie seule, le laissant quelque temps à son sort de terrien indécrottable. Elle possède tous les diplômes nautiques britanniques et est une spécialiste de la navigation astronomique. Thierry en profite pour suivre une formation particulière sur les droites de hauteur et autres méridiennes. Mon coéquipier s'investit beaucoup pour aider Helena, très timide, à résoudre ses problèmes. Il la met de temps à autre en contact avec des voiliers de passage qui pourraient donner un avis plus pertinent que nous sur l'étendue des dégâts.

Les mâts d'un ketch d'une vingtaine de mètres dominent le mouillage. Un couple d'Allemands, Joachim et Gelinda, y habite. Apparemment, ils passent leur vie sur l'eau. Par le passé, Joachim a été le capitaine d'un voilier encore plus grand : un bateau école de 30 mètres. Il nous déclare : « Moi, quand il y a tempête, je règle le bateau en conséquence, et je vais me coucher. » Il est à la recherche de partenaires pour jouer aux échecs. Je relève le défi et rendez-vous est pris à son bord, que je gagne à la nage. Joachim installe sur le vaste pont deux chaises et une table. Sur celle-ci sont disposés un jeu d'échec, une boîte de cigares, deux verres et une bouteille de vin. La partie s'engage. Après quatre coups de part et d'autre, le jeu est parfaitement symétrique, mon adversaire ayant joué les mêmes coups que moi. C'est à mon tour d'avancer et de prendre l'initiative, lorsqu'il annonce : « Tu as déjà perdu l'avantage d'avoir les blancs. » Je comprends alors que je vais également perdre la partie.

Non loin de là les vagues bercent le voilier que nous avons longé lors de notre arrivée dans la baie. À son bord, un jeune Français, Jeff, navigue en solitaire, avec son chien. Jeff n'a pas l'air pressé. Son programme de voyage s'est rétréci au fur et à mesure des escales, puisqu'il y reste toujours plus longtemps que prévu. Une coéquipière l'a quitté et il en attend peut-être une autre. Il est souvent sur le pont, occupé à recoudre tranquillement son génois. De temps à autre, pour se rafraîchir, il plonge sous son bateau et remonte parfois une langouste ou deux. À l'occasion, il sort sa guitare pour un air de Téléphone ou de Police.

Nous apprécions les rapports que nous avons avec cette communauté éphémère. Chacun est respectueux de l'autre, ne s'impose pas, mais n'est pas loin pour un coup de main ou un coup à boire. Quelquefois, d'autres voiliers viennent jeter leur ancre dans la baie, mais ils ne restent pas assez longtemps pour créer une relation enrichissante.

Ce petit monde est suivi de près par Djemas, un jeune Cap-Verdien professeur de portugais et qui parle parfaitement le français. C'est lui qui nous a fait signe depuis le bateau de Jeff lors de notre arrivée. Djemas est friand de contacts avec les équipages des voiliers de passage. Il est sympathique et avenant, mais un brin envahissant. Il aime être au courant de ce que nous faisons ou désirons faire. Au début, nous apprécions ses conseils. Puis nous prenons plaisir à le surprendre : « Vous êtes allés à l'oasis ? s'étonne-t-il, légèrement contrarié. Comment avez-vous eu connaissance de ce lieu ? » L'oasis est une crique au sud du mouillage, qui présente la particularité rare d'être agréablement ph. 10 boisée. Mis à part cet endroit, les environs du village sont déser- ph. 11 tiques. Au loin, on aperçoit le sommet du Morro Leste, notre première vision de l'archipel. Thierry décide d'en effectuer l'ascension. Sébastien et moi constatons qu'il sera impossible de le dissuader de faire cette balade sous le soleil du désert. Le lendemain matin, il se lève avant le jour et disparaît rapidement, muni d'une bonne provision d'eau. Une chaude journée s'écoule. Enfin il est de retour, exténué. Peu de mots franchissent le seuil de sa bouche et son regard raconte sa marche sur les flancs du mamelon, la mer et le désert qui se rejoignent…

Tout le monde se retrouve au village le vendredi soir pour les succulentes brochettes préparées par Beleza et ses quatre ph. 15 charmantes filles sur le seuil de leur maison. La journée, Beleza vend des légumes. Elle complète ses revenus par l'organisation de soirées brochettes hebdomadaires. Joachim et Gelinda ne les ratent jamais et sont toujours assis sur le même banc, près des braises. Les conversations vont bon train, les gens des voiliers se mêlent à ceux de Palmeira. Pour certains, la soirée se prolonge dans l'un des trois bars dansants du village. Les danses collé-serré des Cap-Verdiens sont plus suggestives encore que le plus endiablé des zouks antillais.

Un jour, une chaude animation met l'une des ruelles en effervescence. José, le patron d'une épicerie-bar, a sorti son *cavaquinho* et s'est lancé dans des *mornas* enflammées. Un attroupement s'est aussitôt formé et chacun bat la mesure. Par la suite, nous prenons plaisir à aller prendre un *grogue* chez lui, car il nous gratifie parfois d'un morceau de musique, et nous raconte des bribes de son passé de matelot sur des cargos. De la France, il énumère Le Havre, Marseille ou Dunkerque.

Le *cavaquinho* est une sorte de banjo à quatre cordes. Il est très utile pour jouer la *morna*, qui est l'une des musiques des îles du Cap-Vert. Elle a été popularisée en France par Cesaria Evora, « la diva aux pieds nus », qui chante en créole. Le titre de son tube *Sodade* est l'équivalent du mot portugais *saudade.* Les Cap-Verdiens ont des raisons de chanter la nostalgie au travers de leurs *mornas.* Ils ont payé un lourd tribut à l'histoire : la colonisation, les déportations puis l'émigration. La mer et le vent sec du Sahara emportent aussi leur lot d'hommes.

Les jours passent, agréables. Nous lisons, écrivons, nous baignons. Profitant du passage d'un véhicule, nous montons à la capitale de l'île, Espargos, où se trouve la banque. Nous faisons quelques courses pour le repas ou allons manger une *cachupa* dans un bar – délicieuse soupe, spécialité des îles, à base de légumes et de saucisses –, quand ce n'est pas un villageois qui nous invite à dîner.

Djemas organise une soirée chez lui. Beaucoup de monde se retrouve pour manger et boire un verre et, là encore, étrangers des voiliers et autochtones se mélangent. Nous faisons plus ample connaissance, par exemple avec Nono, l'une des filles de Beleza et petite amie de Djemas. En aparté, je complimente ce dernier d'avoir pris « la plus belle fille de Palmeira ». J'essaie d'apprendre quelques mots de créole, avec lesquels je surprends parfois mes interlocuteurs cap-verdiens, plus habitués à entendre des Blancs parler anglais, français ou portugais.

Une autre fois, c'est *La Volta* qui reçoit, en plus petit comité. À nous trois se joignent Djemas et Jeff. Ce dernier accorde sa guitare, et c'est parti :

« Cendrillon, pour ses vingt ans… »

Djemas, quant à lui, nous apprend un air du pays, chanson à boire :

Viva mi, viva bo
Viva o grogue de Santo Antão
Viva copo, viva garrafa
Alegria na coração.[17]

Dans le même ordre d'idées, nous lui répondons par un chant de marins :

« Buvons un coup, buvons-en deux… »

Nous nous sentons bien. Je commence à ressentir une attirance particulière pour ce pays. Il me semble que j'entre progressivement en phase avec un certain art de vivre. Le peuple cap-verdien, dans sa diversité, est issu d'une histoire tourmentée qui commence par la déportation et l'esclavage. Les maîtres blancs puisèrent la main-d'œuvre sur le continent africain proche pour peupler ces îles, désertes lors de leur découverte. Les hommes et la nature y rendaient la vie dure : la servitude, la sécheresse, la mer ponctionnaient régulièrement leur part de vies humaines. Cette terre aride ne pouvait subvenir aux besoins de tous ses habitants. Nombreux furent ceux qui embarquèrent sur des bateaux de passage, dans l'espoir de trouver un terrain plus propice à leur survie. Ainsi au déracinement originel de leur berceau africain succéda un deuxième exode vers l'espoir d'une vie meilleure, souvent outre-Atlantique pour certains, dans la vieille Europe qui les avait installés là pour d'autres, ou parfois même sur le continent noir, terre de leurs lointains aïeux, ironique retour de balancier vers des racines lointaines et perdues. La dictature portugaise prit fin en 1974, mettant un terme à des siècles d'exploitation et aux guerres d'indépendance. Des pays naquirent, issus du découpage colonial : Angola, Mozambique, São Tomé, Guinée-Bissau et îles du Cap-Vert. Ces siècles d'histoire tortueuse sont ancrés dans la conscience

17. « Vive moi, vive toi, vive le *grogue* de Santo Antão. Vive le verre, vive la bouteille, joie dans les cœurs. »

collective et expliquent peut-être la mentalité des habitants de ce pays jeune et vieux à la fois, à la mémoire ancienne mais à l'émancipation récente. Leur façon d'appréhender les petits riens de la vie semble issue de la liberté conquise et de ces époques pendant lesquelles il fallut subir humiliations et séparations. Les événements irritants à nos yeux leur paraissent futiles. Tout finit par s'arranger à condition de ne pas se formaliser du temps qui passe, dont on peut habilement tirer profit en tournant en dérision le souci passager et son propre agacement. Que l'on se rassure, cette attitude générale qui consiste à relativiser les ennuis n'empêche pas les grosses colères d'éclater.

Une bonne semaine après avoir jeté l'ancre à Palmeira, les filles débarquent. Les filles, ce sont ma sœur Isabelle, ses enfants Marion et Perrine, Claire, la femme de Thierry, et ses filles Julie et Léa. Les quatre enfants ont entre 9 et 2 ans. À minuit, nous nous rendons à l'aéroport à bord d'un taxi camionnette. Endormies, les petites s'éveillent peu à peu pour découvrir les premières images de ce pays inconnu. Au bout de la route, un canot pneumatique spacieux, prêté par un voilier de passage, attend nouvelles équipières et bagages pour les transporter vers *La Volta*. Après l'excitation de cette première traversée nocturne, la fatigue reprend ses droits et l'on se couche, reportant au lendemain le rangement du désordre.

Au matin, après quelques regards perplexes sur les horribles citernes du bout de la baie, la première chose que tout le monde fait est de sauter dans l'eau. Les filles, encouragées par leurs mères, se rapprochent des gamins qui jouent sur la plage. Bientôt, ces derniers cherchent à nous enseigner la technique dite du *tubarão*. Nous ne comprenons ce mot que lorsqu'ils se mettent à nager sur le ventre entre deux eaux, avec l'une de leurs mains tendue à la verticale sur leur dos, à la manière d'un aileron. L'amusement, général, est entretenu par Isabelle qui, bonne nageuse, se met à faire des bonds au-dessus de l'eau comme un dauphin craignant un requin. Puis nous rentrons à bord pour un premier repas, qui se termine par la dégustation d'un tamié et d'autres fromages bien de chez nous, cadeaux de nos visiteuses. Une bouteille de vin est débouchée pour l'occasion. Autant dire que l'ambiance sur *La Volta* se trouve chamboulée. Après l'arrivée des filles, Sébastien nous quitte, malgré notre insistance à le voir prolonger son séjour. Il a d'autres projets avec un voilier en bois à retaper, du côté du lac Léman. Peut-être aussi préfère-t-il nous laisser en famille. Nous le regardons partir avec regret.

Pendant plusieurs jours, nous faisons découvrir Palmeira aux nouvelles venues. Helena prête un bateau pneumatique aux enfants. Jeff leur joue quelques chansons en signe de bienvenue. Nous allons manger la *cachupa* chez José, puis c'est le tour des brochettes de Beleza. La venue des filles est prétexte à une découverte plus approfondie de l'île. Nous allons marcher le long d'un quai désaffecté, sur la côte est. Plus loin, un bâtiment de bois délabré est le point de départ d'une ligne de téléphérique qui se dirige vers le haut d'une colline. Intrigués, nous entamons l'ascension et suivons les pylônes qui supportent le câble rouillé. Le mamelon n'est guère élevé, mais le soleil tape fort et nous grimpons avec peine. Nous apercevons, peu avant le sommet, un tunnel qui pénètre dans la crête. Notre curiosité de plus en plus excitée, nous nous y engouffrons. Le point lumineux qui marque la sortie s'élargit progressivement. À l'autre bout surgit devant nos yeux ébahis un vaste cratère volcanique dont la partie basse, sous nos pieds, est entièrement couverte de salines aux couleurs blanches, bleues, roses. La forte luminosité qui se dégage de l'ensemble contraste avec la semi-obscurité du tunnel, et nous clignons des yeux. Le câble au-dessus de nous dégringole vers son terminus, une bicoque qui semble avoir des difficultés à se maintenir debout. Nous descendons et explorons ce paysage irréel. Nous nous attardons devant les véhicules aux formes étranges, entièrement couverts de rouille, qui ont servi à l'extraction du sel, observons songeurs l'arrivée du téléphérique en ruines, enchevêtrement de bois vermoulu et de ferraille, et méditons devant une colline de sel qui atteste la poursuite de cette activité. L'atmosphère de ce lieu singulier, écrasé par le soleil, donne l'impression d'évoluer dans un décor de film. Pourtant, ce décor n'est pas fictif, il s'appelle Pedra Lume.

Ce dimanche, c'est la fête sur la plage. Au bord de l'eau, les gamins du village s'en donnent à cœur joie. Je m'approche et interpelle l'un d'eux : *« Sabes nadar ? »* Tu sais nager ? Bien sûr qu'il sait nager. Je le jette à l'eau pour vérifier son affirmation. Un de ses camarades se présente spontanément pour subir le même interrogatoire. Bientôt, les voilà tous qui accourent.

Quelques plongeons plus tard, je m'aperçois que les enfants forment une chaîne ininterrompue de l'eau jusqu'aux rochers sur lesquels je suis juché. Enfin, lassé de répéter *« Sabes nadar ? »*, je leur explique que, moi aussi, je sais nager. Ils me poussent alors tous ensemble et nous sautons à l'eau dans un fracas d'éclaboussures, de cris et de rires. Puis, simulant la noyade, je suis porté par dix, vingt petits bras noirs qui me ramènent sain et sauf jusqu'au bord.

De nombreux stands proposent nourriture et boisson. À cet effet, Nono prépare à manger et sert à boire. Sa mère Beleza n'est pas loin et bavarde avec l'une de ses amies. Elle me hèle et m'invite à m'asseoir à leur table, puis continue sa discussion incompréhensible en créole.

Des signes, d'abord à peine perceptibles puis de plus en plus voyants, montrent que nous commençons à nous intégrer. Comme Beleza qui me convie à sa table. Ça n'a l'air de rien, mais pour moi il s'agit de l'un de ces indices qui prouvent notre acceptation progressive. Je ressens chacun de ces signes comme un petit bonheur. Je m'éprends véritablement de ce pays. Je m'y trouve à mon aise comme rarement j'ai pu l'être. Les Cap-Verdiens que nous avons rencontrés ont une grande ouverture d'esprit vers le monde extérieur, sans préjugés culturels ou raciaux. La découverte de ces gens chaleureux, hospitaliers, tolérants, joueurs, philosophes, apporte au voyage une dimension inattendue.

Ce matin, nous préparons *La Volta* au départ et quittons provisoirement Palmeira. Nous avons décidé d'aller tous ensemble reconnaître d'autres îles de cet archipel en forme de croissant ouvert à l'ouest, qui en compte dix, et choisi d'en visiter trois durant les douze jours de notre croisière familiale. Sal et Boa Vista, où s'étendent, paraît-il, de superbes plages de sable, sont au nord-est ; São Nicolau, montagneuse, est plus à l'ouest. Le fidèle alizé nous accompagne, soufflant de façon modérée, parfois perturbé par le relief d'une côte au contact duquel il forcit ou disparaît. Nous avons la chance de croiser des poissons volants. Quelques dauphins viennent jeter un coup d'œil furtif, à la grande joie des enfants. Pour passer d'une île à l'autre, nous naviguons en partie durant la nuit. Les conditions sont bonnes pour avancer paisiblement avec cet équipage rajeuni. Il fait « un temps de demoiselles » tout à fait d'actualité. Les filles aiment écouter des histoires de pirates ou apprendre des chants de marins.

« C'est un fameux trois-mâts... »

Le port de Sal Rei, à Boa Vista, est en vue.

Dans chacune des îles, ce ne sont que nouvelles découvertes et rencontres. Plus séduisantes que celle de Palmeira,
ph. 12 les plages de sable blanc de Boa Vista font les délices des
ph. 14 enfants et des adultes. Cependant les bains se font plus timides lorsque nous observons des gamins pêcher non loin de nous une superbe murène. Puis, nous allons nous promener à pied dans l'intérieur des terres. La balade nous mène dans des vallons désertiques. Nous atteignons une oasis où une éolienne procure l'énergie pour permettre de remonter l'eau d'un puits. L'eau est parfois portée à dos-d'âne jusqu'au hameau voisin, lorsque ce ne sont pas les femmes qui juchent les récipients remplis sur leur tête. Au village proche, ma sœur, mes nièces et moi répondons à l'invitation à dîner d'António, qui nous propose de délicieux poissons grillés. Nous l'agrémentons avec le *vinho verde* dont nous nous sommes munis, que notre hôte, sa femme et ses amis apprécient. Et chacun d'interroger l'autre sur sa vie, son métier, son pays. Le lendemain, je me rends à l'atelier d'António, car celui-ci s'occupe d'une école de poterie que je souhaite visiter. Plats, vases et jarres sont exportés dans les autres îles. Sa femme offre deux poteries à l'intention de Marion et de Perrine. Un ami qui passe par là me convie à partager son repas. L'intérieur de sa maison est simple, comme souvent au Cap-Vert. Comme souvent aussi, des photos de la famille éparpillée sont accrochées sur les murs. Un fils est en Belgique, un autre sur un cargo. Deux filles sont à Paris et font des ménages.

L'émigration est importante dans ce pays qui n'est pas assez fertile pour nourrir tous ses enfants. Déjà, au XIXe siècle, les Cap-Verdiens poussés par la faim étaient une main-d'œuvre appréciée des baleiniers américains de New Bedford. Le nord-est des États-Unis devint la principale tête de pont de l'émigration cap-verdienne. On compte environ 350 000 habitants dans les îles et 400 000 émigrés dont la moitié aux États-Unis, les autres en Europe (Portugal, Italie, France, Pays-Bas) et en Afrique (Sénégal, Angola). Ceux-ci s'enrichissent plus ou moins et envoient des mandats à leur famille restée au pays.

À plusieurs reprises, des mères nous ont demandé s'il n'était pas possible de trouver un travail en France pour l'un de leurs enfants, et lui obtenir ainsi un permis de séjour. L'une d'entre elles nous a même proposé d'embarquer sa fille à notre bord.

Sur l'île de São Nicolau, une camionnette nous mène du port de Tarrafal vers la capitale située à l'intérieur. Les villes ont souvent été bâties hors de vue de la côte, de manière à échapper aux razzias des pirates et corsaires, parmi lesquels sir Francis Drake n'est pas le moins illustre. La route nous fait traverser de coquets hameaux, puis se perd dans les brumes de la montagne. Après le col, des arbres étranges, les dragonniers, font leur apparition. Ils ressemblent à des chandeliers aux feuilles regroupées en étoile. Dans la ville de Ribeira Brava, je suis pris en charge par un insulaire aimable et malicieux qui me présente à ses amis, et à un jeune couple de Français en mission pour une ONG. Les inscriptions sur les sacs de nourriture entreposés dans les arrière-salles des épiceries témoignent de l'importance de l'aide humanitaire.

Peu à peu, la vie sur *La Volta* devient difficile. Il est malaisé et guère reposant d'habiter à huit, dont quatre enfants, dans un espace aussi réduit. À bord, tout le monde profite du caprice d'un enfant ou de l'humeur d'un adulte. Le besoin d'isolement doit être oublié. Lors de notre retour à Sal, Thierry et Claire décident de prendre une chambre à Santa Maria, au sud de l'île où quelques hôtels ont été construits, pour se retrouver et finir les vacances avec leurs enfants. Après de longues semaines de séparation, leur famille a besoin d'une réelle intimité.

La Volta mouille provisoirement devant la plage de Santa Maria pour y déposer la moitié de ses occupants, puis le cap est mis au nord. Après quelques heures de navigation, l'ancre de notre bateau, à l'équipage clairsemé, retrouve le sable de la baie de Palmeira. Les voiliers amis sont toujours présents, et nous allons à terre aux nouvelles.

Junior est là ! Notre vieux copain brésilien de Salvador de Bahia est arrivé à Sal il y a quelques jours dans un vol en provenance de Paris. Il a déjà l'air à son aise aux îles du Cap-Vert, discutant avec tout le monde. On en oublierait sa blanche couleur de peau, tant il semble être ici comme chez lui. Il est vrai que la culture brésilienne est influente dans ce petit pays et la langue portugaise commune facilite l'intégration. Il a choisi *La Volta* comme moyen de transport pour retourner à Bahia. Surtout, il veut découvrir ce qu'est une traversée océanique, lui qui par le passé est parti plusieurs jours en mer avec des pêcheurs de son pays. Junior a déjà tellement sympathisé avec ceux d'ici qu'il n'est pas rare de retrouver au matin dans le cockpit de *La Volta* quelques poissons frais. Il est tellement facile d'avoir du poisson sans le pêcher…

Les retrouvailles sont prétexte à festivités. À Palmeira, le dimanche soir, c'est d'abord la fête des enfants. Marion et Perrine s'approchent timidement pour danser avec les gamins du village. Plus tard dans la soirée vient le tour des adultes : on joue, on chante, on danse…

Jeff est inquiet pour son chien. Le gouverneur de l'île a décidé de se débarrasser des animaux errants, et a fait disperser des boulettes empoisonnées dans les villages. De nombreux cadavres sont retrouvés. Heureusement, le chien de Jeff en réchappe. Nous espérons pour notre part que l'une de ces boulettes servira de déjeuner à l'affreux bâtard de Palmeira qui a la réputation de mordre les mollets blancs. Un Allemand de passage en a fait la triste expérience. Malheureusement, le chien qui mord les Blancs respire toujours la santé.

Jeff nous annonce qu'il est sur le départ, ce qui est un grand événement. Lorsqu'il précise que sa destination n'est autre qu'une anse située 5 milles plus au sud, nous ne pouvons nous empêcher de plaisanter. Décidément, il ira loin, au moins dans sa conception du voyage.

La Volta se prépare également à appareiller, pour découvrir d'autres îles. Nos familles nous quittent. Nous prenons aussi congé de Palmeira, avec un peu de vague à l'âme. Comme toujours, ce sont des sentiments mêlés qui planent sur un départ pour de nouvelles découvertes, vers des événements encore inconnus qui nous attendent pour advenir. Nous sommes de nouveau trois personnes à bord, cette fois-ci avec Junior. L'équipage de la future traversée de l'Atlantique est formé.

Notre balade cap-verdienne n'est pas finie. Nous mettons le cap sur Mindelo, le port de l'île de São Vicente, où un festival de musique est organisé. Puis nous souhaitons terminer notre séjour dans l'archipel par une escale à Brava, la dernière île, la plus occidentale. Nous traversons vers Mindelo durant un jour et demi. Le vent ne coopère pas beaucoup et le moteur est mis à contribution pour ne pas rater les concerts. Dès l'arrivée, il nous faut négocier avec l'un des gardiens du quai qui nous proposent de surveiller le bateau et l'annexe. La scène sur la plage accueille des groupes de musique traditionnelle ou de reggae, tandis que l'on peut plonger dans la mer entre deux concerts.

Mindelo est l'une des deux villes principales du pays. C'est l'escale privilégiée des voiliers de passage car la baie de Pôrto Grande, surveillée nonchalamment par le Monte Cara – « mont Visage » –, est un abri idéal. Mindelo, à tort ou à raison, charrie avec elle des images exotiques de petits bars de coin de ruelle d'où s'échappent des notes de *morna*, et de jolies filles à la démarche chaloupée qui excitent les sens du marin de passage. La ville dégage une atmosphère aigre-douce. Pour la première fois, nous sommes accostés par des gamins qui mendient quelques pièces. Le phénomène est récent et prend malheureusement de l'ampleur. Sur la place principale, lorsque la nuit tombe, les tables de la terrasse du bar et les bancs du parc se remplissent. Les gens marchent autour de la place, s'observent, s'amusent. Les garçons épient les filles, les regards se croisent et les sourires s'esquissent, les conversations s'engagent, les corps se rapprochent. La soirée se prolonge dans des boîtes de nuit qui passent de la musique exotique remixée aux normes disco. Nous sommes loin des sons de *cavaquinho* des ruelles de Palmeira. Dans cette ville, les relations avec les Cap-Verdiens se font plus rares, moins spontanées. Je noue plutôt quelques contacts avec des Européens de passage, comme une séduisante jeune femme suisse, écrivain-voyageuse, qui découvre dans le port le petit monde des voiliers. Nous nous avouons une certaine admiration réciproque envers nos occupations respectives. L'écriture me paraît une démarche passionnante. Cependant, pour moi qui n'avais à l'école que des notes moyennes en rédaction, ce travail me semble réservé aux rares personnes qui en ont reçu le don !

Nous prenons le temps de nous occuper de notre voilier. Nous faisons ressouder le crochet de prise de ris qui avait lâché et vérifions minutieusement les haubans car l'un d'eux, cassé net, est tombé sur le pont alors que nous venions de Sal. C'est la deuxième fois que cela se produit. Ces câbles sont neufs, et nous les remplaçons alors par les anciens – que nous avons heureusement tous emportés à bord –, en maudissant notre fournisseur. Junior, fort de son expérience avec les pêcheurs brésiliens, prend en charge l'achat d'un nouveau matériel destiné à remplir nos assiettes de poisson, exercice qui lui prend tout l'après-midi.

La Volta parée, nous reprenons la mer. Après une nuit de navigation, nous approchons du groupe des îles méridionales. Nous devinons la base du volcan de l'île de Fogo, perdu dans les
ph. 8 nuages. Nous jetons l'ancre par 8 mètres de fond dans une baie assez ouverte, à l'ouest de l'île voisine de Brava, notre dernière escale dans le pays. Il n'y a pas d'autre voilier. À cette extrémité de l'archipel, l'océan s'étend devant nous vers le sud-ouest, comme un aimant. Ne raconte-t-on pas aux îles du Cap-Vert que tout ce qui flotte, navire désemparé, cargaison désarrimée, homme à la mer, est emporté par les vents et courants dominants vers le Brésil, sans espoir de retour ?

> *En 1750, le* Glorieux, *manquant les îles du Cap-Vert au large du Sénégal, qu'il croyait à tort dans son ouest, fut contraint de relâcher à Rio de Janeiro, ne pouvant remonter au vent après qu'il eut constaté son erreur.*[18]

Nous sommes à Faja d'Agua. Pas vraiment un village, plutôt quelques maisons accrochées à la pente de la montagne. Rapidement, nous trouvons nos marques. Maria et son ami autrichien Félix, qui ne parle que l'allemand et le créole, tiennent un restaurant où nous prenons l'habitude d'aller boire un verre ou déguster un poisson. Nous y rencontrons Nonoï, le « meilleur pêcheur de l'île ». Thierry part une journée en mer
ph. 16 avec lui afin d'observer les techniques locales. Nonoï et ses collègues plongent très profond avec leurs fusils sous-marins, mais ils manquent de pièces de rechange pour leurs armes, en particulier d'élastiques. Nous leur offrons le nôtre, que nous pourrons remplacer facilement au Brésil. À vrai dire, nous ne nous sommes donné ni le temps ni la peine d'utiliser notre fusil, abandonné dans la soute à chiffons.

---

18. Cette erreur de navigation célèbre, et fort peu glorieuse, est rapportée par François Bellec dans son ouvrage *Océans des hommes* (Éditions Ouest-France Université, Rennes, 1987).

Quelques jours plus tard, Maria, Félix, Nonoï, et tout le petit monde de la baie sont conviés à déjeuner à bord de *La Volta*. Je prépare des pâtes pour une quinzaine de personnes, en deux fournées. Les enfants d'abord, les grands ensuite. Une bouteille de vin français est débouchée, les conversations s'animent, mais notre hospitalité n'est rien comparée à celle des Cap-Verdiens. À Brava, nous en faisons de nouveau l'expérience lors de notre dernière journée insulaire.

Le matin, nous décidons de monter faire un tour à la *vila*, la capitale Nova Cintra. Comme d'habitude, nous attendons qu'un véhicule veuille passer. Au Cap-Vert, l'attente est douce : nous observons les pêcheurs qui rentrent, coulons des regards vers les femmes nonchalantes qui transportent l'eau dans des récipients posés sur leurs têtes. Au bout de quelque temps, une camionnette fait son apparition, puis attend que les femmes aient fini de trier le poisson. Nous nous installons au milieu d'elles, à l'arrière du véhicule qui grimpe les pentes escarpées de l'île, nos pieds cherchant leur place entre les bassines remplies du produit de la pêche. La route, pavée et tortueuse, se faufile parmi des hameaux où l'on s'attarde de loin en loin pour ph. 9
héler les habitants, plaisanter, leur vendre quelques poissons. Parfois, le véhicule ne s'arrête même pas, le poisson est jeté sur le pavé, le paiement étant peut-être remis à plus tard. Au terme de ce trajet gai et haut en couleurs, nous arrivons à Nova Cintra, où les passagères n'arriveront pas à tout vendre, tant la pêche a été abondante.

Le soir, Nonoï nous emmène en virée dans l'île. Nous arrivons à l'improviste chez des amis à lui, au milieu d'un repas de langoustes et fruits de mer. En dépit de nos faibles protestations, des couverts sont mis et nous nous attablons au festin. Nous voici bientôt entraînés dans une autre maisonnette où une fête est donnée en l'honneur d'émigrés cap-verdiens en vacances au pays. Guitare, violon et *cavaquinho* sont de la partie pour jouer *mornas*, *funanas* et autres musiques des îles. Ce ne sont que danses, discussions, soupe de poisson et *grogue* toute la nuit, seulement interrompus par l'appel téléphonique d'un parent resté à Boston. Alors que le jour pointe, nous redescendons au bateau à pied, nous arrêtant de-ci de-là pour un café ou un dernier *grogue*. Cette descente de trois heures dans les brumes du petit matin se transforme peu à peu en une vision merveilleuse.

Nous empruntons une vallée d'apparence austère, mais la végétation s'étoffe jusqu'à devenir une véritable oasis tropicale peu avant d'atteindre la mer. Une fermette s'y cache au pied de cocotiers sous lesquels cochons et poules batifolent. L'aridité des îles rend plus éclatants encore leurs rares coins de verdure.

Nous nous résolvons à quitter l'archipel du Cap-Vert. Nous sommes le 1er septembre et la route est encore longue pour le cap Horn, que j'ai un peu perdu de vue depuis le jour, il y a un mois et demi de cela, où nous avons aperçu le Morro Leste, la colline sentinelle de l'île de Sal. Lorsque nous avions fait de cet archipel l'une de nos escales privilégiées, je ne me doutais pas à quel point je serais jour après jour conforté dans ce choix dont je mesure aujourd'hui le bien-fondé. Avant notre départ de France, quelques échos de ces îles nous étaient parvenus par la bouche de voyageurs qui les avaient fréquentées. Ces voix prometteuses nous laissaient entendre que notre séjour ici pourrait être l'un des meilleurs souvenirs que nous rapporterions de notre périple. Pierre, l'homme qui nous avait cédé son stock de cartes marines, nous avait raconté ses années passées comme météorologue à Dakar, pendant lesquelles il profitait de ses congés pour lever l'ancre de son Romanée et aller la mouiller sur la rive de l'une de ces îles.

Parfois la lecture d'un bon livre met le voyageur dans un état d'esprit favorable pour découvrir une contrée. C'est le cas du livre de l'ethnologue Jean-Yves Loude[19], qui marie avec bonheur récit de voyage et nouvelles. Mieux qu'un guide touristique – et sans les photos dont on vous sature souvent et qui gâchent le plaisir de se laisser surprendre par la vue d'un paysage inconnu –, ce genre d'ouvrage offre une bonne approche des mentalités locales, un excellent prologue à la découverte. Néanmoins, ces quelques témoignages ne laissaient que partiellement présager de l'accueil formidable et des paysages envoûtants de cet archipel qui restera à jamais gravé dans ma mémoire.

Les gamins de Faja d'Agua sont conviés à bord de *La Volta*
ph. 13 pour un tour de la baie. Thierry porte à sa bouche la conque que vient de nous offrir Nonoï. L'écho du son de corne de brume,

19. Jean-Yves Loude, *Cap-Vert, Notes atlantiques*, Actes Sud, Arles, 1997.

produit par son souffle dans le gros coquillage, rebondit sur les falaises. L'ancre est relevée, *La Volta* s'ébroue et ébauche un lent cercle vers le large. Les gosses sont ravis. Lors d'un dernier passage devant la plage, ils sautent du bateau dans un débordement d'éclaboussures, d'excitation et de joie.

L'étrave est alors pointée vers le sud. Le soleil culmine. Les enfants, de moins en moins perceptibles, agitent gaiement les bras.

Le vieil océan

Îles du Cap-Vert - Salvador de Bahia

L'océan Atlantique est le roi des océans. Et qu'on ne me contredise pas. Sa respiration profonde est rythmée par les pulsations des plus fortes marées de la planète. Il s'abreuve aux embouchures des fleuves les plus puissants du globe, qui y déversent leurs eaux. À ses portes, les caps les plus fabuleux se dressent et ne laissent franchir leur seuil qu'après avoir prélevé un droit de passage souvent douloureux.

Le vieil océan que nous nous apprêtons à traverser est chargé d'histoire maritime. Sur ses flots naquit la célèbre option de navigation de la *volta* qui permit d'élargir l'exploration du monde. Sur ses rivages vendéens naquit *La Volta*, notre humble voilier lancé sur son immensité turbulente.

Christophe Colomb est universellement connu pour avoir réussi l'entreprise de le traverser, mais le navigateur eut beaucoup de précurseurs. Dès l'Antiquité, les Phéniciens, puis leurs neveux carthaginois, franchirent les colonnes d'Hercule, que l'on appelle de nos jours le détroit de Gibraltar, et s'aventurèrent sur ses eaux. Ils commercèrent avec les îles Britanniques, découvrirent les îles Fortunées, aujourd'hui les Canaries, et probablement d'autres terres plus lointaines. Au Moyen Âge, les Vikings occupèrent à leur tour la scène atlantique, sur sa frange arctique. Les sagas rapportent les exploits de ces rudes marins qui, de bannissements en tempêtes, franchirent les jalons de l'Atlantique Nord sur des voiliers non pontés, les *knarr*.

Le Norvégien Nadodd et le Suédois Gardar Svarvasson touchèrent l'Islande vers 860, que des moines irlandais fréquentaient épisodiquement depuis plusieurs siècles déjà. Gunnbjørn Ulf-Krakasson puis Eirik Thorvaldsson « le Rouge » (rouquin comme moi !) atteignirent le Groenland. Le premier fut entraîné par un coup de vent. Le second, banni d'Islande par les siens en 982 après l'avoir été de Norvège, partit coloniser ces terres que des survivants de tempêtes racontaient avoir aperçues. En 986, l'Islandais Bjørn Herjulfsson vit surgir d'une brume tenace une terre encore plus à l'ouest, ignorant qu'il venait de découvrir le continent américain. Eirik le Rouge confia en l'an 1001 à son fils Leif Eiriksson le soin d'aller explorer ces contrées. La description du Vinland, lieu du dernier hivernage de celui-ci, suggère qu'il reconnut les côtes jusqu'à Terre-Neuve, où un habitat probablement viking a été mis au jour par les archéologues, dans l'anse aux Meadows. Les Indiens accueillirent fraîchement les nouveaux visiteurs, ce qui dissuada ceux-ci de prolonger leur expérience au-delà du Groenland.

À cette époque, la détermination de la position d'un navire n'était pas chose aisée. Les témoignages discordants et incertains de marins désorientés, qui purent sans doute apercevoir fortuitement Madère ou l'une des Açores, contribuèrent à multiplier les îles sur les représentations médiévales de l'océan Atlantique. D'incertaines, elles devinrent légendaires, voire mythiques.

Les traditions orales des conquérants de l'Europe du Nord colportèrent sans doute dans les ports des images de terres lointaines. Les établissements vikings perdurèrent durant des siècles au Groenland, où ils furent attestés jusqu'en 1430. J'ai toujours été étonné par cette coïncidence de l'histoire, car c'est curieusement à la même époque que les Portugais prirent pied en Afrique.

Que devinrent les Groenlandais ? Le refroidissement du climat de la planète (le « petit âge glaciaire ») rendit précaire leurs conditions de vie et coupa progressivement le cordon maritime qui les reliait à l'Islande et à la Scandinavie. Ils se retrouvèrent en concurrence avec les Inuit, eux-mêmes repoussés vers le sud par le froid. Les causes exactes de la fin des Vikings du Groenland – famines, épidémies, conflits, déportation, fuite ou autre – restent méconnues et j'espère vivre assez longtemps pour connaître le fin mot de l'histoire.

D'autre part, en cette fin de Moyen Âge, des pêcheurs discrets des côtes d'Angleterre, de Normandie, de Bretagne, du Pays basque ou du Portugal, prolongeant les exils des moines irlandais et prêtant l'oreille aux légendes nordiques, poussèrent leurs bateaux jusque dans les brumes des bancs de Terre-Neuve, où abondaient les morues. Ces hommes étaient peu loquaces sur leurs lieux de pêche, mais quelques indiscrétions sortaient parfois des tavernes. De tout temps, le secret entoura les navigations, qui furent presque toujours à but économique, tel le commerce du poisson, des épices, de l'or ou des esclaves. Il est du reste souvent difficile pour les historiens de savoir quelles étaient les connaissances exactes qu'un capitaine avait à sa disposition lors d'un voyage de découverte. Les géographes au service des rois étaient avides de renseignements. Leurs indicateurs, qui furetaient dans les ports d'Europe, obtenaient parfois d'un marin égaré des informations concernant la forme d'un cap inconnu, aperçu dans la grisaille d'une tempête, en échange de quelque monnaie ou privilège. Déjà dans l'Antiquité, les Phéniciens, qui dominaient les échanges maritimes, n'hésitaient pas à se débarrasser des navires qui découvraient leurs lieux de commerce. Les capitaines carthaginois étaient tenus de consigner les comptes rendus de leurs voyages dans le temple de Melcarth, à l'abri des regards étrangers. Ce temple antique, détruit par les Romains, préfigurait la *Casa da Índia*, à Lisbonne, ou la *Casa de Contratación*, à Séville, qui renfermaient les cartes étalon secrètes (on les appelaient *« Padrão Real »*) mises à jour au fur et à mesure des découvertes portugaises et espagnoles des XVe et XVIe siècles. Je serais curieux de consulter ces cartes : de quelles données disposaient Christophe Colomb ou Vasco de Gama ? Que connaissaient Cabral et Magellan de la côte sud-américaine ?

Certains récits, qui n'apportent pas de preuves formelles, laissent supposer que des Phéniciens de l'Antiquité, ou des moines irlandais du début du Moyen Âge, tel saint Brendan, auraient pu atteindre l'Amérique. Ces faits apparaissent improbables au vu du contexte de ces époques lointaines, mais pas impossibles.

Les Vikings furent les grands navigateurs du Moyen Âge, avec les Polynésiens dans l'océan Pacifique, les Arabes et les Chinois des flottes Ming de l'amiral eunuque Zhenghe dans l'océan Indien. Cependant, aucun n'eut pleinement conscience de l'universalité de ses découvertes. Ils exploraient seulement un bassin de navigation qui s'élargissait peu à peu, d'une terre nouvelle à l'autre. À la fin du XVe siècle, le Génois Christophe Colomb eut une démarche radicalement différente. De nombreux voyages l'avaient mené du côté de La Mina (dans l'actuel Ghana) que les Portugais fortifiaient, ou vers le nord, peut-être jusqu'en Islande. On peut penser qu'au cours de ses navigations, à la faveur d'escales propices à l'écoute des racontars des ports, il eut écho d'informations diffuses qui circulaient sous cape à propos de terres lointaines et brumeuses, là-bas, vers le couchant. Les îles de l'Atlantique – Canaries, Madère, Açores – avaient déjà été redécouvertes et annexées par les Espagnols ou les Portugais, mais bien des mystères subsistaient. Notre homme voulait atteindre les richesses de l'Asie en traversant la « mer océane », c'est-à-dire par l'ouest. Cette démarche révolutionnaire s'inscrivait dans une logique opposée à celle du Portugal qui, depuis des décennies, tentait de contourner l'Afrique pour accéder à ces mêmes richesses. Éconduit par la grande puissance maritime de l'époque, Colomb passa en Espagne dont il finit par convaincre les souverains. Il atteignit lors du voyage historique de 1492 les îles Bahamas, puis Cuba et Haïti, arrivant sans s'en rendre compte aux portes du Nouveau Monde et offrant ainsi l'Amérique à l'Espagne. Paradoxalement, il apportait la preuve de la pertinence de son intuition géniale : il y avait des terres vers le ponant.

Il est difficile d'imaginer l'effet que put avoir sur les indigènes l'arrivée des caravelles. Tels des êtres surnaturels ou extraterrestres, les Espagnols leur apparurent, immenses à la proue de leurs navires ou montés sur leurs chevaux. Des certitudes immémoriales s'écroulaient. Les Indiens allaient rapidement se rendre compte du fléau qui s'abattait sur eux.

La prise de conscience de l'existence d'un nouveau continent, rattaché ou non à l'Asie, se fit progressivement. Vers le nord, en 1497, Giovanni et Sebastiano Caboto, Vénitiens devenus John et Sebastian Cabot au service de l'Angleterre, reconnurent l'île du Cap-Breton et Terre-Neuve, dans la foulée des pêcheurs de Bristol. Les frères portugais Gaspar et Miguel Corte-Real entreprirent successivement, entre 1500 et 1502, trois voyages vers le Labrador, dont ils ne revinrent pas. Plus au sud, Colomb toucha le continent au Venezuela en 1498, lors de son troisième voyage, suivi par le Florentin Amerigo Vespucci et d'autres qui dépassèrent l'embouchure de l'Amazone. Le Portugais Pedro Álvarez Cabral découvrit officiellement le Brésil en 1500, sur la *volta* qui le menait vers l'océan Indien. Je tente d'imaginer les interrogations auxquelles furent confrontés les hommes de cette époque, à propos de la configuration de notre Terre. Chaque nouvelle découverte engendrait de nouvelles questions et de nouveaux coups de crayon sur les cartes, où des traits continus repoussaient peu à peu les pointillés.

En 1513, le conquistador espagnol Vasco Nuñez de Balboa traversa les jungles de l'isthme de Panamá, jusqu'à voir apparaître sous ses yeux la « mer du Sud », l'océan Pacifique, découverte décisive pour la reconnaissance de la continentalité de l'Amérique. En 1519, Hernán Cortés soumit le Mexique qui bascula sous le joug espagnol. La grandeur de l'empire aztèque, inconnu des voyageurs de l'Asie, mit en évidence l'importance du continent. Ce continent américain que nous voulons atteindre nous aussi, alors que l'île de Brava s'amenuise à l'horizon. De joyeux dauphins nous rejoignent et semblent nous faire signe : adieu le Cap-Vert ou bonjour l'Atlantique ?

Je suis fasciné par cette époque de grandes découvertes. La carte du monde connu s'agrandit et se précisa sans cesse dans le sillage des caravelles. J'admire les exploits maritimes de ces hommes qui s'élançaient sur l'océan sans savoir jusqu'où les vents pouvaient les conduire. Sur des mers inconnues, ils n'avaient pas de cartes marines leur indiquant les hauts-fonds. Ils n'avaient pas connaissance des phénomènes météorologiques tels que les cyclones et les typhons. Néanmoins, mes sentiments envers ces héros sont ambivalents. Je ne suis pas de ceux qui font la distinction entre « gentils découvreurs » et « méchants conquérants ». Tous furent plus souvent guidés par l'intérêt que par la curiosité. Ils sont responsables du génocide des Amérindiens, de la traite des Noirs, de nombreux massacres de Maures. Le vieil océan fut témoin de leurs exactions. Notre méconnaissance générale de l'ampleur des ravages commis, en particulier concernant les Indiens, et le peu de cas qu'en font nos livres d'histoire me consternent[20].

20. Voir l'annexe : « Découvreurs ou conquérants ? ».

Depuis, beaucoup d'eau a glissé sous les coques ; aujourd'hui, *La Volta* fend gaillardement les flots bleus de l'Atlantique. Le traverser n'est plus un exploit. Les ports des îles qui servent traditionnellement d'escale aux bateaux en transat font le plein durant les saisons propices au grand saut. Celui de Horta, par exemple, dans l'archipel des Açores, accueille mille voiliers par an. Aujourd'hui, on peut être confronté, sur les escales conventionnelles d'un tour du monde, à des conglomérats de voiliers – couramment scindés en francophones et anglophones – qui reconstituent ainsi des schémas classiques peu compatibles avec l'idée d'aventure liée à la navigation au long cours.

Thierry et moi avons déjà fait l'expérience de cette traversée il y a quelques années, à bord de différents bâtiments : lui avait embarqué sur le célèbre *Pen Duick VI*, puis moi, au cours d'une première année sabbatique, sur un voilier malouin plus modeste nommé *La Fanfarlo*. Hervé, le capitaine, qui bouclait son vingtième voyage transocéanique, m'avait donné entre la Martinique et la Bretagne des enseignements aussi divers que le maniement du sextant ou l'art de doser le punch, et avait enrichi mon vocabulaire de nombreux jurons hauturiers : « Sacrée putaragne, quelle brafougne, c'est à se bouffer les c... ! » Nous nous étions grisés de ces longues navigations rythmées par les quarts. Malgré sa banalisation, la transat garde un côté légendaire, grâce aux exploits des héros qui ouvrirent la voie, de Colomb à Tabarly. Traverser l'océan pour atteindre l'Amérique reste une entreprise exaltante sur une route maritime mythique. De plus, c'est la première traversée durant laquelle nous sommes maîtres à bord. Même si ce n'est pas la partie la plus délicate de notre parcours, c'est un événement qui compte dans la vie d'un marin qui veut se prétendre de haute mer. Un dépucelage, en quelque sorte. Cela exige une préparation particulière due au temps de navigation, que nous avons estimé au vu de notre trajet à environ trois semaines.

Alors que nous étions à notre dernier mouillage capverdien, sur l'île de Brava, la coque de *La Volta* fut nettoyée. Comme nous ne pouvions sortir le bateau de l'eau, ce carénage fut effectué par de nombreuses plongées successives sous la coque, armés d'un racloir, de manière à gratter parcelle par parcelle les algues et les crustacés qui y avaient élu domicile au fil du temps. Nous trouvâmes de l'ardeur à la tâche en pensant que notre travail ferait gagner de la vitesse au bateau, ce qui n'est pas négligeable pour une traversée de cette durée : un demi-nœud de plus équivaut à deux jours en moins.

Il nous fallait nous procurer de nombreuses provisions et Junior prit les choses en main : il dénicha une fermette située sur la hauteur, dont le propriétaire proposa de nous livrer ses nombreux produits. Un peu plus tard, nous aperçûmes au loin une curieuse silhouette, comme un arbre merveilleux portant dans ses branches des feuilles et des fruits de toutes formes et couleurs, au-dessus de deux troncs noirs efflanqués. L'apparition titubait et semblait lutter pour conserver son équilibre. Le fermier descendait vers le bord de mer, disparaissant presque sous son chargement bariolé de fruits et légumes, se penchant de temps à autre pour ramasser une mangue ou une banane détachée de l'ensemble. Miraculeusement, le tout atteignit le rivage sans dommage.

Outre le plein de frais, il nous fallut remplir nos réservoirs et bouteilles d'eau. Un étrange ballet fut donné sur le front de mer : les trois Blancs occupant *La Volta* arpentaient le pavé, suaient, ahanaient, se croisaient en un va-et-vient incessant, chargés de bidons et bouteilles de toute taille. Le trajet menait du voilier vers la plage en annexe, puis de la plage à la fontaine. Une fois les récipients remplis, sous le regard amusé des femmes qui lavaient leur linge, le chemin inverse était pris, rendu plus difficile par un chargement sensiblement plus lourd.

La Volta est donc pourvue du nécessaire pour la grande traversée, et nous ne manquons pas lors de notre première soirée en mer de cuire les langoustes offertes par Nonoï, notre ami pêcheur. Dans l'émotion du départ et les échanges de cadeaux, je lui avais affirmé :

– Je reviendrai sûrement plus tard, tant ce pays m'a plu.

– Tous les gens des voiliers disent cela, mais personne ne revient, m'avait-il répondu.

Ce soir, rassasié de langoustes, je médite son propos et m'interroge. Je ressens de la tristesse au moment de m'éloigner de ces îles et souhaite réellement y revenir. Mais les mois vont passer, d'autres lieux et d'autres rencontres nous attendent, la vie va s'écouler. Un jour, qui sait ?

Junior, qui ne connaît pas la navigation à voile, prend son quart de trois heures, comme tout le monde. Il a pour consigne de réveiller l'un des deux capitaines en cas de doute, mais il le fera finalement assez rarement. Notre ami brésilien a rencontré pour la première fois Thierry une douzaine d'années auparavant, à l'aéroport de Bruxelles. C'était le premier séjour en Europe de Junior, qui y venait pour suivre un stage d'un an en cardiologie. Thierry l'aida à s'installer, à s'adapter et à connaître notre beau pays. Peu à peu, il s'intégra à notre groupe d'amis de la région annecienne lors de ses différents séjours et stages en France, à Lyon ou à Paris.

Junior est de ces personnes enclines à appeler depuis Orly alors qu'on est sans nouvelles d'elles depuis des années, ou à partir cinq minutes faire une course et à rappeler le lendemain d'une cabine téléphonique à des centaines de kilomètres de là. Il approche de la quarantaine, est médecin cardiologue, surfeur, guitariste, célibataire apparemment endurci, indépendant, appréciant cependant de se trouver en charmante compagnie. Comme tout bon Bahianais, il a le sens de la fête et ses dispositions naturelles le portent plus volontiers vers la bonne chère et le vin qu'il consomme sans modération que vers le travail qu'il ne fréquente que modérément. Il ne connaît ni la vaisselle, ni le ménage, mais sait préparer des plats succulents si on lui en laisse le temps.

La grande affaire de cette transatlantique est la traversée du redouté Pot-au-Noir.

Nous allons changer d'hémisphère, et pour cela il nous faut franchir cette zone climatique équatoriale réputée pour ses calmes plats, agrémentés d'orages violents et subits. Sous ces latitudes inhospitalières, le ciel est chargé, l'atmosphère est lourde et les voiles des bateaux, abandonnées par le vent, pendent pitoyablement dans l'attente d'une risée ou d'un grain. On peut passer de nombreux jours à traverser le Pot-au-Noir. Il s'étend à travers l'océan, de l'Afrique à l'Amérique du Sud, entre les zones des alizés de nord-est de l'hémisphère boréal et ceux de sud-est de l'hémisphère austral, à une latitude moyenne située un peu au nord de l'équateur géographique. Sa largeur diminue progressivement vers l'ouest, quoiqu'elle puisse varier considérablement d'un jour à l'autre.

Pour mieux nous rendre compte de ses fluctuations, nous notons régulièrement la situation de sa lisière nord donnée par RFI. Dans son jargon, le Pot-au-Noir devient ZITC – Zone intertropicale de convergence –, et sa limite nous est fournie par l'alignement d'une série de coordonnées géographiques pouvant varier de plusieurs degrés autour du dixième parallèle nord. Nous sommes attentifs au développement des ondes tropicales, dépressions tropicales, tempêtes tropicales et autres cyclones, phénomènes typiques de la saison et de la région des alizés de l'hémisphère Nord qui borde notre Pot-au-Noir. L'idée de rencontrer l'une de ces dépressions ne nous inquiète pas trop, car elles ne se développent qu'à partir de l'ouest des îles du Cap-Vert, alors que nous faisons route pour le sud.

L'option retenue est de ne pas suivre le cap direct pour notre objectif, Salvador de Bahia, qui est au sud-sud-ouest, mais de prendre d'abord une direction plein sud. Nous désirons franchir le Pot-au-Noir perpendiculairement de manière à nous y attarder le moins de temps possible. Cette tactique nous permet également de nous positionner sur une longitude plus à l'est que celle de la route directe. Lorsque nous toucherons l'alizé de sud-est de l'hémisphère Sud, nous voguerons à une allure plus confortable, plus débridée, et n'aurons pas à lutter contre le vent pour rejoindre le Brésil. Cette route n'est d'ailleurs pas différente de celle suivie par Vasco de Gama lorsqu'il entamait sa *volta* de l'Atlantique Sud, dont nous avons observé le tracé sur une carte au musée de la Marine de Lisbonne. À bord de *La Volta*, nous la nommons « l'option Vasco ». Elle allonge la distance prévisionnelle à parcourir de 1860 milles à un peu plus de 2000 milles, mais devrait nous permettre de gagner du temps.

Après que nous nous sommes dégagés des perturbations orographiques des îles de Brava et Fogo, les premiers jours de mer ressemblent aux journées qui nous avaient conduits dans l'archipel : le fidèle alizé de nord-est est toujours là, soufflant modérément. Le deuxième jour, nous croisons encore deux cargos puis, le lendemain soir, un autre, se trouvant étrangement à l'arrêt, tous feux éteints. Dès le troisième jour, nous sommes à l'affût de signes avant-coureurs du Pot-au-Noir. Une légère baisse du baromètre, quelques éclairs à l'horizon sud ou une absence momentanée du vent mettent nos sens en éveil.

Le temps est au calme toute la journée du quatrième jour. Quelques risées nous parviennent de temps à autre. En soirée, un grain passager nous fait réduire la toile. Le baromètre est haut et stable. En début de nuit, un vent de sud-ouest se lève. D'après les *pilot charts*, le sud-ouest est la direction du premier vent qu'un navire dépassant le Pot-au-Noir est censé rencontrer. Le vent bascule ensuite au sud puis devient l'alizé de sud-est. Thierry estime que nous pourrions avoir passé l'obstacle. Le cinquième jour, le vent de sud-ouest est toujours là et nous en profitons pour progresser vers le sud. Parfois, son souffle faiblit et le ciel se couvre, nous gratifiant de quelques averses. Des dauphins approchent : saluent-ils la sortie du Pot-au-Noir ? Au sixième jour, la météo annonce une limite nord de la ZITC autour du onzième parallèle nord, alors que nous sommes déjà à la latitude 7° 50', soit 190 milles au-delà. De plus, le vent bascule légèrement vers le sud. Au vu de ces éléments, le doute se dissipe : le Pot-au-Noir se trouve bel et bien derrière nous.

Tout s'est joué deux jours plus tôt, le 4 septembre. L'alizé de nord-est nous avait définitivement abandonnés vers 7 heures du matin. Le temps était couvert. Un léger vent de sud-est nous faisait avancer tant bien que mal, excepté le matin pendant une heure de véritable pétole. En soirée, nous avions rencontré quelques timides grains non orageux. Vers 22 heures, le vent de sud-ouest s'était levé. En quinze heures, nous avions ainsi progressé d'environ 40 milles vers le sud. Dans son manuel[21], Olivier Stern-Veyrin précise que la largeur du Pot-au-Noir est de 20 à 400 milles, avec un maximum en août, et le décrit comme une succession de calmes et de grains brutaux sous un ciel couvert. Avons-nous été chanceux ? Nous avons peut-être bénéficié dans les parages de la limite nord du Pot-au-Noir du passage d'ondes tropicales l'ayant fait reculer vers le sud. La météo avait signalé le passage de l'une de ces ondes sur le neuvième parallèle, à 2° à l'intérieur de la ZITC. Puis 40 milles plus au sud, le vent de sud-ouest avait fait son apparition, sous un ciel couvert, comme si, poussé par l'*astral*, il avait fait une incursion dans le Pot-au-Noir, pour venir nous y chercher !

21. Olivier Stern-Veyrin, *Navigation en haute mer*, Arthaud, Paris, 1985.

Cela se fête. Nous dénichons un fond de bouteille de gnôle de prune, dernier résidu d'alcool disponible. Junior nous cuisine une *feijoada*, spécialité de son pays à base de haricots rouges. Nous nous accordons le plaisir de nous rouler une cigarette avec le seul tabac restant à bord : celui de la pipe de Thierry. Nous n'avons guère l'habitude de fumer, quoique j'apprécie quelques cigarettes par jour, surtout pendant les quarts de nuit. Thierry, lui, aime allumer sa pipe de temps à autre. Cependant, d'un commun accord, et à la suite de quelques excès dans les îles, nous avons choisi de profiter de cette traversée pour faire une sorte de cure. Il n'y a donc dans nos provisions ni paquets de blondes ni bouteilles de vin. À l'exception de celles de notre cave, dont nous croyons bon de dissimuler l'existence à Junior, car elles sont réservées à un usage ultérieur lors des rencontres que nous ferons tout au long du voyage. Seules deux d'entre elles sont prévues pour le passage de l'équateur.

L'option Vasco a payé. Après un facile passage du Pot-au-Noir, le vent tourne au sud le septième jour. Nous virons de ph. 17
bord pour prendre la direction sud-ouest, vers l'Amérique du Sud. Peut-être est-ce notre dernière manœuvre jusqu'au Brésil, où le vent régulier devrait nous porter confortablement… Le huitième jour, celui-ci termine sa rotation vers le sud-est et *La Volta* suit son mouvement. Nous voici dans le train de l'alizé de l'hémisphère Sud. L'équateur géographique, quant à lui, est encore à 250 milles et les rochers Saint-Paul, cailloux brésiliens perdus dans l'océan, sont désormais la terre la plus proche. Comme lors de l'étape vers les îles du Cap-Vert, nous passons aujourd'hui « sous le soleil exactement ». Dans la nuit, nous croisons successivement deux cargos. L'étoile Polaire est de plus en plus basse sur l'horizon. Nous découvrons peu à peu le ciel austral. Lors de mon quart, le cap à suivre me fait viser Canope, la brillante étoile du Sud. Des dauphins ou leurs cousins, les globicéphales, apparaissent de loin en loin. Nous observons des sternes qui viennent frôler le mât. Ces oiseaux sont capables de migrations spectaculaires. La sterne arctique ne vole-t-elle pas des environs du pôle Nord jusqu'à l'Antarctique ?

Neuvième jour, notre stock de frais touche à sa fin. Les dernières bananes et goyaves sont digérées. Ce midi, le repas est constitué de saucisses et de pommes de terre, et nous prévoyons du riz à la tomate pour le soir. Les pâtes apparaissent de plus en plus souvent dans nos assiettes.

Nous faisons une étrange rencontre nocturne. Nous croisons une embarcation que nous avons déjà aperçue la nuit précédente et dont les lumières forment un ensemble désordonné. Bateau de pêche, cargo, paquebot ? Impossible de le dire quoique le navire se rapproche. Son azimut ne variant pas, nous sommes donc en route de collision et finissons par allumer nos feux au cas où l'homme chargé du radar serait distrait. Nous restons prêts à manœuvrer si besoin était. L'énigmatique bateau vire et s'éloigne bientôt. Les feux de navigation sont gourmands en ampères, aussi avons-nous fait le choix de ne pas nous en servir la nuit, afin de préserver le niveau de nos batteries. Nous ne les allumons qu'à l'approche d'un autre bateau. Les bâtiments qui se déplacent à grande vitesse sont censés être en veille radar permanente. Évidemment, nous pourrions croiser par hasard un autre voilier sans feux, mais nous avons toujours quelqu'un de veille à bord. D'autres équipages préfèrent dormir la nuit, arguant de l'infime probabilité d'une collision en plein milieu de l'océan. Ceux qui naviguent seuls et qui ne veulent pas laisser leur bateau voguer à l'aveuglette doivent se débrouiller. Le radar à alarme peut être utile, mais son utilisation exige beaucoup des batteries. L'un de ces solitaires, Pierre le météorologue, avait à bord de son Romanée un équipement important : le minuteur. En tenant compte des bonnes conditions de visibilité à ces latitudes et de la vitesse d'un cargo rapide, il avait calculé qu'il lui fallait se réveiller toutes les douze minutes pour faire un tour d'horizon. « Le dimanche, je réglais parfois le maudit engin sur un quart d'heure », avait-il reconnu.

En ce dixième jour, notre position nous situe plus près du Brésil que de l'Afrique. Je grimpe en haut du mât, non pour essayer d'apercevoir l'Amérique, mais pour vérifier le gréement du bateau. Pas de trace d'usure, tout est en ordre. Nous estimons avoir atteint la moitié du chemin en temps de navigation. Au traditionnel point de 10 heures 30, nous constatons une avancée journalière de 135 milles, la meilleure depuis le départ de Brava. À cette heure, nous avons aussi l'habitude de nous brancher sur Radio France Internationale. Rituellement, après l'écoute des informations générales, nous nous intéressons au bulletin météorologique, mais à présent ce dernier ne nous concerne plus. En effet, les prévisions ne sont fournies que pour les zones de l'Atlantique situées au nord du Pot-au-Noir.

Pour la première fois, nous naviguons sans informations sur les conditions qui nous attendent. Cela apporte une note grisante à notre bascule vers le sud. Pour l'instant, en cette région tropicale où le climat est particulièrement constant, il n'y a pas de grosse surprise à redouter. Les perturbations nous attendent plus au sud. Toutefois, une information du bulletin du jour retient mon attention : on signale le retour d'El Niño. Je tends l'oreille car le nom de ce phénomène, qui perturbe certaines années le climat dans différentes parties du monde, ne m'est pas inconnu. Cette nouvelle inattendue pourrait influer sur notre voyage, voire impliquer des modifications dans notre itinéraire. Nous en discutons à bord. Pour l'instant, nous n'en savons pas suffisamment pour envisager des changements dans notre programme. RFI ne donne pas de détails sur les incidences qu'El Niño pourrait avoir dans les régions que nous nous proposons de traverser. Nous décidons d'attendre de rejoindre la terre pour y glaner des renseignements plus précis et lancer un appel à l'information auprès de nos adhérents dans la prochaine édition de notre bulletin *L'astral de La Volta.*

C'est mon quart. *La Volta* glisse sous les étoiles du firmament sans lune. Comme le bateau marche bien cette nuit ! Je suis bercé par le chuintement régulier de la vague d'étrave contre la coque. Le sillage trace un chemin illuminé par le plancton phosphorescent. Tout est paisible et serein. J'observe le ciel. Avec l'aide de mon livret[22], je repère les deux nébulosités diffuses que sont les nuages de Magellan, ces galaxies satellites de la nôtre. Puis sont identifiées les constellations australes de la Fausse Croix et de l'Hydre mâle[23]. Je ne distingue plus l'étoile Polaire.

Nous sommes au onzième jour de navigation et une agitation inhabituelle règne à bord. Nous avons franchi la moitié de la distance de notre transat et sommes à 1 000 milles

---

22. Pierre Sizaire, *Le Guide des étoiles*, Éditions GEF, Paris, 1987. Ce fascicule est très pratique pour identifier les étoiles.
23. L'Hydre mâle est une constellation de brillance modeste, dont l'étoile *bêta* est l'astre de cette magnitude le plus proche du pôle Sud (à environ 12°).

de Salvador. Ce n'est pas pour cette raison que Thierry s'affaire au four et que Junior et moi préparons des verres et des bouteilles. Aujourd'hui va se produire un autre événement qui compte pour un marin : le passage de l'équateur. Mon coéquipier prépare un pain maison qui accompagnera la choucroute garnie. Selon la tradition, je tente de me déguiser avec les moyens du bord. À défaut d'incarner Neptune, je m'accoutre de nippes bariolées. À 13 heures, notre GPS indique 0° 03' 38" de latitude nord. Il est tout proche. « Gare à ne pas se le prendre dans la quille », fait remarquer Junior.

À 14 heures du bord, 15 heures temps universel, ce 11 septembre, à la longitude 28° 04' ouest, la Ligne est franchie. Toujours pour suivre la coutume, une rasade de champagne est offerte à la mer afin qu'elle nous soit favorable, une autre est versée sur notre fidèle embarcation, et le reste finit dans les verres des valeureux matelots. À 14 heures 30, une bouteille de bourgogne « Romanée » prend le relais, cette fois exclusivement pour le plaisir de l'équipage, tandis que l'autoradio crache ses décibels. À 15 heures, la choucroute est dans les assiettes, accompagnée du pain maison. À 17 heures, alors qu'une légère gueule de bois s'empare de l'équipage. Junior déclare : « C'est donc ça, l'équateur ? Ni bars, ni filles, ni discothèques ? Allez, les gars, on s'en va. Il n'y a rien à faire ici. On va à Salvador. » Dans la soirée, les quarts reprennent leur cours normal. La route est encore longue.

Pendant deux jours, nous naviguons sous un soleil agressif, tandis qu'il ne se passe pas grand-chose dans l'hémisphère Sud. Est-il seulement habité ? Nous sommes passés de la fin de l'été boréal à la fin de l'hiver austral en franchissant la Ligne. Junior fait remarquer que cela ne change guère le climat.

– Il y a trop de fond par ici pour prendre du poisson, répète régulièrement notre pêcheur brésilien.

– Tu es juste bon à pêcher des sardines en boîte dans les coffres.

Désespéré par les tentatives infructueuses de Junior, Thierry inaugure une nouvelle technique de pêche : il utilise comme appât un cadavre de poisson volant. En pure perte : l'océan semble aussi vide de bonites et de dorades qu'il l'est d'habitants.

Dans l'après-midi, l'Atlantique Sud se réveille et s'offre en spectacle : des dizaines, peut-être des centaines de dauphins nous entourent. Noirs sur le dos et sous l'aileron, plus gris sur les flancs, ils sont de taille moyenne, et n'ont pas de bec. Des petits accompagnent leur maman. Junior tente avec succès de toucher l'aileron de l'un de ceux qui s'en donnent à cœur joie à la proue du bateau. Je ne parviens pas à identifier l'espèce malgré les livres de notre bibliothèque de bord sur le sujet.

La bibliothèque, abondamment garnie, est mise à contribution pour nous distraire lors de ces journées passées dans l'alizé, parfois un peu monotones. Son contenu est hétéroclite; néanmoins les thèmes tournent souvent autour du voyage ou d'autres aventures plus intérieures. Le Germano-Suisse Hermann Hesse y côtoie le Brésilien Paulo Coelho, le Français Jean Raspail, les Britanniques Eric Newby et Bruce Chatwin. Parmi les livres de mer, on retrouve les classiques de Joshua Slocum, Bernard Moitessier ou Patrick Van God. Nous profitons de notre périple pour découvrir ou mieux connaître des auteurs qui évoquent les étapes de notre parcours : le Portugais António Lobo Antunes, le Brésilien bahianais Jorge Amado, l'Argentin Manuel Puig, les Chiliens Francisco Coloane, Salvador Reyes et Luis Sepúlveda.

L'autoradio, prélevé sur ma voiture, et le baladeur de Thierry permettent l'écoute d'une bonne cassette de temps à autre. Sur l'une d'entre elles, baptisée « La compil' de La Volta », j'ai enregistré un mélange de chansons et morceaux ayant trait à la mer et à la Bretagne. Les chants de marins de Djiboudjep ou de Jacques Yvart y côtoient les morceaux de rock breton du groupe nantais EV ou ceux, plus traditionnels, d'Alan Stivell. Écouter de la musique, lire un livre font ainsi partie de nos distractions et permettent de passer agréablement le temps. Pourtant, certaines journées me semblent longues et, si certains quarts sont un vrai bonheur, d'autres sont d'un ennui mortel.

Je me surprends parfois à avoir hâte de toucher terre et d'en finir avec cette traversée. Je m'interroge alors sur mon statut de marin. Suis-je un authentique passionné ? J'admire ces navigateurs qui, s'ils le pouvaient, ne s'arrêteraient jamais de labourer l'océan et qui n'ont besoin pour seule compagnie que de celle de leur bateau, de la mer, du vent, des dauphins et des albatros. Ils possèdent des capacités d'introspection et une faculté à s'isoler du monde pour s'en bâtir un autre, aptitudes utiles lors de leurs grandes chevauchées océaniques. Je soupçonne parfois Thierry, qui paraît ne jamais s'ennuyer, de posséder les caractéristiques de cette espèce hauturière. Me fascinent également ces marins, d'un type plus côtier, curieux de l'autre et qui aiment à créer des rapports humains, partout où se trouvent des hommes, des femmes et des enfants à rencontrer et à comprendre. Les marins qui relèvent de cette catégorie voient davantage dans le bateau le moyen d'accéder différemment à des mondes nouveaux. Il existe une infinité de sortes de navigateurs. En mer comme à terre, chacun cherche son propre rythme.

Cette réflexion a au moins le mérite de m'occuper l'esprit pendant la durée de mon quart nocturne. Avant la relève de 3 heures du matin, je statue sur mon cas en concluant que l'on n'est pas obligé d'apprécier chaque seconde qui passe pour vivre intensément sa passion pour la mer et la navigation à voile.

Junior, lui, semble serein au regard de sa première expérience de grande traversée, mais il déclare un beau jour sa fatigue et son besoin de faire une halte. Nous approchons de l'île brésilienne de Fernando de Noronha, réputée être un paradis tropical en plein océan, et où aucun d'entre nous n'a jamais eu l'occasion de mettre les pieds, mais cette perspective d'arrêt ne m'enchante pas. Cela va à l'encontre de notre adage « Longues étapes, longues escales ». J'y vois le risque d'éparpiller nos objectifs de découverte. Des arrêts tentants vont s'offrir à nous ; multiplier leur nombre, c'est tomber dans le piège d'effleurer une multitude d'escales, sans prendre le temps d'approfondir nos rencontres. Nous ne pouvons pas nous permettre d'accéder aux désirs de tous nos équipiers de passage qui voudraient faire du tourisme dans les paradis tropicaux que nous pourrions approcher. Jeter l'ancre à Fernando de Noronha signifie autant de jours en moins à Salvador de Bahia ou ailleurs. Je ne suis pas contre les changements de programme, mais s'ils restent compatibles avec mes envies de découvertes.

Junior insiste, Thierry hésite. D'autres arguments militent en faveur de la poursuite de notre chemin. Pour accoster cette île, un permis que nous n'avons pas est obligatoire. Nous nous exposons au risque d'être refoulés. Enfin, il ne semble pas possible d'y retirer de l'argent avec nos cartes de crédit, et nous n'avons plus de liquide. Nous ne pourrons donc probablement rien dépenser. Je tiens bon. Junior finit par se faire une raison. Je suis un peu embarrassé par cet épisode. N'ai-je pas été trop intransigeant dans ma vision du voyage ? Plus tard, avec du recul, j'ai pris conscience que j'étais allé trop loin, mais lors de ce trajet aller je fus vigilant à maîtriser ce que je considérais comme un début de dérapage. Thierry et moi devions garder la main sur le déroulement du périple, et les amis qui nous rendaient visite se devaient de le comprendre.

À chacun sa façon de voyager, et il est vain, voire prétentieux, de penser détenir une quelconque vérité en ce domaine. Selon ses envies personnelles, on peut s'enivrer d'images spectaculaires, s'imprégner de l'atmosphère d'un lieu, multiplier les rencontres ou s'isoler du monde, vivre le voyage pour soi ou le destiner à d'autres. Certains – j'en suis – se plaignent du tourisme de masse, mais l'on n'a pas toujours le tempérament pour visiter une contrée autrement qu'en groupes organisés, et il ne faut pas oublier que chaque voyageur, même isolé, modifie son environnement par sa propre présence et sa propre personnalité. Le mauvais comportement d'un routard est plus néfaste pour les rapports avec les habitants que celui d'un car de touristes respectueux.

Avec les années, j'ai tendance à ralentir le rythme inhérent à mes voyages, d'où ma volonté de limiter le nombre d'escales lors de ce périple. Une halte prolongée me permet de mieux appréhender le caractère du lieu. Se fondre dans la nature ou s'ouvrir aux rencontres requiert la lenteur. Je ne prévois plus d'itinéraire trop figé ou trop chargé par rapport à la durée disponible.

La découverte des habitants est une composante qui participe de la réussite de mon voyage. J'ai tendance à privilégier le contact avec les gens du pays plutôt qu'avec les autres voyageurs, lorsque différentes possibilités de rencontres se présentent. Je n'en fais pas une règle et, une fois la relation concrétisée, les critères d'affinités l'emportent sur celui de nationalité. Qu'ils s'établissent avec un autochtone ou un étranger, les contacts peuvent être riches d'enseignements, voire porteurs d'amitié, mais la facilité pousse parfois à se rapprocher d'abord de ses semblables. C'est pourquoi, dans certains cas, je les évite, quitte à paraître asocial. Je prends sur moi lorsque pour visiter des sites à forte pression touristique, il faut communiquer en anglais, même en pleine Amérique latine. Je limite mes incursions dans ces lieux à ceux pour lesquels j'éprouve un intérêt particulier.

La pratique de la langue locale est évidemment un atout qui permet de ne pas se limiter à quelques échanges sur les marchés au travers de formules de politesse basiques, ou de tentatives de traduction des nombres sur les billets de banque. Certains mesurent la réussite de leur voyage à l'aune du nombre d'invitations reçues, même si la conversation a été superficielle, ou au fait d'avoir pris un train bondé sur lequel des passagers sont juchés et dans lequel des poules, ou mieux des cochons, se bousculent au milieu des autres. Mais je glisse vers le piège : je prends la posture des donneurs de leçons, une espèce de voyageur qui me fait fuir. Qu'on veuille bien m'absoudre et attribuer mes dernières remarques au seul plaisir de la polémique.

L'hémisphère Sud est habité ! Un cargo nous double sur une route parallèle à la nôtre. Dans la nuit, le vent de sud-est forcit, ce qui fait sensiblement accélérer *La Volta*, qui approche alors des 6 nœuds. Peut-être une journée record. Du coup, quelques embruns viennent parfois tremper l'homme de quart, à la faveur d'une vague plus vigoureuse. Junior semble moins apprécier ces douches nocturnes que durant la journée. Le lendemain, le verdict du GPS, lors du point de 10 heures 30, annonce 145 milles effectués depuis la veille à la même heure. C'est notre meilleure performance depuis Brava. Cela fait par ailleurs plus de 1 000 milles que nous n'avons pas changé de bord, et que nous recevons toujours le vent de la gauche, bâbord amures. Les rares manœuvres consistent à prendre le premier ris dans la grand-voile quand le vent forcit et à le relâcher un peu plus tard. Cette bonne journée nous a sensiblement rapprochés des côtes brésiliennes, que nous comptons longer de loin encore pendant les 500 milles qu'il nous reste pour descendre jusqu'à Salvador. Des navires font leur apparition à l'approche de la terre.

Tous les jours, et sur l'impulsion du médecin du bord, nous nous aspergeons d'eau de mer à l'aide de seaux pour une toilette sommaire mais bénéfique. Le shampooing est mis à contribution, car le savon n'aime guère le sel qui l'empêche de mousser. J'apprends de plus en plus studieusement mes leçons de portugais au fur et à mesure que le Brésil se rapproche, sans oublier mes séances de musculation.

La Volta nécessite un minimum d'entretien. Le régulateur d'allure et les différentes poulies sont graissés régulièrement et l'un d'entre nous est de temps à autre hissé jusqu'en tête de mât pour des vérifications. La pompe à eau de mer a besoin d'être décoincée, le filtre de la pompe de cale décrassé, le support de l'éolienne resserré.

Notre vie quotidienne est rythmée par les quarts. La nuit, il n'y a le plus souvent qu'une seule personne sur le pont, perturbée de temps à autre par le passage d'un homme en slip traversant le cockpit pour aller satisfaire un besoin naturel. À ce propos, on raconte dans les ports que la plupart des hommes tombés à la mer sont retrouvés la braguette ouverte. Tomber à l'eau lorsque le bateau chemine seul sous régulateur d'allure, tandis que les autres membres de l'équipage dorment profondément à l'intérieur, conduit probablement à la mort. Se soulager à l'arrière du bateau revient à le faire au bord d'un précipice – ce que je ne risquerais jamais –, et qui plus est sur un socle mouvant.

Avant de passer la main, l'homme de quart vérifie que le bateau est bien réglé, consigne quelques lignes sur le livre de bord et, si nécessaire, fait un point sur la carte. Il formulera ph. 23 quelques remarques rituelles sur la marche du voilier, le temps qu'il fait, la position d'éventuels navires visibles dans les parages. Nous nous retrouvons fréquemment ensemble durant la journée, en particulier à l'occasion des repas. Thierry est le meilleur cuisinier du bord. Son légume favori ph. 22 est la pomme de terre, qu'il sait agrémenter avantageusement. Je suis quant à moi apprécié pour mes préparations de pâtes. Au fur et à mesure que les jours défilent, nous avons de plus en plus de mal à varier les menus, car la majeure partie du frais a été consommée la semaine suivant notre départ. De tous les fruits emportés, seul le pamplemousse se conserve plusieurs semaines.

Un grand événement bouscule notre train-train culinaire, la nuit du seizième jour, à 22 heures : Junior remonte la ligne de pêche, au bout de laquelle se tortille un thon de trois ou quatre kilos. « Quatre bons kilos ! » au dire de notre *pescador*. Les quarts sont perturbés par l'animation qui s'empare du bord. Le pêcheur vide le poisson, le découpe, le prépare mais, alors qu'il s'apprête à le manger, nous parvenons à le convaincre de garder ce bon repas pour le lendemain. Il consent enfin à aller prendre son quart de repos. Le jour suivant, lors du festin, le thon est goulûment avalé.

Le soir du dix-septième jour, nous apercevons à l'ouest des lueurs de villes brésiliennes. Ce sont des aimants auxquels nous résistons : nous tiendrons jusqu'à Salvador sans nous arrêter. Depuis quelque temps, le vent a tourné à l'est en faiblissant. Notre avancée se fait plus laborieuse. Nous attendons sans succès le vent de *nordeste* promis par Junior. Il semble que ce ne soit pas la saison.

Le dix-huitième jour, nous établissons le spi. Thierry croise durant son quart un pétrolier qui avance à faible allure. Lorsque *La Volta* passe dans son sillage, la mer s'aplatit et une odeur de gasoil se répand. La nappe dégazée du navire peu scrupuleux doit faire une cinquantaine de mètres de large, et la lune permet de voir sa traînée qui se perd dans la nuit. Le pollueur s'éloigne, dans les ténèbres masquant son forfait.

Le spi nous tire tant bien que mal vers notre objectif, et la nuit du dix-neuvième jour, nous apercevons la lueur diffuse de l'agglomération de Salvador. Ça sent l'écurie !

Au matin du vingtième jour, un samedi, nous estimons notre arrivée pour le début de la nuit. Nous espérons ne pas débarquer trop tard pour pouvoir profiter de la soirée, de manière à fêter dignement l'événement. Double ration de tafia pour Thierry qui a le premier aperçu la terre ! Il est 9 heures, Junior se lève et vient regarder la côte de son pays. Nous avons traversé le vieil océan. Notre transat Brava-Bahia est bouclée. Dans la journée, nous approchons l'entrée de la *Bahia de Todos os Santos* – la fameuse baie de Tous-les-Saints –, alors que le trafic maritime augmente. Nous précisons une dernière fois la moyenne générale définitive de l'étape : 4 nœuds et demi. À la lecture de notre tableau de progression et du livre de bord, nous remarquons que le baromètre est resté étonnamment stable depuis le départ, y compris lors de notre traversée du Pot-au-Noir : la pression s'est en effet maintenue entre 1 014,5 et 1 021,5 hectopascals. Le soir tombe, nous affalons le spi de manière à être plus manœuvrants à proximité du port. Enfin, éclairés par le phare de Barra, nous entrons dans la baie et longeons les quartiers de la ville.

Nous avalons lentement les derniers milles d'une traversée qui en a comporté plus de 2000. Guidés par notre carte et par Junior, nous approchons du *Iate clube* de Salvador de Bahia. Quelques bateaux à moteur sont amarrés à des bouées. Il ne semble pas y avoir de voiliers habités. Enfin, ce 20 septembre à 22 heures 30, après dix-neuf jours et neuf heures de mer, nous mouillons l'ancre.

AU-DELÀ DE LA SAMBA

SALVADOR DE BAHIA

« Veuillez patienter, le responsable de l'immigration va revenir, nous annonce l'hôtesse d'accueil du bâtiment de la police fédérale. Mais je doute qu'il vous reçoive dans cette tenue. La dernière fois, il a refusé une équipe canadienne de hockey car, comme vous, les joueurs étaient en short. »

Nous sommes atterrés. Nous venons de faire une heure de bus à travers la ville pour rien. Nous commençons à reluquer les pantalons des hommes qui circulent dans le hall, quitte à paraître ambigus. Au bout d'un moment, Junior n'y tient plus et se met à négocier celui d'un petit employé chargé de l'entretien. Après un bref séjour dans les toilettes de l'administration, en compagnie de notre sauveur du service nettoyage – qui est vraiment petit –, pour procéder à l'échange, Junior part se présenter avec son nouveau pantalon blanc au fonctionnaire de l'immigration. Dix minutes plus tard, il réapparaît, papiers en règle, et m'entraîne dans les toilettes. Lorsque j'en ressors, Thierry ne peut s'empêcher de sourire : « Bruno, tu es superbe. » Les mollets aux trois-quarts découverts, je frappe timidement à la porte du bureau. Je suis soumis au regard désapprobateur de l'autorité, qui accepte finalement mon passeport. Malheureusement, alors que le fonctionnaire prépare le tampon salvateur d'entrée dans le pays, la secrétaire fait une irruption fatale :

– La personne de l'entretien reprend son travail à 14 heures 30 et réclame son vêtement.

–Je… nous repasserons demain, dis-je en me raclant la gorge. Au revoir, Monsieur.

J'imagine difficilement une telle scène en France ! Nous sommes à Salvador de Bahia, au Brésil, avec Junior qui plus est.

Si l'administration nous accueille avec une certaine raideur, la famille de Junior, elle, nous reçoit avec une grande chaleur. La porte de l'appartement de ses parents à peine entrouverte, les cris de joie de sa mère envahissent l'étage. Puis, celle-ci nous fait entrer, avec force *abraços*[24] et démonstrations de bienvenue. Pour fêter le retour du fils prodigue, la table est abondamment garnie. En sus des traditionnelles assiettes de haricots rouges et de riz, des plats emplis de crevettes et autres fruits de mer embaument l'atmosphère. Les trois sœurs de notre ami sont là, avec leurs enfants. Nous connaissons bien les membres de cette famille aisée pour avoir déjà, par le passé, goûté à leur hospitalité. Au fur et à mesure que nous leur contons les souvenirs de notre traversée, nous sommes perçus comme des fous pour être restés trois semaines au milieu de la mer.

Nous passons quelques jours à Salvador, la capitale de l'État de Bahia. L'activité préférée des Bahianais reste la fréquentation ph. 19 des nombreuses plages de la ville. Celles-ci sont bordées de baraques proposant des plats de poisson ou des bouteilles de bière fraîche. Nous nous y prélassons des heures, sans avoir d'autre activité particulière que de manger, boire, discuter, regarder les gens et aller prendre un bain. Nul besoin de serviette – on sèche vite –, seulement d'un peu de monnaie. Selon la coutume, les bouteilles de bière vides sont entassées sur le sable au-dessous de la table, ce qui permet au serveur ou à la serveuse de procéder au comptage et à l'addition en fin d'après-midi. Nous apprécions ce désœuvrement, agréablement assoupis par le soleil tropical et la nonchalance ambiante. À la fin de la journée, nous rentrons à la maison prendre une douche. Les Brésiliens se lavent plusieurs fois par jour et ne considèrent pas les *gringos*, et les Français en particulier, comme des gens très propres. Junior nous fait visiter sa maison. Il possède un terrain bâti non loin d'une plage sur la côte au nord

24. Geste d'amitié sud-américain qui consiste à se donner l'accolade en se tapant plus ou moins délicatement dans le dos, comme nous nous serrons la main ou nous embrassons.

de Salvador. La cahute blanche qui s'y dresse n'a qu'une pièce. Le mobilier est constitué d'un lit, d'une chaise et d'une table basse supportant la télévision. Une guitare repose contre un mur. Le coin cuisine est composé d'une gazinière à un feu, d'une casserole et de quelques rares couverts. Comme il se doit au Brésil, ces ustensiles sont complétés par un robot destiné à préparer la *vitamina*, qui est un mélange de lait, de sucre et de fruits, telles la mangue ou la papaye. J'avoue un faible pour la *vitamina com banana*. Dehors, sous le toit de la terrasse, pendouille un hamac. Un puits fait office de salle de bain et de réserve d'eau. Junior nous garantit qu'elle est potable, bien qu'elle provienne du marais voisin, puisqu'elle est filtrée par le sable. Nous n'avons guère le choix et buvons de ce liquide couleur rouille, un peu inquiets pour nos estomacs.

La plage n'est pas loin et notre hôte, muni d'une planche de surf et, curieusement, d'une machette, nous y emmène. Cette longue étendue de sable, éloignée de la ville, n'est guère fréquentée que par de rares surfeurs en quête de vagues. Le surf est un sport physique car il nécessite, avant de s'élancer debout sur la planche, de franchir les nombreuses déferlantes afin d'atteindre la zone où elles se forment. Je m'y essaie mais ne parviens pas à rester debout sur la maudite planche plus d'une fraction de seconde. La fatigue finit par avoir raison de mon obstination. Nous nous désaltérons alors du lait des noix tombées des cocotiers en bord de plage, qu'ont libéré quelques coups de machette experts. Puis nous partons nous installer au bar du village de pêcheurs situé non loin de là. Junior y connaît tout le monde, et la *cachaça* remplit les verres. Il s'agit d'un alcool de canne à sucre, cousin du rhum, qui ne coûte qu'un demi-euro la bouteille. Nous faisons souvent halte en ce lieu et parfois sommes invités à manger le poisson chez l'un des villageois.

Cette ambiance simple offre un fort contraste avec celle du *Iate clube*, que nous rejoignons au soir pour retrouver *La Volta*. Les droits d'inscription à ce club très sélect sont exorbitants, et beaucoup de ses membres n'ont pas de bateau. Ils y adhèrent simplement pour en être. Comme souvent en Amérique du Sud, les navigateurs étrangers y bénéficient d'une période de gratuité plus ou moins longue. Des gardiens surveillent le mouillage jour et nuit. Ils font, à la demande, la navette entre le ponton et les bateaux, au moyen d'une barque à moteur couverte.

Nul besoin de gonfler l'annexe. Nous profitons de la piscine et de la terrasse qui donnent sur la baie.

Au *Iate clube*, nous sommes le seul bateau étranger. Les voiliers de passage se retrouvent plutôt dans le port du vieux centre de Salvador, où, paraît-il, une certaine vigilance doit être observée contre les vols. Les pontons y sont exposés au ressac, et la plupart des bateaux préfèrent prendre une bouée ou jeter l'ancre, s'il y a de la place. Il a l'avantage de se situer à deux pas du Mercado Modelo, le marché le plus connu de la ville. L'endroit est touristique mais garde du caractère, en particulier dans les cantines bon marché qui l'entourent, où les pêcheurs viennent se restaurer. Devant le bâtiment se produisent des adeptes de la *capoeira*, un curieux mélange de danse et d'art martial. Les adeptes se font face et exécutent d'amples mouvements esthétiques, sans que les corps ne se touchent jamais. Des musiciens les accompagnent à l'aide du *berimbau*, instrument d'origine africaine, composé d'un arc en bois à une corde et d'une calebasse de résonance. Cet art fut inventé par les esclaves noirs, qui détournaient ainsi l'interdiction de s'entraîner au combat.

ph. 20 Depuis la ville basse, cosmopolite et animée, un ascenseur permet de monter au vieux quartier historique du Pelourinho. De nombreuses églises baroques et maisons coloniales s'y dressent autour de places agréables. Salvador fut la première capitale du Brésil portugais en 1549. Le soir, des concerts sont donnés sur les terrasses et dans les bars. Nous assistons à celui d'Olodum, un groupe emblématique de la ville. Une bonne partie de la recette est reversée à des associations s'occupant des enfants des rues. La musique, fondée sur les percussions qui font la renommée du groupe, et issue d'influences diverses, oscille entre samba, rock et reggae. Le public, entraîné par le rythme et le jeu de scène des nombreux chanteurs et musiciens, danse et bat la mesure.

L'une des sœurs de Junior fréquente le cercle des musiciens de Salvador, ce qui nous facilite l'accès à des concerts moins populaires mais plus intimistes, donnés par des artistes renommés à Bahia. Certains jouent de façon extraordinaire, avec une technique et un talent enthousiasmants. Chaque région possède ses propres traditions musicales, et à chaque fête est associé un style particulier. La musique du carnaval est différente à Salvador et à Rio. Dans le nord-est du Brésil, la fête de São João rivalise d'importance avec le carnaval et donne lieu dans les campagnes à de nombreuses festivités, rythmées par la musique entraînante du *forro*, qui fait tourner les couples au son de l'accordéon. À Bahia, les groupes locaux offrent une telle richesse musicale et une telle profusion de genres que les gens n'éprouvent guère le besoin d'écouter des artistes venus d'ailleurs. Nous sommes dans l'État le plus noir du Brésil, aussi l'influence africaine y est-elle importante. Outre l'infinie diversité des musiques brésiliennes, le rock et le reggae sont bien représentés. Partout la danse accompagne la musique. Nous assortissons volontiers les concerts d'une *caipirinha*, la boisson typique du Brésil, composée de *cachaça*, de citron vert et de glace pilée. Les touristes l'apprécient, les locaux savourent plutôt la boisson cousine appelée *caipiroska*, à base de vodka.

Malgré ces journées agréables, nous ressentons bientôt le besoin de nous éloigner un peu de cette ville de plus de quatre millions d'habitants, et d'aller explorer les environs en mettant *La Volta* à contribution. Junior, qui ne semble pas pressé de recommencer à travailler, nous accompagne pour une petite ph. 24 croisière côtière, à la découverte de la baie de Tous-les-Saints. Nous mettons d'abord le cap vers l'îlot de Bom Jesus. À la suite de quelques heures de navigation tranquille, l'ancre de *La Volta* est posée dans un recoin de l'île, à la végétation touffue. Alors que ce matin même, nous nous frayions un chemin, parmi des milliers de gens, dans les rues de la cité à la circulation incessante, nous observons maintenant le soir tomber sur les sombres arbustes de la rive, d'où s'échappent les étranges sonorités émises par l'invisible faune des tropiques. Un peu plus loin, la nonchalance que dégage le village de pêcheurs nous confirme que nous venons de pénétrer dans un autre monde. Junior, toujours à l'aise parmi n'importe quelle catégorie d'habitants de son pays, disserte avec les îliens de la pêche, de la vie dans la baie. Les Brésiliens adorent débattre, y compris de sujets futiles auxquels ils donnent à l'envi de l'importance, et y ajoutent volontiers des complications. Nous discutons, comme il se doit, du prix du poisson, et Junior finit par en choisir un, non sans avoir senti, tâté, soupesé la quasi-totalité de ceux que les pêcheurs nous proposaient. De retour sur *La Volta*, il l'accompagne des nombreux ingrédients achetés de-ci de-là dans les ruelles du village. Après ce bon repas, nous nous endormons. Le calme de la nuit est parfois perturbé par les cris troublants d'oiseaux inconnus.

Nous approchons de l'embouchure du *rio* Paraguaçu, qui se déverse dans la baie. J'ai toujours aimé remonter les fleuves et rivières en bateau. À chaque méandre se découvre un nouveau ph. 21 paysage. Les rives du *rio* sont couvertes de cocotiers et de végétation tropicale. Un peu plus haut, nous nous engageons dans une gorge étroite et sinueuse bordée de falaises. Comme cela fleure bon l'aventure ! Les berges s'écartent en s'abaissant. Alors que le fleuve s'élargit, nous croisons un caboteur, qui transporte passagers et marchandises vers l'aval. Des bras se lèvent pour saluer. Nous atteignons ensuite un vaste confluent et bifurquons à gauche. À la tombée de la nuit, nous approchons d'une longue digue plantée en travers de la rivière. Juste après, les lumières de la bourgade de Maragogipe apparaissent. Quelques barques de pêche ont été remontées sur la rive. Notre annexe prend place parmi elles puis nous nous dirigeons vers le centre, situé sur la hauteur. Sur la place principale, et comme partout à Bahia, des femmes en costume traditionnel proposent des *acarajés*, excellents sandwiches à base de pain spécial, crevettes, légumes, salade et autres ingrédients inconnus, plus ou moins relevés de piment. Nous complétons notre repas avec des *chirimoyas*, ces fruits sucrés aux nombreux pépins, à l'enveloppe verte et à la délicieuse pulpe blanche. Rassasiés, nous redescendons vers le port. Des gamins malicieux nous croisent en alignant des suites de syllabes incompréhensibles. *« Bravo! Vocês falam bem gringo! »*[25] les félicite Junior. En effet, ces gosses au tempérament moqueur s'exprimaient dans ce qu'ils considèrent comme la langue inintelligible parlée par les étrangers. Surpris de nous entendre leur répondre en portugais, ils hésitent entre la gêne et le rire. Chacun finit par s'esclaffer.

En Amérique latine, le terme *gringo* désigne, de façon plus ou moins péjorative, l'étranger. À Bahia, les Nord-Américains et les Européens sont considérés comme tels, et dans une moindre mesure les habitants des pays voisins comme les Argentins. J'ai entendu Junior déclarer, en désignant des compatriotes du sud de son pays, plus riche, plus moderne et de population plus blanche :

25. « Bravo ! Vous parlez bien *gringo* ! »

« Ce sont des gringos du sud du Brésil. Moi aussi, je suis parfois un gringo. » Moi, avec mes cheveux roux, je passe difficilement inaperçu. Il me faut vite apprendre à identifier dans les *« He, gringo! »* le ton amical ou persifleur.

La fracture sociale due à la différence de niveau de vie, qui assimile, dans les esprits les plus communs, en un amalgame trivial, tous les étrangers à des distributeurs de billets verts, s'est réduite. Avec la mondialisation, l'inflation jugulée et l'indexation de la monnaie sur le dollar, une partie privilégiée de la population brésilienne s'est enrichie et les prix établis dans les galeries marchandes sont les mêmes qu'en Europe. L'usage de la petite arnaque – *« Você paga em dollar, você paga dobro »*[26] – s'atténue, sauf dans les endroits où une pression touristique trop grossière ou arrogante avive les différences sociales. Dans ce petit jeu, les limites acceptables sont, à mon sens, fixées par le respect mutuel. Au début, quelques ajustements sont nécessaires pour faire de nous des gringos adaptés et reconnus comme tels.

Un jour, alors que Junior, Thierry et moi marchons dans la rue, un passant vient directement demander à notre camarade brésilien un renseignement en portugais, ce qui me surprend. Junior est blanc, entouré d'un roux et d'un blond. « C'est la façon », me dit-il. Sans doute lassé de se promener avec quelqu'un qui porte des baskets et un tee-shirt marin en permanence, il me suggère gentiment mais fermement d'aller me fournir en vêtements d'allure moins touristique. Obéissant, je reviens un peu plus tard du supermarché avec ma nouvelle tenue : de simples tongs, un tee-shirt plus passe-partout, un short uni qui peut se porter aussi bien à la ville qu'à la plage et qui sèche vite, selon les instructions de Junior. Me voici plus à l'aise. Toutefois, en vérifiant ma nouvelle apparence dans la glace, je me dis qu'en France, dans cet accoutrement, j'aurais l'air d'un parfait touriste.

Que des gringos parlent un tant soit peu le portugais étonne nos gamins espiègles de Maragogipe. Nous les laissons et nous dirigeons vers le port retrouver notre fidèle voilier. Le lendemain, nous redescendons le *rio* et rejoignons la baie de Tous-les-Saints. Nous mettons le cap sur l'île d'Itaparica, lieu de détente de nombreux habitants de la ville de Salvador située en face,

---

26. « Tu paies en dollars, tu paies le double. »

de l'autre côté de la baie. Nous jetons l'ancre au port charmant du nord de l'île. Des excursions à bord de goélettes en bois y sont proposées. Nous allons nous rafraîchir à la terrasse du restaurant de René, un Suisse aux cheveux gris qui s'est installé là depuis longtemps. Cet homme nous accueille cordialement et nous donne des conseils pour profiter au mieux de notre escale. Nous sommes un instant distraits dans notre conversation avec René par le passage d'une superbe métisse. Notre interlocuteur remarque notre émoi : « Elle est belle, n'est-ce pas ? C'est ma fille. Par ici, il y a beaucoup de jolies *morenas*[27]. » Il ajoute, en désignant un bâtard qui déambule : « Et ça, c'est mon chien. Prenez-y garde car, avec l'âge, il devient gâteux, et a tendance à vouloir tâter du mollet des passants. » Je crois déceler dans l'intonation de la voix de René un lien implicite entre sa mise en garde à propos de son animal, et sa remarque précédente concernant notre intérêt envers sa charmante descendance.

Nous entrons dans une *pousada* nommée : *Os Passageiros do vento.* « Les Passagers du vent », quel joli nom pour une auberge ! De ce côté-ci de l'île, on voit briller au loin les lumières des immeubles de Salvador. La terrasse intérieure offre un espace délicieux envahi de nombreuses plantes tropicales. D'étranges sculptures y sont exposées et un mince filet d'eau jaillit d'une fontaine. Il n'y a personne. Alors que nous prenons place à l'une des tables en bois, un homme apparaît derrière le comptoir. Il est borgne et plutôt dégarni. Arrivé comme nous en voilier quelques années auparavant, Serge – un Français – s'anime en apprenant le détail de notre périple. Dans sa vie, notre hôte a parcouru l'Atlantique en tout sens, faisant plusieurs allers et retours, surtout entre le Brésil et les îles du Cap-Vert, guidé par son goût pour l'aventure, la mer et… les femmes. Serge est un personnage comme on n'en rencontre que lors d'un voyage. Il sort d'une malle ses anciens livres de bord, riches de photos, de réflexions et de poèmes. Ses écrits et ses paroles révèlent une grande expérience de la vie et des gens. Enthousiasmé de recevoir des navigateurs se dirigeant vers le cap Horn, notre hôte force les décibels de la chaîne et remplit inlassablement les verres. C'est la fête. Les serveuses commencent à se déhancher,

27. Les *morenos* sont les mulâtres, issus du métissage des *negros*, les Noirs, et des *gallegos*, surnom donné aux Blancs.

la musique et la danse envahissent la *pousada* jusqu'à une heure tardive. Serge perdra ses deux seuls clients du moment – un couple d'Allemands dont nous ignorions l'existence –, qui écourteront leur séjour et repartiront dès le lendemain : « Je préfère perdre de l'argent et recevoir dignement de vrais marins. »

Nous faisons connaissance avec les occupants des trois voiliers français qui se balancent autour de *La Volta*. Nous sympathisons avec un jeune couple qui souhaite remonter vers Haïti et la Floride. Ils ont peu goûté à leur traversée de l'Atlantique, qu'ils ont considérée comme une corvée, inévitable pour atteindre des espaces de navigation où ils se sentent plus à l'aise. Ils peuvent maintenant progresser par courtes étapes le long de la côte. Bien différent est l'équipage du bateau voisin, qui abrite une famille de cinq enfants dont l'aîné doit avoir une quinzaine d'années. Leur ancre repose à Itaparica depuis quelques mois et ils hésitent à descendre plus au sud. Peut-être remonteront-ils vers les Antilles ou la Guyane. Ils nous donnent l'impression de traîner plutôt que de voyager. Depuis plusieurs années, leurs enfants sont déconnectés du cycle scolaire. Si, à bord de certains voiliers familiaux, des cours par correspondance sont assidûment suivis, cela ne semble pas être le cas sur celui-là. Ces parents imposent un mode de vie à leurs enfants, en leur fermant d'autres portes qui pourraient déterminer leur avenir.

Le dernier bateau est habité par un couple qui a tracé un sillage atypique. J'ai toujours été intéressé par la géographie et me targue de connaître le nom de nombreux endroits de la planète, mais la plupart des ports, villes et villages cités me sont inconnus. Après être sortis de la Méditerranée par le canal de Suez, ils ont relâché dans des pays aussi inattendus que le Yémen, l'Érythrée, la Somalie ou Zanzibar. Un jour, tandis qu'ils étaient au mouillage, ils furent accostés par une barque remplie d'Africains armés de machettes qui les menacèrent, les ligotèrent puis leur volèrent une bonne partie de leur matériel. Ils furent secourus un peu plus tard. En compensation de leurs mésaventures, d'autres escales dans cette partie de l'océan Indien leur firent connaître des gens merveilleux.

Nous sommes installés à la terrasse d'une cabane, au bout de la route du front de mer, et discernons au loin notre couple de baroudeurs qui marche vers nous. Alors qu'ils longent le restaurant de René, un chien que nous connaissons bien en sort et trottine derrière eux en larges cercles. Ceux-ci se rétrécissent progressivement et l'animal, manifestement mal intentionné, se rapproche de plus en plus. Observant la scène de loin, nous prévoyons l'inévitable : le cabot est maintenant tout près et ouvre la gueule pour croquer sa proie. Nous sommes à la fois soulagés et vaguement désappointés lorsque notre homme lui assène un coup de pied juste avant l'irréparable. Le chien, peu téméraire, abandonne aussitôt la partie, la tête basse. Cette scène nous ayant mis de bonne humeur, nous remercions nos héros de nous avoir régalés de ce divertissement en leur offrant un petit remontant.

Nous visitons l'île jusqu'au sud, où est situé le port de débarquement des navettes qui viennent de Salvador. Depuis la plage voisine, nous observons le front de mer de la ville qui nous fait face, avec sa longue série de bâtiments blancs. Nous nous en sentons si proches et si loin à la fois, sur le sable de cette île paisible. Nous décidons de rentrer. Avec l'aide de la marée, *La Volta* nous ramène rapidement au pied des immeubles. Lors de cette escale brésilienne, je souhaite encore me rendre à Fortaleza, 1 000 kilomètres plus au nord.

Depuis quelques années, je fais des dons réguliers à une association humanitaire, qui se nomme « Partage avec les enfants du Tiers-monde ». Le système veut qu'un donateur parraine un enfant particulier, de manière à créer un lien moins anonyme entre ceux qui donnent et ceux qui reçoivent. Après avoir été parrain d'un petit Tanzanien, j'ai maintenant depuis deux ans une filleule à Fortaleza. C'est pourquoi je désire profiter de mon passage pour connaître plus concrètement les méthodes de l'association.

La mère de Junior m'exhorte à la prudence : en cette période de sécheresse, des bandits s'en prennent aux bus. Ces derniers se regroupent souvent en convois pour offrir une meilleure défense. Depuis toujours, les campagnes du Sertão, c'est-à-dire de l'intérieur du Nordeste, la région la plus pauvre du Brésil, connaissent, au gré des sécheresses récurrentes, des périodes de troubles. Cette année, les paysans poussés par la misère ont pillé des supermarchés et des entrepôts. Des bus ont été attaqués.

Les brigands du Sertão, les *cangaceiros*, deviennent parfois des héros légendaires. C'est le cas de Lampião, sorte de Robin des bois, que seule sa femme, Maria Bonita, impressionnait. On raconte qu'il s'appelait « Lampion » car, lorsqu'il sortait son arme, les coups partaient si nombreux et si vite qu'une sorte de feu d'artifice éclairait sa personne. Le couple commandait, dans les années 1920 et 1930, une nombreuse troupe de bandits de grand chemin. Depuis longtemps, les paysans se révoltent épisodiquement contre l'oppression des grands propriétaires. Des tentatives de sociétés alternatives furent mises au pas par l'armée : cette année est le centenaire de la répression sanglante du mouvement paysan de Canudos, le plus important du XIXe siècle. En ce temps-là, les ouvriers agricoles, payés à la tâche, s'endettaient dans les magasins des *fazendas* – les grandes propriétés rurales –, où ils étaient obligés par contrat d'acheter, à un prix qui grevait leurs économies, le nécessaire pour faire vivre leur famille. Ils étaient liés par leurs dettes perpétuelles au bon vouloir de leurs maîtres, cette sorte d'esclavage déguisé restant dans la légalité[28]. Une société autogérée et égalitaire, à connotation mystique, fut bâtie à cette époque à Canudos, menée par un leader charismatique, le Conselheiro, autre figure mythique du Sertão. Cette situation ne fut pas supportée longtemps par les propriétaires et les puissants.

L'aridité de cette région m'apparaît par la fenêtre du bus, durant les longues heures de trajet. Nous traversons le *rio* São Francisco qui, avec ses 3 000 kilomètres, est l'un des fleuves les plus longs du continent. Un projet de détournement d'une partie de ses eaux afin d'irriguer le Nordeste est à l'étude. Peu à peu, la nuit tombe et chacun cherche sa position pour dormir. Lorsque la clarté naissante me tire de mon sommeil, nous longeons les vastes bidonvilles, peuplés d'anciens paysans, qui annoncent la cité. Enfin le bus s'arrête à la gare routière de Fortaleza, capitale de l'État du Ceará. Je m'installe rapidement dans la chambre d'une pension du centre, puis vais me promener en ville et profiter des plages qui s'étirent alentour.

28. L'exploitation des paysans du Nordeste est racontée par Jorge Amado dans son ouvrage *Les Chemins de la faim* (Gallimard, Paris, 1994). Dans son livre *La Splendeur du Portugal* (Christian Bourgois, Paris, 1998), le Portugais António Lobo Antunes décrit la pratique d'un système similaire au sein de l'Angola colonial. Aujourd'hui encore, ce système perdure dans plusieurs régions : par exemple, les mineurs du diamant y sont assujettis dans certains pays d'Afrique en guerre.

En cette fin de semaine, des groupes de musique convient les Brésiliens à danser dans les paillotes du bord de mer. Les *morenas* en tenue de plage se trémoussent et font rouler leurs hanches à un rythme endiablé, trembler leurs cuisses et leurs seins. Des gouttes de sueur glissent sur leur peau bronzée, s'engagent dans leurs courbes, font luire leurs rondeurs, sublimant la sensualité des corps.

Le métissage est propice à l'éclosion de types d'individus au physique harmonieux. Ce pays semble inviter au plaisir. Un dicton des quais du port de Salvador, rapporté par l'écrivain bahianais Jorge Amado, prétend : « On ne peut pas coucher avec toutes les femmes du monde, mais on doit s'efforcer de le faire. » Pourtant, je ne suis pas persuadé de l'existence de remède miracle aux frustrations masculines. La navigation dans la sensualité ambiante peut se révéler périlleuse et receler quelques écueils. La pauvreté pousse de nombreuses filles à s'approcher des hommes au portefeuille bien garni. Les repères habituels d'un Européen sont troublés. Entre la jeune femme à la recherche d'une relation plus ou moins éphémère, qui pourra apprécier d'éventuels cadeaux, et la prostituée négociant son tarif, les intermédiaires sont nombreux. L'atmosphère tropicale contribue à la dissolution des barrières établies sur lesquelles on peut s'appuyer chez nous pour définir sa morale. L'ambiance en devient parfois délétère. Beaucoup de femmes refusent d'être vues trop souvent avec des étrangers pour éviter tout amalgame avec celles qui en font leur métier. D'autre part, certains de ceux qui payent pour le sexe n'ont qu'arrogance envers leurs partenaires féminines, simples produits de consommation. Lors de mon passage, un groupe de jeunes Européens se montre particulièrement méprisant. Le respect ne compte pas pour eux. Pourtant, ces filles ont certainement une connaissance des comportements humains supérieure à celle de leurs clients et souvent des raisons plus respectables qu'eux d'ouvrir l'accès à leur corps.

Je me rends aux bureaux de l'association d'aide aux enfants. C'est la première fois qu'un parrain vient jusqu'ici. Je suis accueilli par une séance de diapositives décrivant les activités mises en place. Le personnel de l'association, entièrement brésilien, est diplômé et qualifié. Le fonctionnement est professionnel.

Les enfants sont suivis jusqu'à leur entrée dans le monde du travail. Pour leur faciliter cette intégration, des stages sont organisés, dans des domaines aussi divers que la mécanique ou la coiffure. Puis les jeunes formés sont suivis et des statistiques de réussite dans leur recherche d'emploi sont tenues à jour, de manière à évaluer l'efficacité de la formation. Seules les familles aux revenus les plus modestes profitent de l'aide. Les cadeaux reçus des parrains sont redistribués entre tous les enfants, pour ne pas faire de jaloux. Dans cette même optique, on me recommande de me comporter comme représentant de tous les parrains, et de faire attention à ne pas me préoccuper uniquement de ma filleule de 8 ans, qui se nomme Lucicleide. Après cette présentation, Denise, l'une des responsables, me conduit vers l'école. La voiture entre dans un quartier d'allure pauvre. Il a été fondé à la suite d'un « envahissement de terrain » une dizaine d'années auparavant. Cette pratique illégale consiste à se concerter entre dizaines ou centaines de familles pour occuper un terrain en friche préalablement repéré et à y bâtir à la hâte des baraquements, avant que la police n'ait le temps de réagir. Les autorités sont mises devant le fait accompli. Parfois des actions violentes sont tentées pour déloger les intrus. Si ceux-ci tiennent bon, le nouveau quartier s'organise. Peu à peu, la favela se dote d'infrastructures. L'électricité est branchée, l'église est construite. La terre des murets des premières maisons fait progressivement place à la brique. Le bus y accède, facilitant l'accès aux écoles.

Je suis aussi intimidé que les enfants lorsque Denise me fait entrer dans la salle de classe et me présente aux élèves. Une douzaine de paires d'yeux curieux me scrutent. Je préviens ces enfants, qui sont noirs ou métis, que je ne maîtrise pas leur langue et qu'ils doivent s'exprimer lentement pour faciliter ma compréhension. Nous nous asseyons en rond et la conversation, timide au départ, s'anime. Lucicleide est à côté de moi, ignorant que je suis son parrain, ce que je me garde de révéler. Lorsque j'évoque mon voyage en bateau, les paroles s'emballent et les questions fusent. Les baleines et les dauphins, le temps passé pour traverser l'océan, la distance des pays lointains sont autant de thèmes qui excitent leur curiosité.

Par la suite, Denise me fait visiter l'établissement, les ateliers, la cantine. Puis ma guide me propose d'aller rencontrer les parents de ma filleule, ce que j'accepte volontiers. Nous reprenons la voiture et roulons doucement sur des ruelles de terre jusqu'au seuil de la maison. La maman nous accueille et Lucicleide apparaît, les yeux pétillants, surprise d'apprendre que je suis son parrain. Le père, absent au moment de notre passage, est maçon, et la mère femme de ménage. Nous entrons. La terre du sol est creusée par des rigoles témoins de l'écoulement des eaux lors des pluies. Cette famille de cinq personnes loge dans deux pièces exiguës, flanquées d'une cuisine. Les murs sont de brique, ce qui est déjà un progrès par rapport à ceux de la cuisine restés en terre. Les *feijões* – haricots rouges – cuisent au-dehors sur un petit feu, dans une casserole noire et bosselée.

Ma visite dans ce quartier et cette maison, qui m'offre un bref aperçu de la vie quotidienne de ses habitants, enrichit mon image du pays d'une nouvelle facette. Je découvre les cahiers de classe de ma filleule alors que Denise encourage sa mère à venir plus régulièrement aux réunions de parents. Puis nous prenons congé.

À Fortaleza, les prix dans les centres commerciaux sont inaccessibles à la majorité de la population. Le salaire minimum au Brésil est d'environ cent vingt dollars mensuels, ce qui correspond aux emplois non qualifiés. Dès lors, un petit commerce de subsistance s'organise dans les rues. Plus de la moitié des emplois en ville sont non déclarés, hors économie. Les laissés-pour-compte de la mondialisation n'ont guère le choix. Dans les campagnes, la sécheresse endémique pousse les paysans à rejoindre les agglomérations, et la misère entraîne parfois les parents à se séparer de leurs enfants et à les confier, moyennant un maigre pécule, à de louches personnages qui proposent de les faire travailler. Souvent, ils sont lâchés dans la rue pour vendre des babioles, ou pour se vendre eux-mêmes.

Les Brésiliens de la classe moyenne comptent l'argent qu'ils gagnent en multiples du salaire minimum : cinq fois, dix fois. Je dîne avec une personne issue de cette couche de la société au restaurant perché sur la colline qui surplombe la cité. Cette jeune femme agréable, qui connaît sa ville, me raconte comment elle a rencontré par hasard les représentants du « Guide du routard » et les a elle-même conduits à travers les quartiers.

Quand elle ne participe pas à l'enrichissement de nos guides de voyage, elle s'occupe avec une amie d'une petite affaire de bougies décoratives. En vraie Brésilienne, elle prend plaisir à faire tourner le garçon en bourrique à propos du choix du vin, en soutenant qu'aucun cru ne correspond aux critères qui satisferaient à la fois un palais local et un palais français, et invite notre serveur, mi-contrarié mi-amusé, à nous assister dans la recherche d'une solution acceptable à ce problème compliqué. Nos verres enfin remplis, nous trinquons. Dans la nuit paisible, on entend au loin des bruits de tambour. *« Candomblé »*[29], précise ma compagne.

Les sons lourds des instruments de musique et la douceur du vin contribuent à nous troubler agréablement. Sous nos yeux, les lumières de la ville s'étendent jusqu'à la mer.

Comme il est temps de rentrer à Salvador, je grimpe dans le bus. Échappant de nouveau aux redoutables *cangaceiros* du Sertão, je rejoins le lendemain Thierry et Junior. Notre ami a repris son travail. Le mi-temps lui convient parfaitement : un quart-temps pour un hôpital public, un autre quart pour une clinique privée, où j'ai l'occasion de l'observer dans l'exercice de son métier. Je suis impressionné par le sérieux de notre surfeur devant son écran d'ordinateur, occupé à diagnostiquer des maladies au vu des électrocardiogrammes qui s'y affichent.

Je visite aussi l'hôpital public – où les soins sont gratuits – en tant que patient : une douleur à l'oreille m'y amène. Comme il n'y a pas d'heures de consultation, de nombreuses personnes y font la queue en permanence. Junior, revêtu de sa blouse blanche, me fait passer devant tout le monde, ce qui n'est pas sans m'embarrasser. Les internes me recommandent des gouttes et une piqûre. Quelques heures plus tard, Junior tient dans sa main la seringue prescrite, prolongée par une menaçante aiguille, tandis que je baisse mon short pour lui présenter ma fesse, non sans une petite gêne, en regrettant de n'avoir pas fait appel à une infirmière :

– Tu es sûr que tu sais faire ?

– Bruno, je suis médecin !

29. Ce syncrétisme entre les rites afro-brésiliens et la religion chrétienne est très répandu dans le Nordeste.

Nous terminons notre séjour comme nous l'avons commencé, en faisant alterner plage et sorties. Kaca, le beau-frère de Junior, qui a eu une rentrée d'argent, nous invite au restaurant à Itapoã, sa plage préférée. Autour d'une table abondante, une vingtaine de personnes discutent en dégustant poissons et fruits de mer. Des inconnus sont hélés par notre hôte qui leur remplit un verre. Aujourd'hui, Kaca est le *barão* – le « baron ». Il a de l'argent, il invite. Et c'est la fête.

De retour chez les parents de Junior, je découvre dans les placards une quantité impressionnante de disques 33 tours qui lui appartiennent. On y retrouve les grands classiques de la musique brésilienne, qui parlent d'amour ou de malheur, de fête ou de *saudade*, de Gilberto Gil à Caetano Veloso, en passant par les paroles plus révoltées des rockeurs de Legião Urbana. Il n'y a pas de tourne-disque pour les écouter. « Bruno, prends ces vieux disques, si tu veux. » Ce n'est pas la première fois que mon ami n'hésite pas à donner ce qui ne lui sert plus. Toutes proportions gardées, je compare cette attitude avec celle de Kaca, *barão* d'un jour, généreuse mais un brin supérieure, avec celle de la tenancière de l'hôtel de Fortaleza, qui m'avait donné un tee-shirt quand les miens étaient sales, et avec celle d'autres personnes rencontrées. Au Brésil, l'objet va parfois naturellement de celui qui le possède à celui qui en a besoin. Une panne d'essence sera par exemple vite résolue, puisqu'il suffira de siphonner un peu de carburant dans le réservoir d'un véhicule au conducteur compréhensif. Cette façon d'être laisse une large place à la débrouillardise. Je me souviens aussi de notre arrivée dans les bureaux de l'immigration, où il avait fallu emprunter le pantalon d'un employé. Au-delà de ces gestes sympathiques apparaît une manière de vivre où il semble y avoir moins d'interdits, de barrières, où des possibilités surgissent, où des horizons s'entrouvrent. En cela, le Brésil propose au voyageur des pistes initiatiques. Cependant, pour quiconque n'y est pas né, il ne s'offrira pas facilement. Le sang des Indiens, des Blancs et des Noirs s'y mêle en une histoire tortueuse qui contribue à la complexité des mentalités, à la jonction de l'Amérique, de l'Europe et de l'Afrique.

Il est difficile de gratter le vernis de la façade un peu légère du pays, réelle mais réductrice, entretenue et véhiculée par les fantasmes des visiteurs. La culture de la plage, l'exotisme, la beauté affichée des femmes, la musique, l'oisiveté apparente, le football – où la violence reste exceptionnelle –, la fête symbolisée par le carnaval, sont des dénominateurs communs à toutes les classes sociales. Pourtant les Brésiliens travaillent, souffrent parfois sous le poids des inégalités, font leurs petits arrangements avec la vie... et recherchent le plaisir, ce qui n'est pas la moindre affaire !

Notre séjour à Salvador touche à sa fin, et nous nous laissons porter durant ces derniers jours par la douceur de vivre ambiante. L'histoire nous apprend que, de tout temps, les voyageurs furent charmés par les délices de ce pays.

Le 22 avril 1500, la flotte de treize navires conduite par Pedro Álvarez Cabral arriva en vue du Brésil, du côté de Pôrto Seguro dans le sud de l'actuel État de Bahia. Le capitaine portugais découvrit officiellement cette terre qui se trouvait sur la *volta* de l'Atlantique Sud et donc sur la route des Indes. L'expédition buta sur le Brésil qui était sur son chemin, dans le crochet qu'elle fit pour bénéficier des vents portants, de façon plus large que ne l'avait fait Vasco de Gama trois ans plus tôt. Les navigateurs ne savaient pas trop s'ils avaient affaire à une île ou à un continent, et dans le doute, ils l'appelèrent d'abord île de Vera Cruz. Le chroniqueur Pêro Vaz de Caminha, dans sa lettre au roi dom Manuel, raconta comment se déroulèrent les dix jours de l'escale. Dès le 25 avril, il écrivit, évoquant les indigènes :

> *Il y avait avec eux trois ou quatre filles fort jeunes et fort gracieuses, leurs longs cheveux très noirs sur les épaules, et leurs parties honteuses si allongées, si bien fermées et si bien épilées que nous les regardions attentivement sans en éprouver la moindre honte. [...] Une des filles était toute colorée des pieds à la tête de la teinture [d'un noir bleuté] dont j'ai parlé ; elle était en vérité si bien faite et si potelée, et cette partie de son corps dont elle n'avait point honte avait tant de grâce, que bien des femmes de notre pays, lui voyant une telle tournure, auraient eu honte de n'avoir pas une féminité comme la sienne.*

Il semble que les tout premiers gringos étaient déjà sous le charme de la sensualité troublante des habitantes, alors indiennes. Le lendemain, des précisions supplémentaires furent couchées sur la lettre :

Sur l'autre rive beaucoup d'indigènes étaient en train de danser et de se divertir les uns en face des autres sans se prendre par la main et ils faisaient cela à merveille. Diogo Dias, […] qui est un plaisant boute-en-train, traversa alors le fleuve, emmenant avec lui un de nos cornemuseux avec son instrument, et il se mit à danser avec eux en les prenant par la main et eux s'amusaient et riaient et le suivaient fort bien au son de la cornemuse.

Quand ils eurent dansé, il exécuta devant eux et à même le sol force entrechats et un saut périlleux, ce dont ils s'étonnaient, riaient et s'amusaient fort ; et bien que ce faisant il les eût grandement rassurés et amadoués, ils s'effarouchaient bien vite comme encore sauvages et ils s'en furent vers l'amont.

Ce qui porte à croire que ce Diogo Dias était déjà en train de découvrir le sens de la fête des locaux, en cette terre qui allait devenir Bahia. Puis le chroniqueur ajouta :

Le commandant ordonna à trois proscrits et à Diogo Dias d'aller se mêler à eux, Diogo Dias à cause de son tempérament joyeux qui les réjouissait ; et il commanda aux proscrits de rester sur place cette nuit-là.

Tous s'en allèrent et se mêlèrent aux indigènes, et, d'après ce qu'ils contèrent, ils marchèrent une bonne lieue et demie jusqu'à un groupe de maisons au nombre de neuf ou dix dont chacune, disaient-ils, était aussi longue que notre nef capitaine ; elles étaient d'une bonne hauteur, en bois, les côtés en planche et la couverture en paille, et toutes avaient une seule pièce, sans aucune division ; il y avait à l'intérieur des rangées de pieux, et entre deux pieux des filets attachés par les extrémités tout en haut ; c'est là qu'ils dormaient et en dessous pour se chauffer ils allumaient leurs feux.

J'aime à penser que, vu son caractère, Diogo Dias demanda à tester ces hamacs qu'il découvrait, et apprécia ces filets propices au farniente… Nous qui désirons suivre le sillage des découvreurs, nous ne dédaignons pas de glisser aussi dans celui de ce Diogo Dias, qui goûta tant les charmes de ce pays.

Puis Cabral renvoya l'un de ses navires à Lisbonne pour annoncer au roi la nouvelle de sa découverte, et le reste de la flotte poursuivit vers son objectif : les Indes. Malheureusement, à l'approche du cap de Bonne-Espérance, quatre vaisseaux sombrèrent dans la tourmente, dont celui de Bartolomeu Dias, le découvreur du cap qu'il avait nommé, douze ans plus tôt, cap des Tempêtes. Son frère Diogo égara son voilier dans ces coups de vent. Séparé de la flotte, perdu, il découvrit par hasard Madagascar. L'expédition Cabral rejoignit par la suite les Indes, reliant pour la première fois quatre continents lors d'un même voyage. La perte de tant de navires était malheureusement chose courante à l'époque. Je suis éberlué par les statistiques. Au cours des décennies suivantes, pendant lesquelles le Portugal envoya annuellement plusieurs convois sur la route des épices asiatiques, on estime qu'un navire sur six disparut et un homme sur quatre en moyenne. Le retour par le redoutable cap de Bonne-Espérance, contre le vent, avec des bateaux surchargés, était particulièrement délicat. Ceux qui embarquaient n'étaient pas sans connaissance de ces chiffres terribles. Les indécis étaient convaincus par les profits dont bénéficiaient ceux qui revenaient.

Un doute subsiste quant à savoir si Cabral fut réellement le premier à découvrir le Brésil. Ce doute nous fait remonter six ans plus tôt, en 1494. À cette époque, les Indes se dédoublaient : Colomb avait déjà annoncé à l'Europe la nouvelle de l'existence de terres vers l'ouest, ces Indes occidentales dont il avait pris possession pour le compte de l'Espagne, et les Portugais s'apprêtaient à contourner l'Afrique pour atteindre les Indes par l'est, qui allaient devenir les Indes orientales. Cette année-là, le fameux traité de Tordesillas fut signé, au cours duquel les deux puissances ibériques entérinèrent le partage du monde entre elles, sous l'égide du pape Alexandre VI Borgia, qui n'était pas un saint, mais qui était assez puissant à l'époque pour couper la planète en deux. L'Espagne entendait profiter de la découverte de Colomb à l'ouest, et le Portugal des terres bordant l'océan Indien qui s'ouvrait dans l'est aux étraves de ses caravelles. La limite exacte fut fixée au méridien situé à 370 lieues[30] à l'ouest des îles du Cap-Vert et des Açores. C'était sensiblement plus loin que celle décidée l'année précédente par deux bulles pontificales, avantageuses pour l'Espagne dont était

30. Une lieue nautique = 4 milles nautiques = 7,408 kilomètres. Trois cent soixante-dix lieues équivalent à 2 741 kilomètres.

originaire le pape, et alors fixée à 100 lieues à l'ouest de ces archipels. Ainsi, le Brésil non encore découvert changea de zone d'une année à l'autre et bascula dans l'escarcelle des Portugais, situé qu'il était à l'est de la nouvelle ligne de partage. Ce qui peut laisser supposer que, lors de ces négociations, le roi du Portugal João II connaissait déjà son existence.

Les autres nations, en retard sur le plan nautique, commencèrent à s'immiscer dans la course aux terres nouvelles au siècle suivant, et contestèrent le traité. On attribue à François Ier, roi de France, la déclaration suivante : « Le soleil luit pour moi comme pour les autres : je voudrais bien voir la clause du testament d'Adam qui m'exclut du partage du monde. » Lointaine conséquence du traité de Tordesillas, le Brésil est le seul pays lusophone au cœur de l'Amérique hispanique. Autre conséquence, nous tentons aujourd'hui de nous exprimer dans la langue de Diogo Dias, en appréciant tout comme lui les agréments de ce pays que nous nous apprêtons à quitter.

Junior nous conduit à travers les avenues de Salvador en direction du *Iate clube.* Sitôt la voiture garée à proximité, nous nous dirigeons vers le rivage, en observant silencieusement notre voilier. Un courant de marée oriente la proue de *La Volta* vers le sud.

La maturation

Salvador de Bahia – Buenos Aires

L'eau est sale. Des déchets disparates flottent en surface ou entre deux eaux, dans une étendue aqueuse marron nuancée de reflets glauques. Bois, plastiques, cartons, matières textiles, scories industrielles, résidus végétaux, cadavres d'animaux, tous les détritus peuvent se rencontrer dans cette baie. Des courbes irisées et nauséabondes se dessinent sur les nappes de ce cloaque, précédées par l'odeur caractéristique des hydrocarbures. L'eau est sale, et le temps couvert. Pourtant, c'est magique. Pour peu que l'on détourne son regard de la surface liquide, le spectacle est somptueux. Nous sommes dans la baie de Guanabara. De nombreux îlots en forme de demi-sphère en sont les sentinelles. Ils se prolongent sur le continent par les *morros*, ces collines rondes dont la plus célèbre est le fameux Pain de Sucre, qui culmine au-dessus de l'entrée de la baie. Plus loin et plus haut, entre deux nuages, le Christ monumental perché au sommet du Corcovado embrasse la baie de la cité la plus célèbre de l'Amérique du Sud, ville de tous les fantasmes, des désirs flous et des frustrations troubles, où l'on peut perdre son âme et son argent: Rio de Janeiro.

Thierry et moi n'avions pas prévu de nous arrêter ici. Certes l'arrivée par la mer devait avoir plus de charme que par les airs mais, fidèles à notre adage « Longues étapes, longues escales », nous avions projeté de rallier directement Buenos Aires depuis Salvador. Pourtant, moins de quarante-huit heures après avoir fait nos adieux à Junior, le 8 octobre, nous nous arrêtâmes une première fois à peine 100 milles plus au sud, dans une ville du nom d'Ilhéus. Cette navigation qui devait durer une vingtaine de jours n'avait pas été idéalement organisée. Ce n'est pas en lézardant sur les plages, en dansant ou en écoutant des concerts que l'on se prépare à une grande étape océanique. Nous manquions de cartes marines indispensables à notre parcours. D'autre part, le mois de festivités passé à Bahia avait ébranlé notre condition physique et les vents capricieux et souvent contraires avaient achevé de nous épuiser. Sur la mer hachée, dans notre bateau mal rangé, les ustensiles en tout genre se renversaient. Le régulateur d'allure émettait un grincement désapprobateur à notre encontre, réclamant sa mesure de graisse. Les fonds étaient crasseux et le faisaient savoir, sous la forme de messages nauséabonds. Lorsque la première averse surprit ma vigilance, sans grande difficulté, mon bas de ciré était enseveli dans les recoins les plus sombres de la soute à chiffons. Quant à mon couteau de marin, qui se doit d'être à poste au fond de ma poche, il était enfoui sous un monticule de vaisselle poisseuse. Et pour la première fois depuis le début du voyage, nous n'étions que deux à nous relayer aux quarts.

Lors de cette première relâche imprévue et prématurée à Ilhéus, la chance nous sourit : un voilier norvégien dodelinait doucement sur son ancre. Il était pourvu de nombreuses cartes marines que nous empruntâmes le temps de les photocopier en échange d'une des bouteilles de vin de notre réserve. Cette réserve de vin français est destinée uniquement à être distillée en cours de route comme présent à des personnes qui nous sont agréables. Ceci dit, la plupart du temps, et comme prévu, les heureux bénéficiaires partagent le cru avec nous. Las ! Le Nordique rangea *illico* la bouteille dans sa réserve personnelle et sortit de son réfrigérateur deux banales canettes de bière hollandaise à notre intention. Revigorés par l'escale, nous repartîmes rapidement, le cœur joyeux et plein d'entrain, avec pour destination Buenos Aires.

Lors de nos navigations, le rythme de la vie à bord facilite notre montage bicéphale. Chacun prend les décisions à court terme qui s'imposent pendant la durée de son quart. Nous savons assurer chacun seul la marche du bateau et il est exceptionnel que l'un demande de l'aide à l'autre s'il se repose. Notre vision de la pratique de la voile et du voyage reste voisine. Je suis plutôt porté vers l'aspect navigation – positionnement sur la carte, détermination des options de route –, alors que Thierry aime les manœuvres bien faites. Les options à plus long terme se discutent lors des repas ou des changements de quart.

De retour en mer, je proposai d'expérimenter un nouveau système de quarts, avec changements à minuit, 3 heures, 6 heures, 10 heures 30, 13 heures 30, 16 heures 30, 21 heures, minuit. Pour ne pas faire ses quarts tous les jours à la même heure, deux quarts de quatre heures et demie, un pour chacun, furent ainsi mis en place entre ceux de trois heures. Ces quarts plus longs furent placés aux heures les plus agréables : en matinée et en soirée. Ce système serait testé et adopté pour nos étapes en binôme.

Lors d'un temps calme, la principale difficulté consiste à surveiller la trajectoire des autres bateaux : les cargos et surtout les nombreux bateaux de pêche qui travaillent sur les bancs. La nuit, nous étions particulièrement aux aguets. Nous évitions autant que possible d'allumer nos feux pour ne pas gaspiller d'énergie, mais certains faisaient comme nous. De plus, lors d'un essai du radar, nous avions remarqué que celui-ci détectait peu ou pas du tout les embarcations en bois. Certains changements de quarts nocturnes ne nous laissaient guère de répit pour émerger en douceur : « Les trois lumières à bâbord sont des pêcheurs. Il semblerait que celui de droite se rapproche pas mal, à surveiller. À tribord, c'est un cargo avec sa lumière rouge, attention, et un autre bateau de pêche. Tiens, j'aperçois à l'instant une lueur droit devant. Allez, bonne nuit, je suis épuisé. »

De nombreux bancs s'étendent parfois loin du rivage du Brésil. Nous traversions ces zones de hauts-fonds sur lesquels de nombreux pêcheurs travaillent. Ainsi, près de l'archipel des Abrolhos, notre acuité visuelle fut mise à contribution au milieu des cailloux et des navires. Ce groupe d'îles fut baptisé par les premiers navigateurs à se risquer dans ces parages. *Abre olhos* signifie « ouvre l'œil », consigne que la vigie ne manquait pas d'appliquer pour éviter un échouage. Au cours d'une nuit, je me trouvais de quart et surveillais les lumières d'un bateau qui nous rattrapait peu à peu. Je finis par le juger trop proche et décidai de modifier légèrement ma trajectoire afin de le laisser passer. Notre poursuivant modifia son cap de la même manière.

Je voulus vérifier ses intentions, et fis un virage à angle droit pour m'éloigner franchement de sa route. Le timonier invisible de l'étrange embarcation m'imita. Inquiet, je réveillai Thierry. Nous surveillâmes attentivement notre encombrant voisin maintenant tout proche. Ses lumières peu réglementaires ne nous permettaient pas de discerner sa forme et ses occupants. Enfin, il incurva sa route et s'éloigna dans la nuit. Que voulait-il ? Je remarquai que les feux d'un autre bateau étaient apparus à l'horizon et grossissaient. Peut-être l'approche d'éventuels témoins avait-il dissuadé le mystérieux équipage de tenter un mauvais coup. Avec du recul, je pense qu'il aurait été plus raisonnable de naviguer beaucoup plus au large pour éviter ainsi les risques de collision, les angoisses ou les actes de malveillance toujours possibles en mer.

Nous pêchions aussi. Une bonite, petite cousine du thon, fut conviée un peu brutalement à bord du voilier puis de la casserole. La bête était corpulente, et mon coéquipier fit pour la première fois et avec succès une tentative de salaison avec la moitié du poisson ayant échappé à ses fourneaux. Un peu plus tard, à l'horizon, nous vîmes une gerbe d'eau apparaître furtivement jusqu'à plusieurs mètres au-dessus de la surface de la mer. Nos sens en éveil, nous observâmes ensuite distinctement une baleine s'élever dans les airs et retomber avec fracas dans les flots. Puis une autre, et encore une. Si nous nous rapprochions ? Hélas nos championnes du saut en hauteur aquatique se calmèrent et disparurent avant d'être à portée de pellicule. Probablement avions-nous eu affaire à des mégaptères car ces cétacés, qui aiment parader, fréquentent habituellement le secteur en cette saison. Le surnom de « baleine joyeuse », qui leur est donné par les Russes, ne semble pas mal choisi.

Quatre jours après le départ d'Ilhéus, nous essuyâmes un petit coup de vent. Celui-ci montait progressivement de l'arrière, et nous fûmes contraints d'amener le spinnaker, que l'on ne peut porter que lorsque le vent est modéré : « Ça piaule ! » Nous réduisîmes les voiles en conséquence pendant que le baromètre descendait. *La Volta* avançait à bonne allure, et nous pensions franchir rapidement le tropique du Capricorne. Vingt-quatre heures plus tard, le vent tomba complètement. Peu après, il remonta aussi vite que le baromètre, en venant cette fois-ci contre nous. Il soufflait en sens exactement inverse de la houle formée la veille, ce qui aplatit momentanément la mer. « Nous venons de passer le cœur de la dépression, je crois », fit observer Thierry en réduisant de nouveau la voilure. Peu à peu, les vagues se reformèrent dans le sens du vent. Nous tirions laborieusement des bords au large du Cabo Frio, une pointe rocheuse non loin au nord de Rio de Janeiro. Faire une escale technique était tentant. Ce que nous appelons « escale technique » est un arrêt durant lequel notre esprit doit rester en mer, et nos activités être dictées par le bon déroulement de l'étape suivante, sans nous laisser disperser par les tentations terrestres. À titre d'exemples, la relâche d'Ilhéus mérite ce qualificatif, celle de Salvador pas du tout. Comme nous allons le voir, nous avons chacun nos raisons de nous arrêter ici à Rio.

De Rio, nous n'allons fouler ni la plage de Copacabana ni celle d'Ipanema, nous n'allons monter ni au Pain de Sucre ni au Corcovado. Nous n'allons pas nous promener dans la ville, nous n'allons pas sortir le soir. Nous évitons les tentations de toutes sortes et de toutes rondeurs. Pourtant Rio a été une escale essentielle, peut-être le grand tournant du voyage.

Deux événements vont rappeler mon esprit amolli par les tropiques à notre objectif un peu oublié ces derniers mois : le cap Horn. Ces deux événements seront la rencontre brève mais décisive avec les occupants du voilier *Gwenaskel* et le long coup de vent subi dès la sortie de la baie de Guanabara. Depuis quelque temps, je m'interrogeais. Faut-il ou non descendre plus au sud pour ce voyage ? Un ensemble de paramètres me fait douter et le phénomène El Niño m'inquiète. Nous en savons si peu. Si nous devons aller au-devant de pluies diluviennes et de gros orages une fois sortis de la zone intertropicale, si le temps dans le Grand Sud, déjà réputé pas commode, devait se dégrader cette année, et si… Et si j'avais peur ? Et si j'avais, comme d'autres navigateurs avant moi, été piqué par l'étrange virus tropical qui vous embrume l'âme et vous retient comme un aimant ? Sur le ponton du *Iate clube*, deux Brésiliens caricaturent mes doutes sans le savoir ; je les écoute, un brin agacé : « Ce n'est pas la bonne année pour descendre dans le Sud. Allez seulement un peu plus loin, à Ilha Grande. C'est à 50 milles d'ici, l'un des plus beaux coins du Brésil : les îles sont innombrables et magnifiques, comme les filles. »

Thierry a également besoin de cette escale. Sentant confusément que mon esprit ne vagabonde pas du bon côté de la rose des vents, il souhaite se plonger dès maintenant dans l'ambiance du Sud, le Grand, celui où le vent souffle fort et où les vagues sont belles. Thierry cherche fiévreusement à rencontrer des bateaux qui y sont allés… Et en trouve. Après avoir traversé la baie en tout sens d'un *Iate clube* à l'autre, il déniche le voilier *Gwenaskel*: Bernard, un Breton, et sa femme brésilienne nous accueillent à leur bord. Ils sont sympathiques et chaleureux. Ils ont l'assurance et l'humilité de ceux qui connaissent les gens, les choses de la vie, la mer. Immédiatement, la confiance s'établit. La *caipirinha* est sur la table, l'interrogatoire peut commencer :

Moi – El Niño ?

Lui – On a beaucoup exagéré.

Elle – Je travaille aux services de géographie. Ces pluies prétendument diluviennes ne sont pas plus graves que les autres années, je peux te l'assurer.

Moi – Le Sud ?

Lui – Ce n'est pas si terrible. Laissez-nous vous parler de notre second voyage, le plus dur.

Elle – La Patagonie vous transporte dans une ambiance particulière, un monde à part. Vous prendrez bien encore un verre ?

La conversation se poursuit. Les doutes s'estompent. L'aimant change de latitude.

Thierry, qui me laisse poser les questions, est heureux. Il se voit déjà là-bas… Nous quittons enfin *Gwenaskel*, un peu rêveurs.

Bernard et sa femme sont de ces gens avec lesquels nous nous sentons proches dès le premier abord, et dont les avis nous influencent. Les opinions de certains autres navigants nous sont aussi utiles, pour des raisons opposées : nous avons alors tendance à penser que si nous faisons le contraire de ce qu'ils préconisent, il y a fort à parier que l'aventure sera belle. Par exemple, lors de l'escale technique à Tenerife aux îles Canaries, un skipper français nous avait tenu ce discours : « Vous allez aux îles du Cap-Vert ? Ce n'est pas la bonne saison, il y a des risques de tornade. Et puis, ce ne sont que quelques cailloux arides, il y a des problèmes d'eau potable. Oui, il y a Mindelo, avec les filles, c'est pas mal. Mais c'est le bazar. Au moins, du temps de Salazar, ils se tenaient à carreau. »

Ici même, à Rio, et juste avant notre rencontre avec *Gwenaskel*, nous avons croisé de nouveau un de ces individus qui nous servent d'indicateurs en nous influençant à l'inverse de ce qu'ils espèrent. Le mauvais sujet en question, un autre Français, avait amarré son voilier moderne et rutilant à l'entrée de la marina.

– Vous voulez aller dans le Sud ? Pourquoi donc ? Vous allez en prendre plein la tête, je peux vous l'assurer. Je vous aurai prévenu ! Moi, je reste par ici, au chaud. Le problème, c'est que ces Brésiliens sont des arnaqueurs. J'en ai embauché un pour me nettoyer la coque, il n'y a que ces types-là pour plonger dans une eau aussi sale. Nous avions convenu d'un prix. J'ai bien vu que c'était cher, mais quand tu n'as pas le choix… Eh bien ! le lendemain, son patron m'a réclamé le double, en prétendant que son employé ne connaissait pas le prix pratiqué. Ah, vous êtes au club nautique de Niterói, à l'autre bout de la baie ? Il faut une bonne heure de trajet de là-bas pour aller à Copacabana voir les putes. C'est déjà suffisamment compliqué comme ça dans ce pays. D'ailleurs, j'ai beaucoup de problèmes : mon frigo est en panne.

– Bon, on ne veut pas te déranger trop longtemps, avec tes problèmes. Nous, le frigo, on s'en passe. Notre problème est plutôt de quitter un pays aussi attachant.

De port en port, nous constatons le caractère hautement hétérogène de la communauté des navigateurs au long cours. Les hauturiers, les côtiers, les babas, les fachos, les bourgeois, les fauchés, les sympas, les c… D'ailleurs, ne sommes-nous pas tous le bourgeois de quelqu'un ou le c… d'un autre ?

Nous partons dès le lendemain matin. Le vent souffle fort, rendant le départ délicat. Nous disposons les amarres de façon à nous faciliter la tâche. Tout se déroule finalement bien, sous les yeux du couple brésilien qui réside dans un autre Romanée situé à côté du nôtre. Il n'est pas fréquent de rencontrer une sœur de *La Volta*, et celle-là revient d'un tour du monde, avec en particulier le passage du cap de Bonne-Espérance contre les vents dominants. Le couple apprécie notre manœuvre, dans un français approximatif : « On vous a reconnus, vous êtes "les Passagers du vent" ! » nous complimentent-ils, alors que nous nous éloignons. Cela fait toujours plaisir. À peine sortis de la baie, nous nous apercevons que le vent est établi. Il forcit. Régulièrement. Nous réduisons la surface de voile au fur et à mesure.

« Ah, ça ne mollit pas » : c'est le propos de changement de quart pour signaler que le vent n'est pas à l'accalmie. « Les Passagers du vent » vont devoir faire honneur à leur titre fraîchement obtenu. La nuit tombe, brutalement car nous sommes encore dans la zone tropicale et le soleil se couche perpendiculairement à l'horizon. Mais aujourd'hui, point de soleil. Seulement une succession de nuages noirs qui nous amènent des grains de plus en plus forts. Le foc 2 est mis à poste, et nous prenons le troisième ris : c'est la première fois que *La Volta* porte aussi peu de toile. Nous estimons que le vent atteint maintenant force 8. ph. 25 Le bateau, bien réglé, se comporte merveilleusement et les vents sont soutenus et portants. Nous passons la nuit et la journée suivante ainsi. Dans le livre de bord, nous inscrivons quelques mots significatifs de l'instant : « Nuit noire. Alternance de douches d'eau salée et d'eau douce. L'impression de foncer vers le néant… Ah, ça ne mollit pas. »

Le régulateur d'allure peine à tenir le bateau et à le maintenir ph. 27 dans le bon cap. Nous sommes donc obligés de barrer pendant nos quarts qui, ramenés à trois heures, nous fatiguent. Malgré tout, une sorte de joie intérieure nous envahit. Le bateau et nous-mêmes maîtrisons parfaitement ce coup de vent prolongé. Ce n'est certes pas une tempête, comme l'entend l'échelle de Beaufort[31]. Nous savons pertinemment que nous pourrions être confrontés à des situations plus difficiles encore, mais nous gagnons en confiance et devinons la présence de l'*astral*.

– Je crois que l'on commence à être prêts pour le Sud, dis-je à Thierry, qui jubile.

– Cette nuit, j'en avais les larmes aux yeux.

Parfois, entre deux grains, la couverture nuageuse laisse passer quelques rayons furtifs. Alors la palette de couleurs ph. 26 s'élargit. Les flots tumultueux brillent d'un vert étincelant, les gerbes d'écume arrachées des vagues déferlantes surprennent l'œil par leur blancheur éblouissante avant de balayer le pont du bateau, provoquant d'éphémères arcs-en-ciel. Déjà, l'averse suivante rince nos visages salés par les embruns. Les nuances de gris reprennent leurs droits. Et les vagues, longues et belles, encore et toujours là, semblent des reliefs tourmentés

31. Échelle qui indique la force du vent et qui va de zéro à douze. On parle de tempête à partir de force10, soit à partir de 48 nœuds, c'est-à-dire 89 km/h.

2 Après un an de préparatifs sur la Vilaine, *La Volta* répond enfin à l'appel du large (1).
3 Sur l'île d'Oléron, je règle les ultimes détails (2) tandis que Sébastien Fivaz, le bricoleur du bord, vérifie les outils (3). Thierry Debyser et moi-même nous disputons la barre au sortir du port du Douhet (5). Passé le golfe de Gascogne, nous faisons étape à Lisbonne, où le monument des Découvertes commémore les hardis capitaines lancés, comme
5 nous, sur la *volta do mar largo*, au XVe siècle, par le prince Henri le Navigateur (4).

Notre séjour lisboète, sur l'estuaire du Tage (6), est l'occasion d'approfondir les questions 6
d'histoire maritime et de navigation. Tout comme les caravelles de jadis, *La Volta* doit
nous mener des côtes de l'Afrique à celles de l'Amérique du Sud. Laissant dans notre
sillage le Cabo da Roca, la pointe du continent européen par 9° 30' ouest (7), nous faisons
route plein sud pour rallier les Canaries. Puis, au-delà du cap Bojador qui resta longtemps
la limite méridionale du monde connu, nous franchissons le tropique du Cancer. 7

8 À deux semaines de mer du Portugal, *La Volta* mouille au Cap-Vert devant la falaise de Faja
d'Agua, sur l'île de Brava (8), où les villages se nichent dans les montagnes et les replis
de la côte (9). D'autres îles telles que Sal présentent un paysage souvent désertique (10)
et moins accidenté : des pentes douces se dessinent même en vue du Morro Leste (11).
En dépit de son aridité, l'archipel, qui compte 350 000 habitants parlant un créole luso- 1(
9 africain, nous révèle un peuple chaleureux et hospitalier. 1

2 À Boa Vista, sur les plages couvertes de barques de pêche (12), mes nièces, de passage, 13
4 s'adaptent vite aux aires de jeu rustiques des îles (14). Les contacts enrichissants se 15
multiplient avec les enfants (13), les femmes (15) et les hommes (16) cap-verdiens. C'est
un bonheur de s'intégrer progressivement à leur communauté insulaire : je suis ébloui
par cet archipel. Nous le quittons à regret alors que *La Volta* s'élance à travers l'océan
Atlantique (17), pour la traversée de près de vingt jours jusqu'en Amérique du Sud. 16

18 Nous atteignons enfin le Brésil, heureux d'avoir mené notre voilier de l'autre côté de l'océan. Au long des milliers de milles égrenés, il réclame un entretien régulier qui implique l'apprentissage de savoir-faire aussi divers que la mécanique du moteur ou la couture des voiles (18). Mais la majeure partie de notre temps est consacrée à la découverte du pays et de ses habitants, dont nous adoptons les coutumes les plus
19 agréables, comme celle de paresser des heures sur les superbes plages de Bahia (19).

Nous faisons de fréquentes incursions à Salvador de Bahia, à l'occasion des concerts et fêtes qui s'y donnent, ou simplement pour découvrir la diversité de ses quartiers. Au fil de nos flâneries, de nombreuses échappées vers la mer se dévoilent, surtout depuis la ville haute : derrière le spectaculaire ascenseur qui donne accès au port s'étend la baie de Tous-les-Saints (20). Cette vaste étendue nous invite à naviguer sur ses eaux et à remonter le *rio* Paraguaçu qui s'y jette, où nous croisons d'élégantes embarcations (21).

20

21

22 La vie quotidienne est rendue agréable par l'espace intérieur qu'offre *La Volta*, aussi 23
propice à faire la cuisine (22) qu'à étudier la navigation (23) ou à se détendre, comme 24
le fait notre ami brésilien Junior Djalma de Morais sur sa bannette (24). À peine avons-
nous dépassé Rio de Janeiro que nous sommes cueillis par un premier gros coup de vent.
Je tiens fermement la barre (25) dans des creux qui atteignent parfois six mètres, mais
25 notre bateau tient bien le cap, sans partir au lof, et nous gagnons en confiance.

Le coup de tabac nous accompagne un jour et deux nuits. Le vent se renforce sous les 26
sombres nuages qui se succèdent en laissant parfois le soleil rayonner sur l'eau (26).
Thierry, engoncé dans son ciré, doit rester concentré durant les trois heures de son quart
afin de présenter au mieux le bateau aux lames venues de l'arrière qui le soulèvent
inlassablement de la poupe à la proue (27). Le coup de vent passé, les conditions restent
éprouvantes jusqu'au terme de l'étape qui, du Brésil, nous conduit en Argentine. 27

28 La mer s'apaise dans l'immense estuaire, aux eaux boueuses et peu profondes, du Río
de la Plata (28). Au terme d'une longue escale à Buenos Aires, Thierry transborde
l'avitaillement (29). Nous devons cependant par deux fois relâcher à 250 milles plus
au sud, dans le port coloré de Mar del Plata (30). La difficulté à nous amariner puis un
29 coup de vent contraire sont à l'origine de ces haltes prématurées. L'adversité semble
30 enfin dans notre sillage quand *La Volta* parvient en vue de la Patagonie (31). 31

Les côtes de l'Argentine recèlent peu de bons abris, mais c'est l'esprit tranquille que nous jetons l'ancre dans la *caleta* Hornos (32), anse protégée de la houle du large par un goulet sinueux. Bordant les étendues herbeuses de la pampa, la côte est désertique alentour. Les animaux des latitudes australes font peu à peu leur apparition, comme les grands albatros, à l'envergure impressionnante, ou les étonnants dauphins de Commerson (33), qui vivent exclusivement ici et aux îles Kerguelen.

32

33

34 Non loin de là, les rivages de l'île Leones abritent une colonie d'éléphants de mer et regorgent de manchots de Magellan (34). En explorant l'îlot, nous trébuchons sur de vieux rails accrochés aux pentes (36). Intrigués, nous suivons cette voie ferrée qui mène au point culminant, surmonté d'un phare désaffecté (35). À l'intérieur, nous faisons 36
l'inventaire des objets abandonnés par ses derniers gardiens puis grimpons l'escalier en
35 colimaçon pour admirer la vue sur l'océan et le continent : nous sommes seuls au monde.

37 Éric Marion (37) et Stéfan Le Lay (38) renforcent notre binôme avant l'étape qui doit 38
nous mener au cap Horn et trouvent rapidement leurs marques à bord, sous mon 39
regard amusé (39). Alors que nous restons attentifs au défilé des nuages et aux caprices
du baromètre, nos pitreries masquent notre tension à l'approche de l'objectif. Ces
états d'âme n'atteignent pas *La Volta* qui poursuit résolument sa route vers le sud (40)
40 et le temps reste clément sous des latitudes pourtant réputées tempétueuses.

Emmitouflés dans nos vestes de quart, harnachés aux lignes de vie, nous subissons un ultime coup de tabac (41). Cette météo est inespérée : soufflant du nord-est, le vent vigoureux est favorable et nous propulse vers notre but. Nous doublons le cap Horn le 28 décembre à 3 heures du matin (42). À l'excitation de ce franchissement dans la pénombre d'une nuit de l'été austral succède l'apaisement. Chacun laisse vagabonder ses pensées sans prendre pleinement conscience que le Horn est là, sous nos yeux !

41

42

43 À huit jours de mer de Puerto Deseado, nous pénétrons dans le dédale des canaux de Patagonie et atteignons Ushuaia, où est basée une sympathique communauté de voiliers de charter (43). Leurs skippers sont toujours prêts à répondre à nos sollicitations, tant nous sommes avides de renseignements concernant l'archipel de la Terre de Feu que nous découvrons. Lorsque le jour décline sur la ville (44), nous célébrons dignement
44 notre succès et prolongeons ces festivités jusqu'à la nouvelle année.

Vingt-cinq milles à l'est d'Ushuaia, *La Volta* fait halte au ponton délabré de Puerto 45
Almanza (45). Dans ce poste isolé (46), inattendu pour une « préfecture navale », nous
procédons aux formalités de sortie du pays. Le canal Beagle (47) qui, au sud de l'*Isla*
Grande fuégienne, marque la frontière avec le Chili, est hautement militarisé. Nous
le traversons rapidement pour rejoindre la bourgade de Puerto Williams, sur l'île
Navarino, qui dispute à Ushuaia son titre envié de « ville la plus australe du monde ». 46

48 Dans l'anse de Puerto Williams, un bateau échoué fait office de ponton d'amarrage des voiliers (48). Le célèbre *Micalvi* a ainsi hérité d'une gîte définitive qui contribue au pittoresque du bar du club nautique qu'il abrite. Fonctionnaires, marins et aventuriers s'y côtoient et s'attardent volontiers au comptoir, comme nous entre deux balades sur l'île Navarino. Des sentiers mal tracés nous font traverser des paysages remodelés par
49 les castors, où l'humidité du sol n'a rien à envier à celle du ciel (49).

La balise rouge d'entrée du port annonce les premières maisons de la localité (50). 50
Ses 2 000 habitants sont essentiellement des militaires, quoique leur présence reste discrète sur la place principale. L'arrivée hebdomadaire du bateau ravitailleur, à laquelle nous assistons, est un événement important, qui rythme la vie de la population. La nature n'est jamais très loin (51) ; aussi prolongeons-nous notre séjour, séduits par cette contrée isolée d'où émane un parfum de bout du monde. 51

52 Les canaux de Patagonie forment un lacis de vallées glaciaires envahies par la mer. Lorsque le vent cesse, les îles se mirent dans l'eau calme (52). De nombreux lacs parsèment les reliefs tourmentés (53), entre lesquels notre voilier se glisse. Dans les anfractuosités de la côte, il parvient toujours à découvrir de bons abris. C'est le cas de la *caleta* Olla (54), dont les rives, garnies de hêtres austraux caractéristiques, nous

53 retiennent trois jours tandis que passe une dépression en provenance du Pacifique.

55 Nous ne croisons que trois bateaux durant les deux semaines de notre tour de la Terre de Feu. Nous sommes émerveillés par la navigation dans les canaux, où la mer, les lacs et les îles sont si entremêlés qu'à chaque recoin se laisse découvrir un paysage différent. Le ciel, l'eau et la terre s'allient pour nous présenter leurs plus beaux décors (55). Les nombreuses *caletas* qui nous accueillent ont chacune leur singularité, comme la *caleta*
56 Burracho (56), où le ciel nous gratifie d'un immense ballet changeant.

Le vent d'ouest vient fréquemment contrarier la progression de *La Volta*. Les nuages qui s'engouffrent entre les montagnes annoncent son renforcement (57). Lorsqu'il souffle contre nous, le moteur est mis à contribution afin d'aider la grand-voile à propulser le bateau. Les premiers glaciers apparaissent (58) et se succèdent à tribord sur certains versants. L'un d'eux vêle dans le *seno* Chico, un fjord étroit où nous devons nous frayer un chemin pour approcher de son imposant front de décharge (59).

57

58

60 La cordillère Darwin, à l'ouest de l'île Grande, culmine à plus de 2 000 mètres. Elle est surmontée d'une calotte glaciaire dont les langues se déversent dans les eaux salées qui baignent son socle (60). Les nuages apportés par les grandes dépressions océaniques s'agglutinent contre les parois, sur lesquelles les vents ricochent. Le relief et les différences thermiques engendrent parfois des rafales très violentes, les *williwaws*. Nous nous en
61 méfions alors que notre voilier s'engage dans le *seno* Pia (61).

Lors de chacun de nos mouillages forains, le voilier est maintenu par deux ancres et deux aussières, comme aux îles du Milieu (62). Pour y accéder, nous avons dû effectuer un sinueux parcours entre les écueils. Nous parodions les découvreurs (63) sur l'un des glaçons entre lesquels *La Volta* se faufile (64), tandis que le son d'une cascade complète notre mise en scène (65). Bientôt, nous devons quitter la Patagonie et emprunter la longue route du retour, qui exige parfois encore de nous mettre sous trois ris et tourmentin (66). 62

3

4

65

67 Après avoir remonté l'océan Atlantique, nous profitons de notre dernière escale : les îles portugaises des Açores, situées à 1 500 kilomètres à l'ouest de Lisbonne. Nous sommes charmés par les paysages luxuriants de l'île principale, San Miguel, parfois ornés de lacs de cratère (67). De nombreux cétacés fréquentent les eaux de l'archipel, où nous avons la chance de croiser deux cachalots. Quoique leur chasse ait été interdite
68 en 1987, les anciennes baleinières de l'île Pico sont soigneusement conservées (68).

Le port de Horta, sur l'île Faial, est le rendez-vous traditionnel des voiliers de retour des Amériques (69). Je grimpe au mât pour procéder à des vérifications (70), puis je sacrifie à la coutume qui consiste à laisser une peinture sur le quai (71). Le résultat témoigne de notre périple, mais aussi de la victoire française en finale de la Coupe du monde (72) ! Notre fidèle *Volta*, mon coéquipier Thierry et moi-même posons pour la postérité (73), avant de reprendre la mer une dernière fois afin de rejoindre le doux pays nantais. 69 71 72

70

"LA VOLTA"
THIERRY
BRUNO
BRETAGNE
CAP HORN
BRESIL
ARGENTINE
CHILI

et mouvants aux pentes escarpées. Au-delà de la fascination qu'elles exercent sur nous, elles nous rappellent les vertus de l'humilité pour un marin.

La nuit suivante, vers le milieu de mon quart, je sens que le vent de fond se renforce. C'est à peine perceptible, les nuages et les averses se succèdent toujours, mais il va falloir encore réduire la surface de voilure. J'hésite à attendre le changement de quart, tandis qu'il devient plus difficile de barrer, même entre les grains. Mieux vaut anticiper. Je réveille mon coéquipier pour établir la plus petite voile qui soit à l'avant : le tourmentin. Non sans bougonner, Thierry se prépare. S'habiller et se déshabiller par un temps pareil prend du temps. Il fait froid, il faut superposer les couches de vêtements, et cela dans une embarcation qui n'offre pas vraiment la stabilité nécessaire. Puis mon camarade sort, attache son harnais et rampe vers l'avant du bateau pour remplacer la voile. La manœuvre nécessite une bonne synchronisation. La communication n'est pas aisée ; il faut hurler plus fort que le vent pour se faire entendre. Les voiles sont difficiles à manipuler. Elles se tendent et claquent dans les rafales. La proue est sans cesse balayée par la mer. Bientôt, tout rentre dans l'ordre. Thierry revient vers l'arrière, le visage marqué par la fatigue.

Le voilier est maintenant agréable, bien réglé. Le baromètre reste étonnamment stable, ne baissant qu'à peine. Sans doute longeons-nous une isobare. Nous n'avons pas à bord d'anémomètre pour mesurer la vitesse du vent et nous ne pouvons donc que faire une estimation par rapport à notre expérience du gros temps, limitée, et par rapport aux descriptions d'autrui. Nous savons aussi que l'on a tendance à surévaluer la force du vent, à confondre vent établi et rafales, à estimer des hauteurs de vagues exagérées, que l'on soit impressionné par les éléments ou emporté par son récit et par le rhum au comptoir d'un bistrot. Notre estimation est de force 9 avec des creux de 6 mètres. Ce n'est peut-être pas la vérité absolue, mais c'est la nôtre. D'ailleurs, personne d'autre n'est là pour vérifier. Chacun en fera ce qu'il voudra. Tous les marins naviguant au long cours, même sous des latitudes réputées clémentes, ont dû connaître ce genre de « coup de torchon », voire du bien plus gros mauvais temps pour une partie d'entre eux. Pour nous, c'est une première. Jusqu'alors, notre parcours nautique ne nous avait jamais offert l'occasion de manipuler une bosse de troisième ris ou de gréer un tourmentin.

Au petit matin, je commence à être préoccupé. Pas pour le bateau ni pour nous, encore d'attaque, mais par ce vent qui finit par nous rapprocher de la côte. Dans ces conditions, celle-ci est un danger, d'autant que nous n'avons pas de carte précise de ses abords. Il nous est impossible de progresser contre le vent trop fort. Nous réduisons encore la toile pour nous ralentir. Nous essayons la manœuvre dite de « mise à la cape » qui permet de régler le bateau de manière à dériver doucement. C'est une allure confortable, néanmoins nous dérivons à 2 nœuds. Je calcule : à ce rythme, nous atteindrons la côte dans vingt-quatre heures. Le coup de vent dure depuis un jour et demi. Pour combien de temps encore ? La situation est délicate. Je commence à songer à nos possibilités au cas où elle deviendrait critique : utilisation du moteur, de l'ancre, d'une ancre flottante... Vers midi, le vent mollit et le contexte s'améliore. Quoique la mer reste forte, nous progressons dans la direction souhaitée. Le soir, rassasiés d'embruns, nous assistons à un coucher de soleil d'une beauté amplifiée par l'empreinte des derniers événements vécus.

Le beau temps s'installe. Thierry en profite pour vérifier le réglage du radar et constate qu'il n'est pas correctement programmé. Nous avons pris la décision de le mettre en marche lorsque le temps commençait à se dégrader. Le radar permet de repérer d'éventuels navires qui croisent dans nos parages, jusqu'à une quinzaine de milles alentour. Comme il est gourmand en électricité, nous le programmons de manière à ce qu'il ne s'actionne que toutes les dix minutes. De plus une alarme peut être déclenchée à l'approche d'un danger de collision. Nous n'avons pas jusqu'alors fait l'essai de cette alarme. Peu soucieux de consulter la notice d'utilisation dans ces conditions, nous finissons tout de même par juger l'opération nécessaire, constatant la perte de visibilité au fur et à mesure de la progression du mauvais temps. Thierry se dévoue et décrypte laborieusement la notice, triture les boutons du satané appareil, ressort enfin la tête à l'air libre : « J'espère avoir bien suivi les instructions pour l'alarme, mais ce n'est pas simple. Et impossible de faire un essai, il n'y a rien pour le moment dans le champ de l'écran radar. »

Coincés à l'extérieur par la nécessité de barrer, nous ne jetons un coup d'œil à l'appareil qu'aux changements de quart.

Nous naviguons alors dans la zone maritime entre Santos, le port industriel de São Paulo, et Rio ; le trafic peut donc être dense. La visibilité est quasiment nulle. Peut-être avons-nous frôlé un cargo sans l'apercevoir, et cela en raison d'un appareil de sécurité qui n'avait pas vraiment été testé auparavant. Il va nous falloir tirer des leçons de ce coup de vent…

La nuit est paisible et nous nous autorisons une escale supplémentaire, dans une ville balnéaire brésilienne du nom de Florianópolis, sur l'île côtière de Santa Catarina. Je vais aux nouvelles de la météo, qui s'annonce favorable pour les jours à venir : pas de nouveau front en vue. D'autre part, des informations spéciales concernant El Niño nous sont fournies : de fortes pluies sont annoncées au printemps et en été sur le sud du Brésil, l'Uruguay et l'Argentine. Les implications sur le régime des vents ne sont pas précisées. Au bureau du port, l'autorité maritime nous observe de haut en bas, et déclare : « Si vous restez jusqu'à demain, vous allez recevoir la visite du contrôle sanitaire. » Nous sommes habitués aux tracasseries administratives des escales sud-américaines, et notre allure paraît sans doute un peu fatiguée. Pourtant, c'est la première fois que l'on nous fait cette fantaisie. Nous décidons d'aller jeter l'ancre un peu plus loin pour dormir à l'abri du contrôle. Après un peu de bricolage matinal, nous repartons pour le sud. Les jours qui suivent, la navigation est tranquille. J'émets le souhait de faire un nouvel arrêt pour prendre des renseignements météo. Thierry insiste pour que nous allions au bout. Il a raison, fini de tergiverser. Cette fois, nous atteindrons Buenos Aires directement !

Non sans peine. Au milieu de la nuit, un furieux orage nous assaille. Les éclairs fusent et déchirent sans interruption le noir du ciel, éclairant la surface de l'océan criblée par les gouttes de pluie et *La Volta*, qui nous éblouit d'une blancheur fugace et fantomatique. Souvent leur fréquence prend des allures stroboscopiques. Le tonnerre répond en écho, de son grondement menaçant, parfois tout proche. Cela dure jusqu'à une heure avancée de la matinée. Sentiment désagréable que cette impression d'impuissance face au phénomène. Les cas de foudre sur les voiliers sont rares, et les bateaux en métal offrent une bonne protection, car le mât et la coque font un effet paratonnerre, mais encore faut-il ne pas toucher la structure métallique au mauvais moment.

Un autre jour, le vent se lève contre nous. Le baromètre remonte vite, trop vite. Dans ces contrées, aux confins du Brésil et de l'Uruguay, et jusqu'en Argentine, une forte hausse du baromètre indique souvent le passage d'un front dit « froid » et un solide vent de sud ou sud-est : c'est la *sudestada.* La mer est hachée le long de la côte. Nous progressons à grand-peine. Le bateau et les hommes luttent contre les vagues et le vent. En début de quart, j'aperçois entre deux eaux une forme étrange, semblable à une tortue marine. À la réflexion, ce doit plutôt être un morceau de tronc d'arbre. Une heure et deux changements de cap plus tard, la forme réapparaît. La tortue, car c'en est une, plonge à l'approche de *La Volta.* Est-ce celle de tout à l'heure ? Irions-nous à la vitesse de la tortue, marine soit, mais tout de même ? En tout cas, j'ai cru l'entendre ricaner en constatant notre progression laborieuse ! Nous prenons conscience que notre bateau, par ailleurs plein de qualités, n'est pas expert en remontée contre le vent. Le Romanée existe en deux versions. *La Volta* possède une quille longue, donc peu profonde. Plus sûr en cas de rencontre de mauvais temps ; moins efficace lorsqu'il s'agit de progresser face au vent.

Lors de mon quart du soir, je suis rasséréné par un spectacle fabuleux. Les flots sont agités, les vagues argentées par la lumière du crépuscule. Quelques nuages de forme cotonneuse filtrent les rayons du soleil et projettent leurs ombres sur l'eau, dans un jeu de clairs-obscurs aux forts contrastes. C'est alors qu'ils arrivent. Des centaines de dauphins de toute taille rejoignent *La Volta*, l'accompagnent et tournent autour, en exécutant force bonds et cabrioles. La joyeuse troupe se joue des vagues bien formées ; les cétacés se projettent au-dessus d'elles, puis replongent pour de nouvelles accélérations. La surface de l'eau est couverte de leurs corps gracieux et des éclaboussures qu'ils provoquent. L'état de la mer s'en trouve chamboulé. Je ne sais plus où donner du regard. J'en ai des frissons de joie. L'océan est en fête !

La nuit tombe, une partie d'entre eux prolonge le plaisir. Dans l'obscurité, et avec la complicité du plancton phosphorescent, les dauphins ressemblent à des fusées lumineuses, à des torches vivantes balayant la mer.

Le vent se calme. Nous reprenons notre progression vers le sud, salués par une troupe de globicéphales, après avoir peiné plus de vingt-quatre heures contre les éléments. Comme pour se faire pardonner ses mauvais traitements, la nature nous a proposé une heureuse observation de la faune aquatique, lors de ce séjour prolongé sur le trente-troisième parallèle. Nous passons la frontière entre le Brésil et l'Uruguay. Cela commence à sentir le Río de la Plata et Buenos Aires. Il doit nous rester environ trois jours de mer. Le baromètre n'a jamais été aussi haut depuis les îles Canaries, il y a bien longtemps. Nous voici en territoire linguistique hispanique, et je redouble d'assiduité à mes cours de langue. Depuis Salvador, mes leçons quotidiennes ont repris, cette fois en espagnol, ou plutôt en *castellano* (castillan) comme disent les Latino-Américains. À Nantes, au cours des mois précédant le départ, j'avais utilisé les services d'un professeur pour réviser les rudiments acquis lors de précédents voyages et progresser. Je constate avec satisfaction que cela revient vite. Le passage du portugais à l'espagnol, idiomes cousins, nécessite deux ou trois jours d'adaptation. Je ne suis certes pas un expert ès langues ibériques, cependant je sais combien un niveau suffisant pour engager des conversations bouleverse la physionomie du voyage. Alors, vive le *castellano*!

La nuit, nous apercevons les lueurs des villes uruguayennes et celle du phare de Cabo Polonio. Ça avance maintenant confortablement. Le thermomètre, lui, est en baisse. Nous passons le trente-cinquième parallèle sud, à 5° de latitude des mythiques Quarantièmes rugissants, cette fameuse zone comprise entre 40° et 50° sud, où, paraît-il, les tempêtes abondent. La Paloma, Punta del Este, Montevideo, des noms de ports au parfum d'aventure, sont laissés de côté tandis que nous entrons dans l'estuaire le plus étendu du monde: le Río de la Plata. Nous sommes à l'embouchure des grands *rios* Paraná et Uruguay. Nous ne distinguons pas la berge sud, argentine, et à peine la berge nord, uruguayenne. Il y a entre 4 et 6 mètres de fond seulement. L'eau est marron des alluvions charriées depuis le cœur du continent. ph. 28

Enfant, j'étais passionné par la géographie de notre planète, fasciné par ces fleuves sud-américains qui battent tous les records du monde par la puissance de leurs flots, l'étendue de leurs bassins, de leurs deltas, de leurs estuaires. Nous y voilà.

Dans l'estuaire, gare aux bancs de sable! Nos cartes sont périmées, et les hauts-fonds sablonneux peuvent se déplacer significativement. D'autre part, de nombreux troncs d'arbre sont à la dérive. Par prudence, nous affalons le spinnaker et réduisons l'allure. Nous devrions arriver demain. Le baromètre est en baisse, et des éclairs déchirent le ciel de l'horizon sud-ouest. Le *pampero* est un autre vent de ces contrées, qui se caractérise exactement par ce que nous venons d'observer. C'est le cousin de la *sudestada* déjà nommée ; il est associé, quant à lui, à un front dit « chaud », venu de Patagonie. Ce vent est célèbre pour avoir couché et coulé de nombreux grands voiliers à l'époque de la marine à voile, son caractère subit ne laissant pas le temps aux gabiers de carguer les cacatois, les perroquets ou les huniers. Ce vocabulaire fleurant bon le passé veut dire que les marins n'avaient pas le temps de rentrer leurs nombreuses voiles. Sous l'effet soudain d'une gîte importante, c'est-à-dire de la tendance du navire surtoilé à pencher exagérément, le lest ripait dans les cales et le bateau, déséquilibré, sombrait. Ayant cela à l'esprit, nous nous méfions donc d'un éventuel coup de *pampero*, et nous inquiétons du baromètre qui n'arrête pas de descendre, à quelques milles de Buenos Aires. Nous entrons dans le chenal d'approche de la ville : de nombreuses bouées lumineuses rouges et vertes tracent le chemin en direction du port et l'un des cargos qui l'empruntent nous double de près. Nous arrivons enfin sans encombre, le 2 novembre à 11 heures du matin, dans le bassin du très sélect Yacht-Club Argentino de Buenos Aires, capitale de l'Argentine et l'une des plus grandes villes d'Amérique de Sud. Nous avons parcouru depuis Salvador environ 1 900 milles à 4 nœuds de moyenne, sans compter les trois escales dont aucune n'était prévue à l'origine.

Une fois amarrés, nous nous regardons. L'étape où théoriquement les effets d'El Niño se font le plus sentir s'achève. Thierry va rentrer en France quelque temps afin de retrouver sa famille. Quant à moi, je vais découvrir la ville et peut-être ses environs, bricoler sur le bateau, déambuler comme j'aime le faire dans les quartiers de la grande cité inconnue.

– Après tout, c'était peut-être l'étape la plus dure.

– Nous verrons bien.

Il n'est évidemment plus d'actualité de se poser des questions au sujet de la poursuite vers le Sud. Le processus de maturation est achevé. Et pourtant… Je me souviens de mes appréhensions quelque huit mois auparavant, tandis qu'étendu sur un lit d'hôpital, à Nantes, je me remettais d'une endocardite. Une affection cardiaque qui, heureusement, se soigne bien si elle est détectée à temps. J'en étais quitte pour rester trois semaines sous perfusion. C'était la première fois dans mon existence qu'un séjour de cette durée dans un hôpital m'était imposé. Inquiet d'une éventuelle remise en cause du voyage, ou au moins de ses premières étapes, je sollicitai l'avis des médecins. L'un d'eux trouva les mots justes : « Quand on part pour un tel voyage, c'est sans doute que l'on accepte une certaine prise de risque. »

Une bonne réserve d'antibiotiques à bord pourrait donc, le cas échéant, permettre de maîtriser une rechute éventuelle jusqu'à l'arrivée dans un port. Convalescent, j'allai me reposer paisiblement chez ma mère, en Haute-Savoie. J'avais besoin d'activité et décidai de tondre la pelouse. Pauvre de moi, la tonte à peine commencée, je fourrai mes doigts sous la tondeuse pour enlever de l'herbe. La lame qui tournait trouva en mon index et mon majeur infortunés deux victimes de choix. Poussant un cri, je pris mes doigts pendouillants dans l'autre main et courus vers la maison. Ma mère n'est pas de celles qui se laissent impressionner par la vue du sang : elle mit ma main dans de la glace et appela les secours. Mes doigts étaient entaillés sur une bonne moitié de leur diamètre.

Sitôt que je suis arrivé à l'hôpital, une infirmière lava mes plaies et s'occupa des premiers soins. Mon visage pâlissait.

– Ça va ?

– Oui, ça va, crânai-je. Je commençais à tourner de l'œil.

– Vous êtes sûr ?

J'en fus quitte pour une perte de sensibilité sans conséquence au niveau du majeur. Je m'en sortais bien. C'était la première fois que je me cassais quelque chose. J'ai tendance à penser que ces deux ennuis de santé n'étaient pas complètement dus à un enchaînement fortuit d'événements défavorables. Mon état psychologique m'avait peut-être joué des tours. Pendant cette période, je fus un peu dépassé par la tournure que prenait notre projet de voyage. Nous partions vers un objectif difficile en en parlant comme si cela était déjà chose faite. Certes, nous avions une expérience nautique importante, mais nous manquions de références en ce qui concerne le gros temps. Avions-nous réellement l'aptitude que notre ambition requérait ?

Rétabli, je téléphonai à Thierry: « Je pense que notre approche serait plus saine si elle s'exprimait ainsi: nous allons, au fur et à mesure du voyage, asseoir notre assurance et mesurer nos capacités à aller plus loin. *A priori*, les conditions climatiques que l'on peut rencontrer jusqu'à Buenos Aires doivent être dans nos cordes. Pour la suite, cela dépendra de notre degré de mûrissement. Je ne peux garantir maintenant que je me sentirai capable d'aller au-delà. D'autre part, je ne crois pas que mes récents soucis de santé aient été uniquement le fruit du hasard. »

Thierry, plus fonceur que moi, comprit néanmoins tout à fait mon point de vue. Il suggéra l'hypothèse, au-delà du Río de la Plata, d'embarquer sur un voilier plus aguerri, qui descendrait vers la Terre de Feu depuis l'un des ports du nord de l'Argentine, escales habituelles des voiliers en partance pour la Patagonie. J'allais beaucoup mieux.

Nous voici donc à Buenos Aires. Et *La Volta* ira plus loin. En l'absence de mon équipier, ma vie portuaire s'organise. Nous avons amarré le bateau à Puerto Madero, nouvelle marina ultrachic en plein centre. Il a été convenu que nous pourrions rester trois semaines gratuitement. Cette tradition typiquement sud-américaine d'hospitalité va battre de l'aile. *La Volta* ne fait pas bonne figure à côté de ses congénères beaucoup plus rutilants qui sortent le dimanche pour régater dans le Río. Lorsque j'ai fait sécher mon linge sur les filières, le chef du port n'a pas pu le supporter. La vue de mes jeans usés et de mes sous-vêtements flottant au bon vent du printemps austral a dû lui déplaire. Il me faut changer d'adresse.

En prospectant dans la région, je trouve en amont du Río un *Clube nautico* plus tolérant: c'est celui de San Isidro. L'endroit est fréquenté par d'autres adeptes de la croisière au long cours. Il s'agit donc de faire une navigation de 8 milles, en solitaire mais sans difficulté apparente, pour aller amarrer *La Volta* dans un port plus digne d'elle. Je calcule l'heure de mon départ de manière à naviguer en deuxième partie de marée montante pour que le courant me soit favorable et arriver à marée haute. À marée basse, il n'y a pas assez de fond pour le bateau dans cette partie du Río de la Plata.

Le vent, venant de terre, est vigoureux et soulève de courtes vagues. Néanmoins *La Volta* progresse. Ma tranquillité est toutefois perturbée par la vue du sondeur, qui m'indique une hauteur d'eau moins importante que prévue. Mon calcul de marée est pourtant formel : l'eau monte jusqu'à 18 heures 46, dans une heure. Tout va bien. Pourquoi me sens-je un peu soucieux ?

Cette fois, je suis franchement préoccupé. Le sondeur est passé progressivement de 3 mètres à 2,5 mètres, puis 2 mètres. *La Volta* à un tirant d'eau de 1,6 mètre, c'est-à-dire qu'elle n'a plus que 40 centimètres sous sa quille. Les fonds sont de vase, cependant le court clapot qui anime le Río pourrait rendre difficile un échouage éventuel. Cette hypothèse, inconcevable il y a une heure, est maintenant une certitude : l'eau baisse et le bateau va bientôt toucher le fond. J'appelle alors en VHF le club nautique de San Isidro. L'un de ses membres m'oriente vers un chenal qui n'est plus entretenu mais où il y a plus de profondeur qu'ailleurs. Une *lancha* – barque à moteur – est envoyée pour me guider. Hélas, ce maudit sondeur n'en a cure : 1,9 mètre, 1,8, 1,7, 1,6… J'ai beau m'aider du moteur, la quille trace un sillon dans la vase, et le bateau finit par s'immobiliser. C'est fini. *La Volta* est échouée, à un misérable mille du *Clube nautico.* Le clapot a molli et le bateau n'est pas en situation inconfortable. Je jette l'ancre de façon à ne pas partir à la dérive quand le niveau sera remonté. Que s'est-il passé ?

La situation me rappelle une nuit sur l'île morbihannaise de Hoëdic, avant le voyage. *La Volta* était amarrée à une bouée dans le port, et nous étions partis à l'assaut des quatre estaminets de l'île. L'heure était avancée quand une femme surgit dans le troisième bistrot de notre tournée : « Tous les bateaux sont couchés dans le port ! Qui est Thierry ? Votre femme est affolée avec ses deux enfants dans les bras ! » Nous courûmes, tant bien que mal et peu fiers, vers le port. Les quatre bateaux amarrés sur notre bouée étaient échoués, penchant heureusement du même côté. Manifestement, la marée basse était plus basse que prévue. Nous disposons à bord de documents qui permettent de déterminer les hauteurs d'eau par rapport aux marées et à partir des sondes indiquées sur les cartes marines. Cette hauteur peut varier sensiblement suivant la pression atmosphérique, ou encore sous l'effet de vents soutenus et constants. Mon calcul de marée fut vérifié et déclaré correct. Alors erreur de sonde sur la carte ou phénomène naturel ?

Échoué dans la vase à la nuit tombée, un peu piteux, je me rappelle l'incident de Hoëdic. Ici, la situation paraît plus claire : le Río de la Plata est une vaste étendue d'eau avec peu de fond. Ce vent de sud-ouest musclé et prolongé a probablement poussé l'eau vers le large et vidé le Río dans la mer. Je me souviens également de certaines « marées du siècle » qui déçurent les observateurs car la direction du vent était contraire, et celui-ci freinait l'entrée de l'eau en baie du Mont-Saint-Michel où, comme ici, les fonds sont peu profonds. Le pilote de la *lancha* me confirme l'exactitude de mon hypothèse et promet de revenir me voir quand l'eau sera remontée, en principe en seconde partie de nuit, car le coup de *pampero* est passé. Le bateau ne devrait donc pas trop pencher, ce qui me permet d'envisager un petit somme serein.

De quoi ai-je l'air, moi le navigateur hauturier, la quille dans la vase ? Je relis un passage de *Trismus*[32] concernant ces parages : l'un de nos prédécesseurs et modèles, Patrick Van God, s'y était aussi échoué dans des circonstances analogues. Rassuré par le fait de savoir qu'un illustre marin avait connu semblable infortune, je vais dormir un peu en attendant que *La Volta* se remette à flot. À 4 heures du matin, le doux tangage des vagues me réveille. L'eau est de retour ! La *lancha* revient me guider jusqu'au port. Pour le remercier, j'offre un café au pilote avant de retourner sous ma couette. Le jour levé, j'apprécie le décor : un léger vent printanier fait frissonner les feuilles des arbres dans lesquels gazouillent des oiseaux. Cet environnement champêtre est aux antipodes des bassins de la capitale, bruyants et malodorants.

Mais j'aime aussi la ville. Je visite le centre, avec sa circulation incessante de voitures et de piétons. Le cœur de Buenos Aires ne diffère en rien d'une métropole européenne. Les cafés et restaurants sont pris d'assaut à l'heure du déjeuner, les gens se bousculent dans les rues piétonnes et sur les boulevards. Le quartier portuaire de La Boca est plus typique, un brin décadent. Le salaire des stars du club local de football, Boca Juniors, où évolua Diego Maradona, contraste avec le niveau économique des habitants, dont une forte proportion est immigrée.

---

32. Patrick Van God, *Trismus*, Arthaud, Paris, 1974.

Les maisons multicolores, qui ont fait la réputation du quartier, ont vu leurs couleurs passer avec le temps, à l'exception d'une rue préservée pour les touristes. Dans les bassins du port, dominés par deux ponts métalliques, des navires sommeillent et quelques épaves rouillent : une sorte de poésie désenchantée se dégage de l'ensemble.

Mon quartier de prédilection à Buenos Aires est San Telmo. C'est le coin des antiquaires. C'est aussi l'un des endroits préférés des noctambules, y compris des marins en goguette. On y croise de vieux amateurs de tango allant assister à des spectacles désuets, animés par des chanteurs bruns et romantiques, légèrement fanés, à l'image de la rose qu'ils portent à la boutonnière. D'autres, plus jeunes, forment la relève pour que continue à vivre le tango. De nombreux cours sont proposés dans les bars ou dans des salles de spectacle. Peu avant le départ de Thierry pour la France, alors que nous déambulions tous deux dans les rues, une pointe de *saudade* nous prit lorsque nous vîmes l'enseigne du Flor do Brasil. Nous fûmes surpris par l'ambiance : quelques jeunes sagement alignés se préparaient à leur cours de lambada. Le barman proposa de nous y intégrer. Nous nous interrogeâmes brièvement et la décision s'imposa :

– Pour le tango, on verra plus tard, suggéra Thierry.

– D'ailleurs, ils manquent de garçons, il faut bien rendre service.

Danser avec de jolies cavalières me paraissait une perspective agréable. Mes règles de bonne conduite européennes m'obligeaient à garder une certaine distance avec une partenaire inconnue, qui plus est dans un pays inconnu. La professeur me gronda en collant de force nos deux corps l'un contre l'autre : « Décontractez-vous ! Pour bien danser, c'est essentiel. » Soit, après tout l'exercice me plaisait. J'y ai pris tellement goût qu'une fois Thierry parti, je ne manquais pas un cours les semaines suivantes.

San Telmo me réserve d'autres atmosphères. J'atterris fortuitement dans une sorte de cabaret : les plafonds de la pièce voûtée sont couverts de lampions, l'espace est enfumé, la musique est démodée. Les hommes forment un ensemble bigarré où de petits individus à la peau jaune côtoient de grands blonds à l'accent slave. Les femmes sont fardées à souhait. J'interpelle une des serveuses du tripot :

– Bonne ambiance, cette nuit.

– Oui, il y a deux bateaux.

– Deux bateaux ?

– Des Philippins et des Russes. C'est pour ça qu'elles sont presque toutes venues.

– Qui ça ?

– Les filles, tiens. Bon, tu prends quelque chose ?

– Une bière. Vous êtes au courant de l'arrivée des cargos ?

– Regarde la feuille de la semaine, me répond-elle, en me tendant effectivement un planning prévisionnel des mouvements de bâtiments dans le port de commerce.

– Vous êtes rudement bien organisés !

– Bah, on se débrouille. Tiens, ta bière. Dis-moi, tu es plutôt beau gosse.

Cet établissement bénéficie sans doute de l'aide bienveillante des autorités portuaires. L'ambiance, d'aspect bon enfant, bat son plein. Les filles sont venues de La Boca et d'autres quartiers populaires pour satisfaire les marins de passage moyennant compensations pécuniaires. Beaucoup sont immigrées des pays pauvres avoisinants : Paraguay, Bolivie, Colombie. La plupart d'entre elles ont l'air de s'amuser. Parfois, l'expression amère d'un visage suggère de ne pas oublier qu'elles travaillent par nécessité.

La Volta me soustrait à ces ambiances nocturnes en réclamant certains aménagements avant le grand saut vers le cap Horn. De nombreux éléments sont nettoyés et graissés, les voiles raccommodées. Le tourmentin est doté d'une itague, c'est-à-dire d'un câble d'environ un mètre à sa base qui permettra de l'établir plus haut, ce qui, au dire des manuels de navigation, serait plus efficace dans la tempête. Je hisse la voile, de manière à faire quelques essais destinés à vérifier le chemin que doivent prendre les cordages entre les haubans, suivant différents réglages. Je préfère tâtonner au port par doux zéphyr plutôt qu'au milieu d'une mer déchaînée. Le régulateur est graissé, et pour lui je me procure non sans mal des tiges filetées de rechange.

D'autre part, nous désirons nous doter d'un *hard-top* : une capote en toile disposée au-dessus de la descente vers le carré. Cela permet de surveiller ce qui se passe dehors en étant relativement à l'abri des précipitations, des embruns et du vent, donc du froid. Sur les indications téléphoniques de notre fournisseur uruguayen, je me rends à la maison atelier de Lizzy, charmante jeune femme originaire du Danemark, établie avec son mari Hanibal dans la banlieue de Buenos Aires. Le café est bientôt sur la table du salon où je suis reçu. La première difficulté consiste à trouver le mot espagnol correspondant à l'objet de mes désirs. Je tente de lui expliquer avec force gesticulations que je souhaite une bâche qui va recouvrir l'entrée du bateau. Après plusieurs malentendus, Lizzy sort son catalogue et je déniche, entre la page des parasols et celle des toiles de tente, des photos de l'objet convoité : c'est une *chubasquera*. Lizzy et Hanibal interviendront plusieurs fois sur *La Volta* pour l'installer. Ils sont passionnés par les bateaux et la mer, et possèdent un voilier en bois. Ils deviennent des amis. Je suis invité chez eux à partager un somptueux *churrasco*, version argentine du barbecue, qui me rappelle avec délices que je suis au pays des gauchos et de la bonne viande. Lizzy me parle des quelques voiliers, la plupart français, qui font du charter dans la région d'Ushuaia. Je visite son atelier. En sus d'elle et de son mari, trois employés s'activent aux machines à coudre. Je souhaite de tout cœur à Lizzy, qui sait faire rimer commerce avec convivialité et même amitié, la réussite dans toutes ses entreprises, qu'elles soient professionnelles ou maritimes.

Je suis à la recherche de cartes marines. Nous en avons peu pour la côte patagonne, pas suffisamment à mon goût. Le manque de cartes de détail limite les escales possibles, ou les refuges en cas de coup de tabac. Les cartes coûtent cher. Je me renseigne de-ci de-là pour trouver des navigateurs qui pourraient me prêter les leurs, le temps d'une photocopie. Sans succès. Enfin, un magasin d'accastillage me donne le nom d'un Argentin, Toni, qui vit sur son bateau, non loin de San Isidro, et qui s'occupe d'une école de voile. C'est là que je le rencontre la première fois. Il est affairé, répond au téléphone en anglais ou en espagnol, me dit de patienter un peu, rappelle je ne sais qui. Pendant ce temps, j'observe du coin de l'œil sa jeune et jolie assistante. Comme elle ne me renvoie que des regards renfrognés, je me rabats vers les cartes marines accrochées aux murs. Elles montrent la Patagonie, et des sillages y sont tracés au crayon. Certains sont laborieux et repartent parfois en arrière sous l'effet d'un vent contraire. « Ce sont les routes suivies lors de mes deux voyages dans le Sud, me lance Toni entre deux coups de fil. Lors de celui-ci, comme tu peux le constater, trois coups de *pampero* nous ont fait fuir vers le nord. » Ça promet, me dis-je intérieurement. Enfin, il s'excuse, m'explique qu'il organise une course à la voile et me propose de venir à son bateau le lendemain soir. Il me signifie que l'entretien est clos en décrochant de nouveau son téléphone.

Ponctuel au rendez-vous, et muni d'une bouteille de côtes du Rhône, je monte à bord d'un voilier de 10 mètres environ situé non loin de *La Volta*, de l'autre côté du grillage qui délimite le club nautique. Toni est là, avec son voisin de ponton, et me montre le port improvisé – et gratuit – dans lequel nous sommes. Un bras du fleuve accueille une trentaine d'embarcations, dans un confort sommaire mais un décor agreste. Je m'engage dans la descente et observe l'intérieur du voilier : pas de cloisons, pas de fioritures, la coque en métal est apparente. Cependant, tout y est : le lit, la cuisine, la table à cartes, la bibliothèque. « J'ai fait ça moi-même. J'aime faire simple et aller à l'essentiel. Combien de bateaux ne partent pas car leurs propriétaires veulent trop bien faire et se perdent dans des bricolages interminables. Viens que je te montre mes cartes. » Toni me montre beaucoup plus encore : il me conseille les meilleurs mouillages, les meilleurs ports, me donne les coordonnées de ses amis tout au long des rives de la Patagonie argentine. Cet homme connaît parfaitement les côtes de son pays. Je prends fiévreusement des notes tout en sirotant un vin rouge argentin. « Tu dois savoir qu'au sud de Mar del Plata il n'y a plus de véritable de port de plaisance. Les possibilités de s'arrêter sont peu nombreuses, et souvent guère confortables. Les rares ports de pêche ou de commerce ne sont pas de bons abris pour nos voiliers. Leurs abords sont difficiles avec des bancs de sable et de forts courants de marée. Par ailleurs, le rivage offre peu d'échancrures bien fermées au voilier en quête d'un refuge. Toutefois, certains arrêts sont possibles. »

À la question, que je me pose depuis la préparation du voyage, de savoir à quelle distance des côtes il est préférable de naviguer, il répond : « À mon avis, il faut aller directement en Terre de Feu, par le large. Nombreux sont ceux qui rasent la côte par peur des coups de vent d'ouest, qui s'arrêtent à la moindre alerte météo et finissent par trouver une bonne excuse pour renoncer en gardant la tête haute. Il faut savoir ce que l'on veut et en assumer les risques. » Diable, en voilà un gaillard ! En attendant, les pizzas sont arrivées, deux bouteilles de vin sont terminées et la discussion se poursuit. Soudainement, Toni quitte le bateau sans raison apparente. C'est alors que je vois apparaître dans la descente une chaussure rouge à haut talon, suivie d'une autre, prolongées par une paire de jambes interminables galbées de bas noirs. Les deux chaussures poursuivent la descente de l'escalier, et la courbe des jambes semble ne jamais devoir s'arrêter, quand apparaît, rouge vif, le bas d'une jupe ou d'une robe. Avec le voisin de ponton, nous sommes ébahis. Le défilé se poursuit : c'est une robe, moulant bientôt un ventre puis une gorge rebondie. Cette vision, conjuguée aux effets du vin, développe en moi une certaine fébrilité. Bouche bée, un brin nerveux, accroché à mon siège, j'observe la suite. Un visage féminin apparaît enfin, le sourire au coin du rouge à lèvres. Toni, hilare, suit derrière : il est temps de laisser notre hôte vaquer à ses occupations. Celui-ci me confie ses cartes marines destinées à la photocopie, et nous nous éclipsons.

Toni est atypique dans le monde de la voile argentine, qui se définit plutôt par régate sur le Río de la Plata, ou parade de grands voiliers de l'école de l'armée, dont certains ravissent l'œil des promeneurs sur les quais de Buenos Aires. La course qu'il organise doit se faire l'année prochaine sur un parcours Buenos Aires – Le Cap. La mise en place d'un tel événement nautique est une première en Argentine. D'autant plus que cette course, à laquelle il compte participer, doit se faire en solitaire, ce qui n'est pas dans les habitudes et mentalités locales. L'exemple donné par Vito Dumas, fameux Argentin navigateur solitaire, n'a pas été suivi, sauf par une poignée d'originaux dont Toni fait partie, comme quelques-uns de ses acolytes dont il m'a fourni l'actuel port d'attache, et que nous pourrions bien croiser lors de notre descente vers le Sud. Vito Dumas est l'un des pionniers de la navigation au long cours sur les voiliers de plaisance. Il est le premier à avoir effectué le tour du monde en solitaire sur la « route impossible »[33], qui passe par les trois caps des mers du Sud et les latitudes tempétueuses. En 1942, il partit du Río de la Plata et y revint quatorze mois plus tard. Aujourd'hui son exploit ne serait pas homologué, car son parcours n'est pas passé par l'hémisphère Nord.

33. Vito Dumas, *La Route impossible*, Éditions maritimes et d'outre-mer, Rennes, 1991.

Cette même réserve fut émise à l'encontre de l'un des plus extraordinaires circumnavigateurs que l'océan ait jamais portés : l'Australien Jonathan Sanders, marin à mon sens trop méconnu, enchaîna deux tours du monde au départ de Fremantle. Lorsque, la seconde fois, il ne put franchir l'équateur, les esprits jaloux minimisèrent sa performance. Qu'à cela ne tienne ! Notre navigateur forcené repartit en 1986, pour trois tours consécutifs cette fois, sur le *Parry Endeavour*, son voilier de 14 mètres, seul, sans s'arrêter, sans assistance, en allant virer à chaque fois les rochers Saint-Paul dans l'Atlantique Nord, et en effectuant le premier de ses trois tours à l'envers, contre les vents dominants, pour « briser la monotonie ».

Quelques autres noms servent de référence aux voiliers de plaisance qui s'aventurent au large. Le Nord-Américain Joshua Slocum fut l'auteur du premier tour du monde en solitaire en 1898. Bernard Moitessier et Éric Tabarly sont certainement pour beaucoup dans le fait que le pays le plus largement représenté parmi les navigateurs au long cours soit la France. À bord de *La Volta*, nous avons une préférence pour Patrick Van God, cet attachant marin belge qui, lors de son premier voyage, laissa un sillage qui ressemble fort au nôtre, avant d'aller explorer les glaces antarctiques. Il a malheureusement disparu en mer.

J'ai aussi toujours porté beaucoup d'intérêt aux aventures des intrépides découvreurs de notre planète, et le Río de la Plata ne manque pas d'illustres visiteurs. Les premiers étaient ibériques et recherchaient un passage (le *paso*) au sud du continent américain nouvellement découvert pour rejoindre par l'est les Moluques, les fameuses îles aux épices situées dans l'archipel indonésien. Cet immense estuaire aurait pu laisser croire à la présence du fameux passage, mais au fur et à mesure de l'avancée des navires, les berges se rapprochèrent et l'eau fut de plus en plus douce. Le *paso* n'était pas ici. Déjà, en 1516, l'Espagnol Juan Diaz de Solis s'aventura dans les parages. L'infortuné capitaine fut mangé par les indigènes, avec une partie de ses compagnons.

En 1520, un autre navigateur constata également que cette avancée de l'eau vers l'ouest n'était que l'embouchure de fleuves : Magellan fut l'instigateur du premier tour du monde de l'histoire. Courageux et obstiné, ayant essuyé le refus du roi du Portugal, il était passé au service de l'Espagne, comme Christophe Colomb trois décennies auparavant. L'Espagne, à défaut d'avoir été l'initiatrice de la navigation au grand large, s'offrait la gloire d'avoir lancé les deux expéditions les plus illustres des grandes découvertes. Puisse le nom de notre voilier, *La Volta*, contribuer à rendre au Portugal la plus grande part du mérite qu'une lecture éclairée de l'histoire lui fait revenir. Magellan, constatant le caractère fluvial du Río de la Plata, décida de continuer vers le sud, là où personne ne s'était encore risqué, tandis que les températures chutaient et que le mécontentement gagnait les officiers et les équipages. Après de nombreuses déconvenues dans l'exploration des multiples échancrures de la côte, une mutinerie et un hivernage sur les côtes patagonnes, le cap des Vierges fut enfin atteint, à l'entrée du détroit long et sinueux qui allait porter le nom du chef de l'expédition, entre le continent et la Terre de Feu.

> *Le capitaine général dit qu'il y avait un détroit pour sortir et qu'il le savait bien pour l'avoir vu sur une carte marine du roi de Portugal, carte établie par un grand pilote et marinier nommé Martin Behaim.*

Cette phrase de la relation que nous a léguée le chroniqueur du voyage, le Lombard Antonio Pigafetta – qui eut la chance d'en revenir –, est controversée. Martin Behaim, de Nuremberg, était l'un des meilleurs cartographes de son temps, et travaillait à Lisbonne pour le roi. Le cap des Vierges était-il dessiné sur sa carte secrète ? Des marins s'étaient-ils déjà avancés jusque-là ? Généralement, on pense plutôt que Magellan avait menti pour encourager ses hommes à aller plus loin. La côte tracée sur la fameuse carte de Martin Behaim se perdait probablement à peine plus au sud que le Río de la Plata. Après un mois de navigation dans le dédale du détroit, l'entrée dans la « mer Pacifique » récompensa l'obstination : le *paso* existait et était franchi. Des larmes de joie coulèrent sur les joues du découvreur.

Puis l'expédition, surprise par l'immense largeur de ce nouvel océan, manqua de vivres et le scorbut commença ses ravages. Après quatre mois de traversée, les navires atteignirent tant bien que mal l'île de Guam puis les Philippines, le 28 mars 1521. C'est là qu'un esclave malais – acheté par Magellan à Malacca des années auparavant – parvint à communiquer dans sa langue avec les indigènes : cela prouvait que le but du voyage, l'Asie, était enfin atteint. Il ne restait plus alors à l'esclave Henrique que quelques centaines de milles à parcourir pour être le premier homme à accomplir complètement le tour du monde. Son destin se perdit sur l'île philippine de Cebu, où il s'enfuit après la mort de son maître, tombé sous les flèches indigènes, dans l'île voisine de Mactan. L'escadre, affaiblie, se traîna pendant des mois dans le dédale des îles de l'Asie du Sud-Est avant de parvenir à rejoindre les Moluques. La *Victoria*, délabrée mais chargée d'épices, retrouva, après bien des vicissitudes, l'océan Atlantique. À bout de vivres, elle fut forcée de faire escale aux îles portugaises du Cap-Vert. Les Espagnols purent faire discrètement quelques chargements d'eau et de nourriture, en taisant leur provenance (l'océan Indien était chasse gardée des Portugais). Des indiscrétions les firent déguerpir, en abandonnant quelques hommes à terre, avec plusieurs navires à leurs trousses. L'escale permit, à l'étonnement général, de constater le décalage horaire d'une journée qu'ils avaient accumulé lors de leur long parcours vers l'ouest. Finalement le voilier rescapé atteignit la baie de Sanlúcar et le Guadalquivir le 6 septembre 1522, puis Séville le surlendemain, avec à sa tête Juan Sebastián de Elcano. Ce Basque avait été gracié lors de la mutinerie patagonne car il fallait garder des hommes expérimentés. Seuls dix-huit marins, plus morts que vifs, se trouvaient à bord. L'expédition était partie trois ans plus tôt et était alors composée de deux cent trente-sept hommes répartis sur cinq navires.

Aujourd'hui, comme au temps de Magellan, le Río de la Plata marque toujours une limite au-delà de laquelle on bascule d'un monde balisé et rassurant vers un autre plus rude, plus mystérieux, plus excitant. Nous sommes prêts à y pénétrer nous aussi.

Sur les bords du Río, à Buenos Aires, j'ai l'occasion de rencontrer une famille de Français qui y est installée. Le mari occupe un poste important dans la filiale argentine d'une société française d'agroalimentaire. Après plusieurs tentatives de rencontre infructueuses, car son métier est prenant, je suis enfin invité chez eux à partager un repas. Je visite leur maison, l'apéritif est servi au bord de la piscine. Ils sont sympathiques et avenants. Nous parlons de nos activités respectives, de tracas professionnels, immobiliers. Je retrouve des sujets de conversation que je n'avais pas eus depuis des mois. Nous passons à table, où le repas est excellent. Je les invite à venir visiter *La Volta.* « Tu as raison, avec ton bateau. Moi, sitôt que je peux, je prends un congé comme toi », dit-il, sous le regard dubitatif de sa femme.

Je crois qu'un tel projet, pour qu'il se réalise, doit être autant le fruit d'une volonté profonde que celui de circonstances favorables. Je pense qu'une fois la décision prise il faut tenter d'atteindre son but par les chemins les plus directs. Combien de bateaux sont restés à quai, à cause d'une préparation trop longue, le chef de bord s'attachant à des détails et non à l'essentiel, c'est-à-dire partir ! Imaginer un beau voyage – ou construire un beau bateau – est une chose, et peut être une fin en soi, mais la volonté réelle du départ en est une autre. Il est doux à certains de se complaire dans un rêve plutôt que de le réaliser. Pourquoi pas ? Pour moi, un projet n'en est pas véritablement un sans que sa réalisation ne devienne, sauf imprévu, une certitude. Sinon, celui-ci n'est qu'un vague désir parce que l'envie n'est pas assez forte, ou un rêve parce que sa réalisation est impossible.

Thierry est de retour. Nous voici parvenus, après une longue ph. 29
marche d'approche, au pied de l'obstacle. Nous sommes prêts à le franchir. Les circonstances nous ont été favorables à un moment donné : nous étions tous deux disponibles et nous avions, à deux, le budget nécessaire. Notre volonté était suffisamment forte pour prendre le relais. Le rêve pouvait devenir réalité.

CAP HORN

BUENOS AIRES - USHUAIA

Nous accostons sur le ponton du bassin réservé aux embarcations de plaisance, caché dans un recoin du dernier grand port avant la Patagonie : Mar del Plata. Il est 3 heures 30 du matin ce mardi 2 décembre. Nous sommes déjà en escale, après seulement deux jours et demi de mer depuis notre départ du Río de la Plata. Dans la nuit, nous avons eu du mal à distinguer l'entrée de ce bassin, qui nous apparaissait comme un dédale de quais aux contours incertains, sensiblement différents de ceux indiqués sur notre vieille carte. Pendant qu'un trafic inattendu de bateaux de pêche dans l'avant-port détournait notre esprit du repérage nocturne des phares des jetées, les importunes et trop envahissantes lumières de la ville jouaient à une déroutante partie de cache-cache avec celles du port, dont le but semblait être d'achever de nous désorienter. Finalement, nous pûmes identifier les contours d'un môle récent, dont notre carte à l'ancienneté coupable avait omis le dessin.

Cette escale prématurée est nécessaire. Encore une fois, ph. 30
nous avons besoin de nous éloigner de ce qui nous retient à terre, par une sorte de faux départ, de prologue à la grande étape qui s'annonce, pour prendre le temps d'en prendre conscience. Alors seulement, nos idées remises en place, le vrai départ survient. Cela m'évoque l'escale d'Ilhéus, peu après Salvador. Nous étions passés brutalement d'une ambiance de grande ville, avec ses excès, son agressivité, ses plaisirs, à l'atmosphère plus sobre de la

vie à bord. Nous avions également eu besoin d'un temps d'adaptation, non par manque d'enthousiasme pour l'étape à venir, mais pour recentrer nos esprits sur la mer.

Au sortir du Río de la Plata, de semblables circonstances se sont reproduites, amplifiées chez mon coéquipier par son récent séjour familial en Haute-Savoie, dont les bons repas à base de diverses préparations de fromages fondus contrastent avec la nourriture plus simple du bord. D'ailleurs, son estomac a du mal à s'en remettre. Thierry est malade. De ce mal de mer un peu particulier, plus dû à des maux qui se nomment nostalgie ou coup de blues qu'au tangage ou au roulis. Le voilà terrassé par la *saudade.* Il est rare de le voir en bateau régurgiter tripes et boyaux. Cette fois, il lui a fallu de la volonté pour assurer ses quarts, dans l'état de faiblesse auquel il était réduit. Décidément, l'escale est nécessaire.

Alors que le petit jour éclaircit les pontons du port, j'émerge mollement d'un sommeil court mais profond. La douce somnolence des aurores est propice aux vagabondages de l'esprit... Il ne faudrait pas que mon coéquipier soit de nouveau indisposé à l'avenir... Les possibilités d'arrêt deviennent limitées sur la route à suivre... Je ne souhaite pas me retrouver seul de quart dans les Quarantièmes rugissants... Thierry aura sans doute retrouvé la forme ce matin... Je ne pense pas que son mal revienne, une fois l'étape lancée... Nous devrions pouvoir repartir rapidement...

Je me remémore les dernières journées passées et me réconforte en pensant que le mal de mer de Thierry est psychologique et provisoire. Depuis Buenos Aires, nous n'avons pas eu de conditions qui puissent réellement l'expliquer. Par contre, je le sentais encore un peu ailleurs, peut-être pas loin de ses deux petites filles, lors des derniers préparatifs de départ. Ces préparatifs nous conduisent à Colonia, en Uruguay. Les 35 milles qui séparent cette bourgade du club nautique de San Isidro furent rondement avalés, car nous étions poussés par une brise musclée. La principale difficulté fut d'éviter les nombreuses épaves venues parsemer le Río de la Plata au fil des années, la plupart heureusement marquées de bouées signalant leur présence. Le sommet d'un mât non encore balisé nous apparut au dernier moment, témoin d'un naufrage récent venu grossir l'impressionnante jonchée des épaves de l'estuaire. Des questions sans réponse sur l'histoire de ces navires et sur le devenir de leurs marins vinrent planer sur *La Volta*...

Durant notre séjour dans la localité uruguayenne, deux jours entiers furent consacrés à des tâches domestiques consistant à vidanger le moteur, à faire quelques reprises sur les voiles, ph. 18
à charger et installer le matériel commandé un mois plus tôt. Nous prîmes possession d'une ancre supplémentaire, de façon à pouvoir disposer de deux sur la même chaîne, écartées l'une de l'autre : en terme plus technique nous désirons empenneler. Nous souhaitons avoir confiance dans notre mouillage même s'il doit être utilisé dans des conditions de vent ou de mer difficiles. Il est particulièrement agréable d'être sûr de l'ancrage, ce qui permet aux occupants du navire de vaquer à leurs occupations en toute sérénité, plutôt que d'avoir le souci permanent d'un éventuel dérapage. Suivant les conseils d'anciens habitués de la fréquentation des canaux de Patagonie, nous nous dotâmes aussi de deux longues amarres sur rouleaux, l'une de 50, l'autre de 100 mètres, ce qui permet de s'amarrer à terre, en particulier sur des arbres. Enfin, nous pensâmes à nous équiper pour le froid qui peut être vif à proximité des calottes glaciaires de la Terre de Feu, même pendant l'été austral. Nous ne prévoyons pas de températures négatives, mais un bon duvet et des sous-vêtements chauds ne seront pas de trop, en navigation ou en escale.

Ces journées furent occupées par les formalités administratives, puisque nous devions signaler aux différentes autorités notre entrée dans le pays, puis peu après notre sortie. Nous en profitâmes pour mettre au point notre itinéraire de retour. Thierry, lors de son séjour en France, avait rencontré un météorologue, un collègue de Pierre. En outre, plusieurs de nos adhérents avaient répondu à notre appel à l'information concernant El Niño. Leurs renseignements avaient confirmé que le phénomène serait très actif sur l'océan Pacifique, où les vents et courants portants seraient absents voire inversés, donc défavorables, et où des pluies diluviennes seraient à prévoir du côté du Pérou[34]. Cette année, El Niño est annoncé comme étant le plus fort jamais observé.

Après avoir étudié toutes les données, nous décidâmes de renoncer au tour de l'Amérique du Sud et de remonter par l'Atlantique, *via* le Brésil et les Açores. Au nord, nous abandonnâmes l'option Terre-Neuve, trop lointaine géographiquement.

---

34. Voir l'annexe : « El Niño ».

Au sud, nous prévîmes d'embouquer le détroit de Magellan, puis de faire le tour de la Terre de Feu en passant le cap Horn dans le sens des vents dominants, d'ouest en est. Nous ne ressentons pas ces changements par rapport à notre projet initial comme une déception, encore moins comme un échec. Nous nous adaptons aux conditions particulières du climat de cette année. Notre objectif principal n'est pas remis en cause, et les escales qui nous attendent sur le chemin du retour nous paraissent tout à fait dignes d'intérêt.

Les idées en place et *La Volta* parée, nous larguâmes les amarres de notre bouée de Colonia pour aller affronter le Grand Sud. Le temps était pluvieux et le vent capricieux. Nos esprits pas encore amarinés avaient laissé le bateau rangé comme s'il était à quai et de nombreux objets n'étaient pas correctement calés, prêts à bondir hors de leur place à la première occasion donnée par les flots. Du reste, la cocotte-minute nous rappela ainsi à l'ordre en effectuant au passage d'une vague traîtresse une triple pirouette : la figure était belle mais la réception un peu brutale.

Au deuxième jour, Thierry commençant à être patraque, nous avions cherché un mouillage sur la côte. D'après les documents nautiques, il devait être possible de jeter l'ancre dans un recoin sableux du rivage. Cependant, à l'approche du lieu de notre halte espérée, des vagues déferlantes nous signalèrent les hauts-fonds que nous avions mal repérés. Décidément, nous n'y étions pas vraiment ! Nous résolûmes de poursuivre notre route jusqu'à Mar del Plata. Avec un équipage ramolli, un baromètre en légère baisse et le vent de face, *La Volta* progressait faiblement. Enfin, la lueur de la ville apparut au cours de la troisième nuit.

Ce matin, sous ma couette, j'entends Thierry, gaillard, qui gesticule déjà et s'affaire à la préparation du petit-déjeuner : « Nous avons encore 1 000 milles à faire pour le détroit de Magellan, je propose que l'on parte à midi », me lance-t-il alors que j'entrouvre la porte de ma cabine pour mieux humer l'odeur du café. Le baromètre est en baisse et je m'en vais aux nouvelles des prévisions du temps. Notre voisin de ponton, un Allemand aussi robuste que son bateau, est en pleins préparatifs de départ pour le Sud. Hank possède un récepteur de cartes météo à bord de son imposant voilier *Sarah von Verweck*, que nous rebaptisons aussitôt du surnom plus approprié de « tank ». Il m'invite à venir consulter la carte du jour. Je monte à bord pour examiner le document strié d'isobares et de fronts, que vient d'imprimer l'appareil magique. Le capitaine annonce son diagnostic : « Ces cartes émises par la météo chilienne sont fiables. Au vu de la lecture de celle-ci, vous devriez rencontrer quelques petites difficultés au départ, puis cela paraît plus dégagé. » Nous remarquons également une dépression très creuse dans les parages du Horn. Nous savons que certaines peuvent remonter vers le nord le long des côtes patagonnes. Notre voisin ne pense pas que celle-ci suive cette trajectoire. Espérons-le.

Hank part pour une nouvelle saison faire du charter en Terre de Feu et en Antarctique. C'est un ancien du Sud. Il n'hésite pas à utiliser son puissant moteur pour avancer, même contre un vent violent. Son tank paraît en effet indestructible. Toutefois, il suggère de la prudence : « Évitez de naviguer trop au large des côtes, à 200 milles le vent peut être vraiment méchant. » Il nous conseille de ne pas prendre au pied de la lettre les prévisions de la météo argentine, qui a la réputation d'être peu fiable.

Dans l'optique du départ, nous décidons d'expédier les formalités administratives. C'est sans compter sur les autorités de Mar del Plata, qui semblent vouloir arracher la palme à leurs collègues de Salvador au Brésil. Pour nous faciliter les choses, il est prévu que le *Clube nautico* nous fournisse les documents. L'un de ceux-ci est à remplir en sept exemplaires et à distribuer dans différents bureaux. Comme nous le craignons, la fourniture de papier carbone ne fait pas partie des préoccupations de nos interlocuteurs. Va donc pour une séance d'écriture. Puis il nous faut visiter, et cela dans un ordre obligatoire, la *Prefectura naval* pour l'immigration, le médecin, les douanes et la police. Oui, un médecin. En guise de consultation, celui-ci nous donne à remplir un formulaire visiblement issu de nombreuses photocopies successives et dont la conception a dû être réalisée il y a fort longtemps. Nous remplissons scrupuleusement le papier, non sans étouffer quelques fous rires naissants, et cochons consciencieusement la case *« No »* à toutes les questions. Entre autres questions pertinentes, on nous demande si nous avons la peste ou le choléra à bord, des rats dans la cale, ou des maladies vénériennes.

Dans le dernier bureau, alors que nous avons distribué la totalité de nos documents lors de nos pérégrinations dans le dédale administratif, notre interlocutrice nous en réclame encore un exemplaire. Devant nos mines déconfites, l'employée nous en dispense et nous libère de notre stupeur et de nos démarches. Je serais curieux de savoir ce que deviendront les sept exemplaires que nous avons dû distribuer.

Nous sommes en règle en fin de matinée. Thierry, qui va mieux, est prêt à repartir dans le coup de vent maniable qui s'annonce. Les amarres sont larguées à midi. Heureux présage, un phoque salue notre grand départ pour le Sud. Il pleut et le vent est modéré et portant. À 21 heures, le vent tombe complètement et la mer est plate. Le baromètre continue sa lente descente. Deux heures plus tard, le vent souffle de l'ouest-sud-ouest, défavorable, force 6 puis 7. Voici *La Volta* de nouveau sous trois ris, pour la deuxième fois depuis le début du voyage. La mer reste maniable, n'ayant que peu de temps pour se former, car le vent vient de terre. Néanmoins *La Volta* progresse avec difficulté contre ce *pampero.*

La nuit est agitée, le baromètre continue de descendre, et nous approchons le lendemain du port de Quequén, dans lequel nous songeons à nous abriter. Nous appelons en VHF la *Prefectura naval*, qui nous annonce une prévision de vent de force 5 pour les prochaines vingt-quatre heures et nous apprend que le port est fermé. Il n'y a pourtant pas d'écluse. Quelle est cette nouvelle curiosité sud-américaine ? L'explication nous en est donnée : une barre sablonneuse formée par les courants prolonge la digue d'entrée, et par ce secteur et cette force de vent, des lames de 3 mètres déferlent dessus. Dans ces conditions, mieux vaut rester en mer. Le vent forcit et le baromètre baisse encore. « Quelques petites difficultés », avait dit Hank. « Force 5 », avait dit la *Prefectura.* Le tourmentin est mis à poste, pour la deuxième fois du voyage.

Durant les quarts, nous nous abritons sous la *chubasquera* de Lizzy. Contre le vent, elle nous protège efficacement de la pluie et des embruns. Le gain en confort est tel que nous n'y résistons pas. Par contre, à l'abri de la toile, nous perdons le contact direct avec les éléments, et les variations de conditions atmosphériques nous sont moins sensibles. Nous estimons maintenant le vent à force 8. Nous décidons de nous mettre à la cape, de façon à ce que le bateau souffre moins contre les vagues. Dans cette position, nous ne progressons plus mais nous pouvons souffler un peu. Nous dérivons doucement vers l'est pendant la nuit, accompagnés de dauphins qui jouent autour du bateau, dans des vagues de plus en plus grosses. Comme si c'était le moment de s'amuser ! Notre éolienne mugit dans les rafales, ce qui maintient nos batteries chargées à bloc et fait résonner la coque en aluminium et les parois de ma cabine située juste en dessous. Dans ces conditions, je préfère dormir dans l'une des couchettes du carré. À chaque prise de quart, on ne peut que constater que le spectacle donné à l'extérieur ne change pas : les embruns fouettent le pont de la proue à la poupe. Et vive la *chubasquera* !

Au petit matin, le vent a encore forci. Je consulte la carte. Notre dérive nocturne nous a rapprochés à moins de 60 milles de notre point de départ, ce qui me fait remarquer : « Avec force 9 par l'arrière, nous serions de retour à Mar del Plata dans huit ou neuf heures. » Nous nous regardons, hésitants. Depuis une trentaine d'heures, nous n'avons pratiquement pas progressé contre le vent. Le baromètre poursuit inéluctablement sa baisse, en pente douce et continue. Nous sommes bel et bien en face d'un méchant coup de *pampero*, qui semble vouloir se prolonger. La perspective, insidieuse, d'un amarrage confortable dans un abri sûr, d'une douche chaude et d'une sieste prolongée, à moins de dix heures de navigation, finit par s'immiscer dans nos esprits. Une fois la volte-face effectuée, nous nous retrouvons comme dans un jour nouveau : avec le vent portant, les embruns ne nous cinglent plus le visage, le bateau est plus à plat et nous avançons maintenant à vive allure en direction de notre point de départ. Les fonds étant peu profonds, les vagues sont relativement modérées et la mer reste maniable malgré la tempête. Lors d'un changement de quart, à peine installé à la barre, une courte et très violente bourrasque, telle une claque comme je n'en ai jamais reçu, me surprend par sa force subite, faisant rugir de plus belle l'éolienne. J'espère que ce n'est pas une rafale avant-coureuse d'un brutal renforcement du vent de fond, qui souffle déjà assez furieusement comme ça. Celui-ci doit approcher à présent la force 10 et nous décidons d'affaler complètement la grand-voile pour ne plus avancer qu'avec la seule aide du tourmentin. Ah, ça ne mollit pas ! Notre vitesse se maintient à 7 nœuds de moyenne et Mar del Plata devrait être atteinte bientôt. En fin de matinée, le baromètre se stabilise, le vent semble faire de même. Le soleil fait parfois son apparition, puis le vent tourne vers le sud, ce qui n'est pas sans me préoccuper : s'il tourne trop, les vagues vont changer progressivement de direction et risquent de déferler sur la barre d'entrée du port… qui pourrait se retrouver fermé, comme celui de Quequen. L'abri suivant dans ces conditions est le Río de la Plata, duquel nous sommes sortis il y a cinq jours.

La ville apparaît au loin. Nous prenons soin d'éviter un banc de rochers sur lequel les vagues se cognent les unes aux autres en lançant des gerbes d'écume, et distinguons enfin la digue du port. La barre qui la prolonge est finalement contournée et nous entrons à 14 heures, pour la deuxième fois en deux jours, dans le bassin de plaisance, où se trouve toujours le tank d'Hank. « *Hello boys !* Je savais que j'allais vous manquer », déclare-t-il, l'air amusé, en récupérant notre amarre. Notre conseiller météo d'outre-Rhin est en tee-shirt, sous le soleil dominant maintenant l'abri du port. Les cirés que nous portons ruissellent encore des embruns du dehors, et nos visages sont marqués par le sel. Nous remédions à l'anachronisme de notre allure en nous précipitant sous les bienfaisantes douches du *Clube nautico*.

La Patagonie s'est refusée à nous cette fois-ci, mais nous sommes fermement décidés à nous tenir prêts à repartir dès la prochaine bonne fenêtre météo. Alors gare aux tentations de l'escale, dans cette station balnéaire réputée pour ses nombreux divertissements. Quelques heures plus tard, accoudés au comptoir de La Mula et troublés par le charme latin des filles dont les yeux s'animent à mesure que les verres se vident : « On ferait mieux de rentrer, pas vrai ? » Malgré les œillades des *muchachas*, nous tournons le dos à la chaude ambiance de ce bar et rentrons au port, un brin frustrés mais fiers de notre sage comportement avant le départ, que nous espérons être le bon cette fois, pour le Grand Sud.

« It's now or never! » proclame Hank le lendemain matin, le regard rivé sur la carte météo du jour. En effet, il semble que ce soit maintenant ou jamais. La lecture de la carte nous indique un vent modéré et portant pour les jours à venir. Le tank est fin prêt et décanille dans l'heure qui suit, salué par le souffle généreux de Thierry dans notre conque du Cap-Vert, promue pour l'occasion

corne de brume. À 18 heures, c'est notre tour. Un des phoques fréquentant les bassins de Mar del Plata salue notre grand départ pour le Sud, ce que j'interprète derechef comme un présage favorable. La nuit est calme et pluvieuse. Je pense à l'ambiance de La Mula, où nous avons promis de repasser dans quelques mois auréolés du nouveau statut de cap-horniers.

Nous sommes déjà dans le secteur du coup de vent subi trois jours auparavant. La journée s'annonce agréable, et les jours défilent paisiblement. Le 8 décembre, nous entrons en Patagonie. Le quarantième parallèle a été franchi peu avant. Des Quarantièmes peu rugissants pour l'instant, plutôt chuchotants. Nous croisons de temps à autre des bateaux de pêche, avec lesquels nous entrons en communication par VHF pour faire un brin de causette et leur demander des nouvelles de la météo. Ainsi le *Don Vincente* nous annonce des vents *« moderados »*. ph. 31

Nous avons une confiance limitée dans les bulletins météo argentins. Nous voici dans une zone que nous ne connaissons pas, réputée difficile, et ceci sans véritable prévision du temps à notre disposition. C'est une démarche nouvelle dans mon expérience de marin. Cela change de nos navigations encadrées le long des côtes françaises, où nous avons des informations fréquentes et fiables dans l'ensemble, ce qui permet d'anticiper sur l'arrivée de conditions délicates. Quelquefois, ce saut dans l'inconnu me procure une sorte de vertige intérieur, entre appréhension et griserie. C'est un peu comme avancer à tâtons dans une maison sombre. Je compare notre situation à celle de pionniers descendant une rivière inexplorée en canoë, à l'affût de signes pouvant prévenir de l'imminence d'une chute d'eau. Je pense aussi aux marins téméraires témoins des grandes découvertes, qui voguaient vers un inconnu bien plus obscur que le nôtre. Nous nous trouvons dans un contexte nouveau, sans nos repères habituels. N'est-ce pas cela l'aventure ? Le terme a malheureusement été mille fois galvaudé. Où se niche l'aventure ? Le dictionnaire la définit comme un « événement imprévu, surprenant » ou comme une « entreprise hasardeuse ». Les termes « voyage », « découverte », « dépassement », « excitation », « risque », y sont souvent associés. Il n'est pas indispensable de voyager loin pour l'approcher : la psychanalyse, la méditation, la réflexion, la spiritualité sont autant d'aventures intérieures où l'on s'expose, où parfois l'on se met en danger pour progresser. Le voyage est propice à son développement, car c'est un terrain favorable où l'on peut facilement s'ouvrir à l'imprévu, où les règles qui régissent la vie ordinaire sont souvent battues en brèche et où des limites peuvent être franchies.

Chacun a sa propre définition. J'aime par exemple celle de Jean-Louis Étienne : « L'aventure, c'est inventer sa vie »[35]. Ce qui peut être aventure pour l'un ne le sera pas pour l'autre, car ce qui importe n'est pas tant ce que l'on fait, mais comment on le fait. L'aventure n'est pas forcément le fait d'un aventurier. Elle peut être subie ou voulue, être une parenthèse ou un mode de vie, et dans ce dernier cas, ceux ou celles qui en sont habités peuvent, d'après moi, être considérés comme des aventuriers ou aventurières. Une tentative de définir ce type de personnage me conduit à le cerner par élimination : il ne connaît pas à l'avance son parcours, n'a pas de billet ni de date de retour, encore moins d'assurance annulation ou rapatriement. Il ne prend pas de photos ni de films, n'a pas de « Guide du routard » ou de « Lonely Planet » en poche et n'a guère de vergogne à pousser la porte d'un lupanar, même à jeun. Il n'a pas fait qu'un seul métier dans sa vie, mais cent, et il ne se pose pas la question de savoir s'il est un aventurier ou non – il s'en fiche. Tous ces critères ne sont pas indispensables, mais tendent à brosser le portrait idéal à mes yeux. Cette réflexion achève de me convaincre que je n'en suis pas un.

Je considère en outre que les individus qui composent cette race d'hommes ou de femmes n'ont nul besoin d'en rajouter dans leurs discours ou d'inventer des péripéties pour impressionner leur auditoire ; ils ne proclament pas « j'ai *fait* le Guatemala et deux fois le Kenya », ne sont ni humbles ni fanfarons, et ne se définissent pas eux-mêmes comme aventuriers. Quant aux héros des émissions d'aventures de la télévision, leurs exploits sont trop souvent présentés avec force effets dramatiques et commentaires enthousiastes ou admiratifs parfois destinés à en cacher l'inconsistance. Certaines actions d'éclat, minutieusement préparées, organisées, soigneusement empaquetées pour être exhibées selon les normes médiatiques

---

35. *Le Pôle intérieur*, Hoëbeke, Paris, 1999.

sont-elles encore des aventures ? On peut se demander si l'aventure, d'une façon générale, fait bon ménage avec la notion d'organisation. La plupart des aventuriers sont inconnus car ils sont anonymes. On retrouve leur trace dans les livres, leur reflet dans les romans. Ils sont là, couchés sur le papier, imaginaires ou inspirés de personnages réels, décrits par Jack London, ou encore ces héros, authentiques ou inventés, fruits de la plume de Luis Sepúlveda. J'avoue un faible pour le Maqroll el Gaviero d'Álvaro Mutis, qui se rapproche dans mon imaginaire de l'archétype de l'aventurier.

Je ne suis certes pas un aventurier. Cependant, tandis que nous atteignons les latitudes patagonnes, j'ose ici m'exclamer : « Ça sent bon l'aventure ! »

S'il y a une partie du voyage où nous flirtons avec l'aventure, c'est bien lors de cette descente qui doit nous mener du quarantième au cinquante-sixième parallèle sud, alors que nous sommes privés des repères rassurants de bulletins météorologiques réguliers. Je revendique donc le fait de fréquenter l'aventure – cette prétention ne peut être issue de la bouche d'un aventurier –, ce qui ne m'empêche pas de regretter de temps à autre que nous n'ayons pas investi dans un récepteur de cartes météo. Cet appareil coûte assez cher, mais il nous aurait permis d'en savoir un peu plus sur ce qui nous attend. Il est en outre passionnant d'apprendre à lire ces cartes sur lesquelles sont dessinés les anticyclones, les dépressions, les fronts, et de comparer ses propres prévisions avec la réalité. En attendant, nous suivons notre petit bonhomme de chemin. Peu à peu, j'intègre le fait d'avancer sans garantie du temps, et cet état est parfois enivrant, d'autant plus que nous avons pris confiance au fil des coups de vent dans nos possibilités et dans celles du bateau. Notre situation de marin prend un nouveau tour, dont nous sortons grandis.

C'est aussi l'occasion de progresser en connaissances météorologiques avec les moyens du bord :

– Je te dis que c'est un altocumulus.

– C'est un altostratus. Compare avec la photo du livre. L'altocumulus est plus grumeleux. D'ailleurs, le baromètre a un peu baissé.

– Un degré en trois heures, il n'y a pas de quoi s'inquiéter. De toute façon, il faut poursuivre la route.

– D'accord. Passe un bon quart et fais attention aux stratus.

Cette descente des côtes argentines m'a toujours paru être le passage le plus délicat du voyage. Les *pilot charts* indiquent que dans le secteur et jusqu'au cap Horn, la moyenne des forces de vent est supérieure à celle que l'on peut rencontrer partout ailleurs sur notre parcours. D'autre part, les bons abris y sont rares, tandis que du côté du Horn, il est possible de jeter l'ancre dans de nombreuses anfractuosités de la côte en attendant des jours meilleurs. Faut-il privilégier une route plus longue qui longe la côte de près ou couper au plus court, par le large ? J'ai dégagé trois options possibles : 1) Suivre la route directe, donc éloignée des côtes dont le dessin général est incurvé. L'avantage est d'arriver probablement plus rapidement à destination, avec le risque de rencontrer des conditions extrêmes. 2) Longer de près les côtes, à environ 5 milles. Les tempêtes venant pratiquement toujours de l'ouest, la proximité du littoral de ce côté-ci de la rose des vents empêche la mer de trop se creuser. Or le danger vient plus souvent de l'état de la mer que de la force du vent, qui n'en est que l'un des paramètres. Il peut être alors possible d'attendre le long de la côte sans être entraîné au large par la violence des éléments. Si le rivage s'y prête, on peut y jeter l'ancre. Le trajet, qui suit les caprices du dessin de la côte, s'en trouve allongé et interdit de prendre d'autres options de route qui pourraient se révéler plus favorables par rapport à la météo du moment. En cas de *sudestada*, le voilier pourrait être mis en difficulté et poussé vers la côte. 3) Une option médiane, qui consiste à ne pas naviguer trop loin de la terre, sans en suivre tous les dessins, sans s'enfoncer dans les golfes de la côte. Cette option à l'avantage de garder la route sur le plateau continental, cette zone de moins de 200 mètres de fond, qui est très large le long de l'Argentine (200 milles environ), et qui se termine par un seuil au-delà duquel les fonds plongent à plus de 2000 mètres. Comme Vito Dumas et Patrick Van God l'expliquent dans leurs écrits, sur le plateau continental les vagues ne peuvent atteindre des hauteurs démesurées. Les lames monstrueuses décrites dans les récits de tempêtes de ceux qui naviguent sous ces latitudes Sud ne se rencontrent qu'en eau profonde, ou pire, au niveau du seuil, où l'importante variation des fonds peut lever des mers énormes.

Nous avons opté pour l'option médiane. Nous avons convenu que nous n'allions pas frileusement faire le détour par toutes les baies de Patagonie. Les escales planifiées ont également guidé ce choix, nous empêchant de nous éloigner des côtes. Pour une fois, nous avons le projet de faire quelques courtes escales. Les deux premières doivent nous permettre d'approcher de près la faune australe, la troisième de récupérer deux amis, coéquipiers volontaires pour le cap Horn.

Les albatros, grands oiseaux des mers du sud, font enfin leur apparition. Le 10 décembre, nous approchons de la péninsule Valdès, bordée de hautes falaises, et qui cache en son sein une vaste baie presque fermée, le Golfo Nuevo. On n'entre dans ce golfe que par une passe relativement étroite sur sa frange sud-est. Dans ce havre, de nombreuses baleines viennent passer le printemps austral. Nous espérons encore les voir, à l'approche de l'été. C'est ici que notre prochain objectif est situé : Puerto Madryn, une bourgade offrant un bon mouillage par vent d'ouest mais non protégé s'il souffle de l'est. Dans ce cas, il vaut mieux jeter l'ancre de l'autre côté du golfe. Le Golfo Nuevo a la forme d'un ovale de 20 à 30 milles de largeur, sans aucun refuge suffisamment fermé pour être à l'abri d'un changement de direction du vent et donc des vagues. Certains navigateurs nous ont raconté avoir changé plusieurs fois de mouillage en une journée et traversé le golfe en tous sens car le vent capricieux changeait sans cesse de direction.

Nous approchons tranquillement de la passe d'entrée, quand le ciel commence à se couvrir au sud d'une épaisse couche nuageuse, tandis qu'un vent modéré arrive du nord. Quel est ce nouveau caprice des nuées australes ? Nous entrons dans le golfe par vent faible tandis que le baromètre en hausse brutale – de cinq hectopascals en trois heures – confirme qu'une bizarrerie météorologique se trame dans l'air... C'est alors que la *sudestada* fond sur nous. Le vent monte brusquement à force 9 de secteur sud, et se rue sur *La Volta* en de furieux assauts. Voici la grand-voile à nouveau sous trois ris. Protégés des vagues par la côte sud du golfe, nous décidons de nous aider du moteur pour aller jeter l'ancre le long de ce rivage. Hélas, celui-ci refuse obstinément de démarrer. Nous poursuivons notre route, indécis sur la marche à suivre. Pour compléter la liste de nos malheurs, nous nous apercevons au crépuscule que l'électricité à bord ne fonctionne plus, et donc que le radar et le GPS sont inutilisables. Nous attendons stoïquement la prochaine catastrophe, et ne serions pas étonnés si le mât venait à tomber à l'eau. Puis la réflexion fait place à une lassitude passagère.

Seul Puerto Madryn possède un phare qui pourrait guider un atterrissage mais, par ce vent, il est inutile d'y chercher un abri. De nuit et sans instruments, aucun autre endroit n'est raisonnablement accessible pour mouiller. Que faire, handicapés par cette double panne de moteur et d'électricité ? Nous n'avons plus qu'à attendre le lever du jour en faisant des allers et retours à l'intérieur du golfe. Voilà une bonne nuit en perspective, à se faire secouer et tremper si proches du but. Nous nous rappelons alors que notre GPS est portable et peut fonctionner à piles. Nous devrions pouvoir, avec son aide, aller chercher abri à la côte si proche. Pour l'atteindre, il faut remonter quelques centaines de mètres contre ce vent déchaîné, qui ne mollit pas, et cela sans l'aide du moteur. Nous sommes en pleine nuit, tirant des bords laborieux vers une partie sablonneuse du rivage qui nous paraît hospitalière au vu de la carte, et virant de bord lorsque le GPS nous indique une position trop proche des rochers qui bordent notre plage. Heureusement, la mer n'est pas forte, grâce à la protection de la côte, et à chaque bord tiré nous progressons de quelques mètres. Vers minuit enfin, les fonds sont suffisamment peu profonds pour jeter les deux ancres. Suite à la manœuvre de mouillage, je reste dehors à faire le guet quelques instants pour m'assurer que le bateau ne dérape pas sous les coups de boutoir du vent, puis retourne à ma cabine. C'est l'heure bénie où l'on peut sombrer dans le sommeil, l'esprit tranquille.

Il fait beau et calme. Un dériveur léger avec à son bord un jeune homme accompagné de deux jolies filles bronzées tourne autour de *La Volta*. Après cette nuit agitée, le contraste est agréable. Julio vient mettre son embarcation contre la nôtre pour prendre des nouvelles. Nous lui contons nos déboires nocturnes. Il nous apprend que le vent a été mesuré cette nuit à 60 nœuds, c'est-à-dire une « violente tempête » selon la terminologie de l'échelle de Beaufort. Nous apprenons aussi qu'à Puerto Madryn il y a des gens compétents pour nous dépanner, dont un mécanicien, Hugo, qui n'est autre qu'un ami de Toni. Revigorés, nous nous activons. Thierry réussit à réparer la panne électrique puis nous levons l'ancre pour aller mouiller en face du *Clube nautico* local. Le mouillage ne faillit pas à sa réputation d'être inconfortable, le vent s'étant orienté à l'est. Nous avons déjà un pied dans l'annexe lorsque nous nous apercevons que, malgré nos deux ancres, le bateau, secoué par les vagues, recule vers la plage. Nous en sommes quittes pour relever le tout et larguer de nouveau nos deux « pioches », en espérant une meilleure accroche. Cette fois, ça tient.

À Puerto Madryn, la plupart des bateaux sont remontés sur la plage ou sur le terre-plein en arrière lorsqu'ils ne doivent pas naviguer. Aucune digue de protection n'existe ici, et la côte n'a pas d'anfractuosité intéressante pouvant servir de port naturel. Soit on ballotte en tous sens au mouillage, soit on remonte le bateau au sec.

Hugo arrive. Il nous plaît immédiatement. Cet homme a navigué deux fois dans les canaux de Patagonie, et ceci à bord de voiliers sans moteur. On nous a dit la difficulté de progresser tout à la voile dans les canaux, et j'en suis admiratif. « Allons au bateau constater les dégâts ! » nous lance-t-il. Sitôt dans l'annexe, il prend les commandes du moteur hors-bord, nous confinant à l'avant de l'esquif. Puis il fonce contre les vagues, levant des gerbes d'eau, nous trempant Thierry et moi de l'eau glacée du golfe. Il déclare, facétieux, en observant nos visages devenir violacés à vue d'œil : *« Es la Patagonia ! »*

Une fois à bord de *La Volta*, Hugo prend vite la mesure du problème : un branchement défectueux et quelques pièces à changer. Il répare, vite et bien. Nous sommes rassérénés en entendant le bruit du moteur, pour une fois doux à nos oreilles, démarrant au quart de tour. De nouveau à terre et le coude posé sur un comptoir, nous lui demandons quel est son dû. Il ne nous réclame qu'une somme modique, en précisant que si nous avions des difficultés d'argent un arrangement serait possible. Non, l'ami, nous n'avons pas de soucis et te remercions de ton aide précieuse. L'attitude d'Hugo est à l'opposé de celle du shipchandler de Mar del Plata qui nous avait facturé un prix excessif pour la réparation d'un cordage. Nous avons basculé dans cet autre monde qu'est la Patagonie, où les gens du milieu de la voile sont d'autant plus solidaires qu'ils sont peu nombreux sous ces latitudes.

Nos problèmes résolus, nous décidons de repartir, en prévoyant d'aller traquer la baleine dans le Golfo Nuevo. Hugo et Julio nous préviennent : on n'en voit presque plus, la plupart sont reparties vers le sud. Nous remercions nos amis et allons dormir tant bien que mal sur *La Volta* qui danse comme un bouchon, secouée par les vagues venues de l'autre côté du golfe.

À nouveau, les deux ancres sont relevées. Nous voulons absolument observer les énormes cétacés de l'espèce des baleines franches qui viennent chaque année ici. Nous renonçons après une douzaine d'heures d'infructueuses recherches à travers le golfe, et débouquons enfin vers minuit, avec le courant de marée descendante. L'effet des marées va se faire de plus en plus sentir au fur et à mesure de notre avancée vers le Sud, le marnage pouvant atteindre 9 mètres au sud de la Patagonie, comparable à celui de la Manche. L'apparition de quelques ph. 33 dauphins d'aspect étrange remonte notre moral d'observateurs déçus. Leur corps est courtaud et blanc avec une tête, une queue et des nageoires noires. Cet animal n'est pas répertorié dans mes livres sur les mammifères marins. Mon coéquipier mime alors l'effarement : « Dis, tu ne crois pas qu'on est allés un peu loin ? »

La mer est agitée et le vent est contraire, de force 6. Vers midi, un pêcheur nous communique en VHF sa météo :

– *Vientos fuertes a muy fuertes.*

– *Que significa : muy fuertes ?* m'enquiers-je aussitôt.

– *Cuarenta a 50 nudos del suroeste. Buena navegación*, nous lance-t-il nonchalamment.

– *Gracias y buena pesca.* Tu as entendu, ça va souffler : 40 à 50 nœuds de vent. Force 9 du sud-ouest, dans le nez !

– Laisse-moi dormir. De toute façon, il faut continuer.

Le vent se calme mais le baromètre est en baisse. Thierry remplit la cocotte-minute d'un repas pantagruélique à base de riz, d'œufs, de maquereaux, de maïs, de macédoine et j'en passe : c'est la « potion survie » pour le gros temps qui s'annonce. Néanmoins, la lune se lève sur un soir serein, le vent porte et nous avançons. Quelques phoques bondissent non loin de nous. Tout va bien.

Le vent forcit brusquement du sud, contre nous, à 3 heures du matin pendant mon quart alors que le baromètre remonte. La *sudestada* nous remettrait-elle ça ? Je prends un ris dans la grand-voile, reviens à mon poste dans le cockpit. Le bateau est encore trop toilé. J'enroule quelques tours de génois pour réduire la toile d'avant. Ça forcit encore. Je prends le deuxième ris, ça ne suffit pas, j'enroule encore la voile d'avant, mais le bateau se vautre de nouveau sous l'effet du vent de plus en plus fort, je prends le troisième ris, puis dois réduire encore l'avant. Le vent se stabilise enfin à un bon force 7. Je suis épuisé. Heureusement mon quart touche à sa fin.

Contre le vent, nous savons que *La Volta* progresse difficilement. Le bateau cogne dans le creux des vagues et le gréement souffre. À la lecture de la carte, un arrêt paraît possible à la côte. Nous nous interrogeons. N'est-ce pas se faciliter les choses ? N'aurons-nous pas, plus au sud, à progresser contre des vents d'une autre trempe ? Finalement, nous décidons de profiter de l'échancrure que le rivage présente à cet endroit : une petite baie, la *caleta* Raso, peut être considérée comme un bon abri. Nous y arrivons vers midi. Quelques cabanes apparemment inhabitées se dressent sur la berge. Derrière, c'est l'immense plaine de la pampa. Tout a l'air désertique, sauvage, mystérieux. Notre fatigue et la force du vent nous dissuadent d'essayer d'aller à terre avec l'annexe. Nous nous écroulons dans nos couchettes sans même nous être vraiment posé la question. Enfin, dans la soirée, le vent tourne légèrement dans un sens favorable en faiblissant : nous repartons alors de notre éphémère mouillage.

Nous approchons de notre deuxième escale prévue : *Isla Leones*, une île déserte située juste après le quarante-cinquième parallèle sud. Les fonds de la *caleta* Leones accueillent nos ancres, et déjà nous apercevons sur la plage ceux que nous sommes venus voir : les manchots. L'île en regorge, de cette ph. 34 espèce de taille réduite dite « manchot de Magellan ». L'annexe est vite gonflée et mise à l'eau, et nous approchons de ces sympathiques palmipèdes, qui, en discret conciliabule, nous regardent venir du coin de l'œil. Nous avançons sur la plage avec diplomatie pour ne pas les effrayer quand, tout à coup, c'est la débandade : des centaines de manchots se dandinent, courent, trébuchent, rampent, fuient en direction de l'eau, d'une démarche malhabile, pataude et désordonnée, avant de retrouver toute leur grâce dans les flots.

Plus loin, des formes d'une autre corpulence sont affalées sur les rochers : les éléphants de mer, qui ont un mufle en forme de courte trompe, peuvent peser jusqu'à trois tonnes. Mon camarade entreprend de les photographier du plus près possible.

J'ai beau l'exhorter à la prudence, il s'approche de plus en plus. Les énormes pinnipèdes préfèrent s'éloigner avec mépris de l'importun. Nous nous attelons ensuite à l'exploration de l'intérieur de notre île. Dès les premiers pas dans les buissons qui bordent la plage, des becs agressifs surgissent en direction de nos mollets. Les manchots femelles protègent leur progéniture à venir, et sont moins craintives que les mâles qui sont en train de regagner timidement les galets du rivage. Avec précaution, nous dépassons les buissons et arrivons dans une zone de végétation herbeuse où poussent quelques cactus aux formes étranges. ph. 36 Occultés par les herbes, des rails couverts de rouille semblent monter jusqu'au sommet de l'île, surmonté d'un phare désaffecté, but de notre petite expédition. Nous suivons la voie ferrée, jusqu'au terminus. Le phare, dont la base est de forme octogo- ph. 35 nale et surmontée en son milieu d'un étage cylindrique, est abandonné depuis plusieurs années. Il subsiste de nombreuses traces du passage humain : sommier rouillé, vieux outils, morceau de cuvette de W. C., bouteille vide. En inventoriant ces objets, témoins d'une vie révolue, je me plais à imaginer les gardiens évoluant dans ces quelques pièces, au rythme du phare, avec les manchots pour seule compagnie. Aujourd'hui, les uniques occupants sont des mouettes, dont quelques cadavres jonchent le sol. Nous grimpons à l'étage où se trouve le foyer, par l'escalier central en colimaçon : la vue y est magnifique et le regard embrasse la totalité de l'île, la mer et le continent tout proche. Nous trouvons sur les murs des inscriptions laissées par les équipages des navires de passage, et la marque de notre ami Julio est là.

En soirée, nous déplaçons le bateau dans une anfractuosité ph. 32 de la côte proche de l'île, la *caleta* Hornos. Il faut y embouquer par une chicane pour y entrer et la pleine mer n'est donc pas visible du mouillage. Dans un tel abri, nous pourrons dormir l'esprit tranquille. Auparavant, une balade à terre s'impose. Je marche longuement dans la nature déserte. Parvenu au sommet d'une colline, j'observe la pampa, dont la végétation d'herbes jaunes parsemée de quelques buissons s'étend à perte de vue, sans la moindre trace d'âme qui vive. Parfois, une rafale de vent isolée couche l'herbe sur son passage. Au loin, la mer brille des feux du crépuscule. La vue de cette immensité m'enivre. Pampa, Patagonie, des noms magiques qui fleurent bon les mystères de bout du monde prennent sous mes pieds force de réalité. Je prolonge ce moment de griserie jusqu'à la tombée de la nuit.

Nous profitons d'un bon vent matinal pour nous éloigner rapidement. L'étape consiste à traverser le profond golfe de Saint-Georges, en forme de demi-cercle, puis rallier de l'autre côté Puerto Deseado, le lieu de rendez-vous convenu avec nos deux amis qui doivent nous rejoindre sur *La Volta*. Nous allons donc naviguer assez loin des côtes. Nous croisons une flottille de bateaux de pêche espagnols, et l'un d'eux nous fournit les prévisions de la météo chilienne. *Gracias*, la traversée du golfe s'annonce belle. Elle est perturbée la nuit suivante par l'arrivée de la brume. Le radar est mis à contribution, la veille visuelle et auditive est accrue. Au petit matin, le brouillard s'éclaircit, mais nous restons vigilants. Enfin, après une fin d'étape morose, au moteur et sous la pluie, nous entrons peu avant minuit ce jeudi 18 décembre, à marée basse, dans le *río* Deseado, près de l'embouchure duquel se trouve le port du même nom. Nous nous amarrons à l'unique bouée du *Clube nautico*, où il ne semble pas y avoir le moindre bateau. Cependant, on y a placé judicieusement un bar qui nous accueille sans tarder en sa bienfaisante chaleur. Au matin, nous partons aux nouvelles. Un coup de fil en France nous annonce l'arrivée de nos deux amis par le bus. Un rendez-vous dans une bourgade portuaire perdue au fin fond de la Patagonie, voilà qui est peu commun !

Nos nouveaux compagnons descendent du bus. Stéfan Le Lay et Éric Marion sont des marins confirmés dont la présence ph. 37-38 sera précieuse pour l'étape du cap Horn. J'ai connu le premier à l'école de voile des Glénans. Moniteur, j'avais choisi ce stagiaire qui se présentait comme un adepte du chant de marins, affirmation confirmée par la suite. Le matelot a pris du galon. À présent, il encadre sur les bases nautiques de l'école, en Bretagne ou en Irlande. Quand il ne navigue pas, il partage sa vie entre sa maison bretonne et son pied-à-terre à Paris, où il travaille pour la télévision et réalise des courts-métrages. Son cousin, Éric, est lui aussi breton. Il poursuit des études d'architecte et ses projets ont le souci de conserver la beauté de sa région, à laquelle il porte beaucoup d'affection. On le comprend. Tous deux partagent un certain goût pour la mise en scène, l'ivresse et la grandiloquence.

Devant une bière, nous leur contons les traversées, les escales, les contacts rugueux avec les vents pittoresques de ces contrées, comme le *pampero* croisé à Mar del Plata ou la *sudestada* rencontrée à Puerto Madryn. Nous leur apprenons notre intention d'aller directement au cap Horn. Nous avions initialement prévu de faire le tour de l'île de la Terre de Feu dans le sens inverse des aiguilles d'une montre, de manière à passer le cap, portés par les vents dominants, c'est-à-dire d'ouest en est. Nos deux compères ayant un temps de vacances limité, nous préférons nous rendre directement au Horn pour renforcer nos chances de l'atteindre avec eux, même si nous devons le franchir dans le mauvais sens. Nous revenons à cette vieille idée du passage du cap Horn à l'envers. Chiche !

Nous quittons notre bouée pour aller nous mettre à quai, de manière à refaire les pleins d'eau et de gasoil. De nombreux bateaux de pêche étant amarrés au ponton, nous nous mettons à couple de l'un d'eux. Nous ne sommes pas dans un port de plaisance, et les commodités offertes s'en ressentent. Après de nombreuses contorsions sur le pont sous le regard impassible des pêcheurs, nous amenons le tuyau de gasoil à notre bord. Hélas, le tuyau est trop gros pour notre entrée de réservoir, et qui plus est le carburant arrive sous forte pression. Il n'y a plus qu'à aller remplir des bidons à la station-service la plus proche. Dans l'intervalle, le vent forcit de l'ouest. Par ce secteur, les eaux du *río* peuvent devenir agitées sur cette berge, allant jusqu'à rendre intenable le mouillage. Décidément, les ports patagons ne sont pas de tout repos. Toni m'avait indiqué dans ce cas de figure un emplacement, sur l'autre rive du fleuve et en amont de la ville, protégé du vent d'ouest. Une fois les différents avitaillements effectués, nous allons nous y réfugier. L'endroit, désert, est un bon abri. Sa tranquillité est perturbée deux heures plus tard, les nouveaux venus à bord commençant à s'agiter, à froncer du nez et se gratter la tête, comme s'il y avait quelque chose d'anormal. Je guette leurs mimiques du coin de l'œil. Ils finissent par s'exprimer :

– Nous sommes un peu loin des bars, constate Éric, jetant un regard circulaire et inquiet autour de lui.

– Il semblerait que ça mollisse, ajoute Stéfan, avec force simagrées.

Leurs arguments désarmants obtiennent gain de cause. De retour devant le bar du club nautique, nous préférons jeter nos ancres plutôt que de nous amarrer à la bouée, jugée peu sûre si le temps devait se détériorer, puis nous filons vers le centre-ville exaucer les souhaits d'Éric. Lors de notre retour nocturne vers le bateau, nous nous apercevons que les rames de l'annexe ont disparu, ce qui a pour effet immédiat de mettre Thierry en colère et de le faire ameuter les tardifs clients du bar du *Clube nautico.* Un responsable du club, soucieux de l'accueil offert aux voiliers étrangers, et lassé d'entendre les vociférations de notre ami, finit par nous fournir en guise de compensation deux superbes rames roses.

Après trois jours d'escale, il est temps de partir. L'objectif est de rallier d'une traite Ushuaia en passant par le cap Horn. D'ici là, aucune relâche n'est prévue. C'est l'étape décisive, qui doit nous mener jusqu'à ce promontoire rocheux, source de tant de récits tragiques, source de bien des conversations dans les bars à matelots.

À l'heure du départ, je me remémore l'histoire du cap Dur, le surnom du Horn, dont le franchissement donne le droit, selon la tradition, de « cracher au vent ». Sa découverte par les Européens est la conséquence d'événements qui commencèrent à la fin du XVe siècle. Comme on le sait, en 1494, l'Espagne et le Portugal ambitionnèrent de se partager le monde, avec la bénédiction du pape, en signant le fameux traité de Tordesillas. En ce temps de grandes découvertes, ce traité répartissait entre les deux puissances maritimes de l'époque les terres nouvellement connues ou restant à découvrir. Les autres nations européennes, comme la France et l'Angleterre, supportaient mal d'être mises à l'écart et tentèrent à leur tour d'en coloniser. Un exemple bien connu des Français et des Québécois est celui des expéditions du Malouin Jacques Cartier vers le Canada.

Les Pays-Bas contribuèrent le plus à briser l'hégémonie ibérique, portugaise notamment. Peuples de marins et de marchands, Hollandais et Zélandais profitèrent des difficultés du petit royaume du Portugal à contrôler un empire aussi immense. Leurs armateurs, redoutables négociants, s'appuyaient sur des marins rudes à la peine, dans la lignée des « gueux de la mer », ces corsaires réformés installés dans les méandres du delta du

Rhin et de l'Escaut, qui se tenaient à l'affût de possibles prises de navires catholiques. Pour rejoindre les Indes orientales, c'est-à-dire l'Asie du Sud et du Sud-Est, la voie commune était celle tracée par les Portugais par le cap de Bonne-Espérance. Toutefois, l'accès à l'océan Indien était surveillé par la flotte lusitanienne. L'autre passage possible avait été inauguré par Magellan, en 1520, lors du premier tour du monde. Le détroit qui porte son nom permet de rejoindre l'océan Pacifique en passant entre le continent sud-américain et la Terre de Feu. Il fut par la suite la chasse gardée des Espagnols. Cependant, ceux-ci avaient du mal à contrôler le faible trafic de voiliers étrangers qui pouvaient s'engager dans ces parages inhospitaliers.

La Compagnie néerlandaise des Indes fut créée, et dans le souci d'éviter la concurrence, elle s'octroya aux Pays-Bas l'exclusivité du commerce par les routes du cap de Bonne-Espérance ou du détroit de Magellan. Un huguenot né à Tournai, l'armateur et négociant Isaac Le Maire, en désaccord avec la Compagnie, décida de contourner ce monopole en cherchant d'autres accès vers l'Asie. Après des tentatives infructueuses pour contourner le continent eurasiatique par le nord, en se frayant un chemin parmi les glaces de ce qui deviendrait le passage du Nord-Est, il lança en mai 1615 une expédition afin de trouver un hypothétique passage plus au sud que celui ouvert par Magellan près d'un siècle plus tôt. En 1578, Francis Drake n'avait-il pas, à sa sortie de ce détroit, été repoussé loin au sud par une tempête, jusqu'à 57° de latitude, ne rencontrant que la mer ouverte ? N'en avait-il pas déduit l'insularité de la Terre de Feu ? À la tête de la flottille de Le Maire, les responsabilités furent partagées entre son fils Jakob, nommé subrécargue – celui-ci décidait du trajet à suivre et veillait sur les intérêts de l'armateur –, et le capitaine Willem Schouten qui dirigeait la navigation. Ce dernier, natif de la ville de Hoorn, située non loin d'Amsterdam sur les bords du Zuiderzee, avait déjà effectué trois voyages jusqu'aux Indes orientales. Tenter une navigation plus australe que toutes celles réalisées jusqu'alors ne le rebutait pas. Les deux bateaux appareillèrent du port de Hoorn, et suivirent la route désormais habituelle, passant du côté de Madère puis entre la Grande Canarie et Tenerife. Un « rafraîchissement », selon la formule de l'époque, s'imposa en Sierra Leone pour prévenir l'apparition du scorbut. Plus tard, le plus petit des deux navires, le *Hoorn*, fut perdu dans un incendie accidentel lors d'un carénage sur les côtes patagonnes, précisément à Puerto Deseado où nous sommes en train de relever nos ancres. En sortant de ce port qui a accueilli de si illustres marins, nous espérons suivre avec succès le sillage victorieux du vaisseau rescapé.

Le deux-mâts *Eendracht*, peu après avoir franchi un détroit – nommé « Le Maire » au passage –, rencontra une haute et longue houle de sud-ouest, signe de l'approche d'une mer ouverte, puis dépassa fin janvier 1616 le cap Horn, dans les conditions climatiques difficiles caractéristiques de cette région.

> *Au-delà du cap Horn nous perdîmes la terre de vue ; la persistance de cette longue et forte houle de couleur bleue confirma notre soupçon qu'il n'y avait plus de terre devant nous, seulement la mer immense. Nous essuyâmes là force pluies et tempêtes de grêle, avec des vents si variables qu'il nous fallait louvoyer constamment, en tirant de courtes bordées.*
>
> *Le 1er février 1616, malgré que ce fût le milieu de l'été austral, nous eûmes très froid lors d'une tempête de sud-ouest si violente que l'on dût réduire la voilure pour faire route au nord-ouest, puis à l'ouest-nord-ouest.*[36]

Neuf mois plus tard, après avoir traversé l'océan Pacifique en perdant seulement deux hommes, Schouten ordonna de mouiller l'ancre dans la baie de Djakarta, où les responsables de l'expédition furent arrêtés et le navire confisqué par leurs propres compatriotes au service de la Compagnie néerlandaise des Indes. Lors du voyage de retour, Jakob Le Maire rendit l'âme. Willem Schouten, qui mourut à Madagascar au cours d'un cinquième voyage, connut la réhabilitation de son vivant, lui.

La voie maritime ainsi ouverte ne fut réellement exploitée que deux siècles et demi plus tard, par les clippers du XIXe siècle. L'une des motivations était l'or découvert à l'ouest du continent nord-américain et de nombreux aventuriers venus de la côte orientale de l'Amérique faisaient le trajet en bateau. Dans l'intervalle, les expéditions qui se risquèrent dans ces parages forgèrent la légende du Horn. Les conditions climatiques y sont parmi les

36. Extrait de la « Description du merveilleux voyage de Willem Schouten », rapportée par Henri Ballande dans *Le Premier Cap-Hornier* (Éditions Ouest-France / Éditions du Pen-Duick, Paris, 1989).

plus extrêmes qui peuvent se rencontrer sur les routes maritimes. Certains navires désirteux de rallier l'océan Pacifique, las de tirer des bords des semaines durant contre des vents d'ouest tempétueux, choisirent de rejoindre leur objectif en prenant le chemin opposé par le sud des continents africain et australien. Une route beaucoup plus longue mais qui permet de progresser dans le sens des grands vents d'ouest de ces latitudes.

Les candidats au passage du cap Horn risquaient leur vie tout au long du parcours. La chaleur des tropiques, le froid du Grand Sud, le scorbut des longues traversées, les tempêtes des latitudes dites « rugissantes » étaient autant de causes de mortalité. Quand ils échappaient à ces périls, ils étaient parfois dévorés par des indigènes, à l'instar de l'Anglais James Cook, aux îles Hawaï, lors de son troisième tour du monde en 1778. Parmi les nombreux récits mythiques de combats contre les éléments, avides d'hommes et de navires, l'un des plus terribles est celui qui relate l'expédition du commodore anglais George Anson. Son objectif était de piller les colonies espagnoles d'Amérique, Londres et Madrid étant en guerre. Parti avec six navires et près de deux mille hommes, il revint trois ans plus tard avec cent quatre hommes. Avant même d'arriver en Patagonie, une centaine de marins trouvèrent la mort à cause de la chaleur lors du passage dans les zones tropicales. Puis Anson tenta de doubler le cap Horn en mars 1741 : durant les tourmentes venues de l'ouest qu'il essuya « à mâts et à cordes », autrement dit à sec de toile, sans voile, les décès se multiplièrent. La relation du voyage évoque :

> *Les dangers que nous eûmes à combattre les trois mois suivants passent peut-être tout ce qu'on a éprouvé dans aucune expédition navale. Après cette première tempête, nous eûmes une suite continuelle de temps orageux qui surprit les marins les plus expérimentés et qui leur fit avouer que tout ce qu'ils avaient appelé tempête jusqu'alors n'était rien en comparaison de celles-ci. Elles élevaient des vagues si haut et si dru qu'on ne voit rien de semblable dans aucune mer connue.*

À bord de *La Volta*, j'essaie de me convaincre qu'Anson avait seulement eu le tort de passer trop tard en saison.

Puis les navires, dispersés par trois mois de tempête, finirent par se regrouper à l'abri aux îles Juan Fernández, au large de la côte chilienne, là même où séjourna le matelot écossais Alexandre

Selkirk de 1704 à 1709, qui donna naissance au mythe de Robinson Crusoé. Il restait cinq cents hommes, misérables et terrorisés, rescapés du froid, du scorbut, des accidents, des désertions, des naufrages et des mutineries. L'un des naufragés, John Byron, futur commodore, ne dut sa survie qu'à son audace : il pénétra dans une tente indienne où il fut reçu par deux femmes, les hommes étant heureusement partis en expédition. Ses occupantes partagèrent volontiers leur gîte, leur repas et leur couche. Il échappa ainsi à la famine, dont furent victimes la plupart de ses compagnons d'infortune. Après bien des péripéties, il rejoignit l'Angleterre plus de cinq ans après l'avoir quittée. Anson parvint par la suite à s'emparer d'un navire espagnol regorgeant de richesses, le fameux « galion de Manille » qui une fois l'an ramenait de riches marchandises des Philippines vers Acapulco au Mexique. Il rentra en Angleterre avec cinq pour cent de son effectif initial, sur le seul bateau rescapé, ce qui ne l'empêcha pas d'être félicité par le roi pour les trésors dont il s'était emparé. Le récit de son tour du monde traumatisa longtemps les marins qui perpétuèrent le mythe du Horn jusqu'à nos jours.

Les folles courses des clippers et des grands voiliers marchands, jusqu'à la Seconde Guerre mondiale, les aventures des petits voiliers modernes et plus récemment les courses autour du monde n'ont fait que renforcer la légende. Et comme toute légende, elle est alimentée par la rumeur et l'on raconte bien des choses contradictoires :

Cette tumultueuse jonction entre les océans est le seul endroit de la planète qui inflige 345 jours de tempête par an.[37]

Nicolas Hulot

C'est ça, le Horn, ce rocher paisible qu'évente une brise printanière ?[38]

Patrick Van God

Cette tempête n'est même pas de force 12 ![39]

Francisco Coloane

37. Nicolas Hulot et François Pédron, *Le Cap Horn*, Albin Michel, Paris, 1990.
38. Patrick Van God, *op. cit.*
39. Francisco Coloane, *Tierra del Fuego*, Phébus, Paris, 1994.

Aujourd'hui, cette pointe n'est pas plus périlleuse à doubler que le cap Sizun en Bretagne ou le cap Hatteras aux États-Unis![40]

Bernard Deguy, capitaine
de l'*Alcyone* de l'équipe Cousteau

Il faut plus que de la chance pour franchir le détroit de Magellan.[41]

Jean Raspail

Plus pragmatiques, les fiers matelots sur les navires qui débouquaient la Manche avec le Horn pour destination déclaraient crânement: « Le cap Dur, c'est la première à gauche et après c'est tout droit. » Aujourd'hui, les *Instructions nautiques* précisent: « Le passage de profondes dépressions allant d'ouest en est amène de violentes tempêtes en toutes saisons. [...] Les tempêtes, très fréquentes au large de *Cabo de Hornos*, soufflent neuf fois sur dix du secteur ouest, et lèvent une mer démontée. »

C'est ce cap que nous nous proposons d'aller affronter, ce 21 décembre à 9 heures 30 du matin, alors que la marée descendante nous sort du *río* Deseado. Le cap Horn est à un peu plus de 500 milles, à cinq jours de mer peut-être. Le baromètre est à 1010 hectopascals, un peu en dessous de la pression moyenne qui est de 1013. Le temps est légèrement nuageux, le vent de nord-ouest est modéré et nous porte au-devant de notre rêve. Au bureau du port, on nous signale la présence d'un iceberg dérivant au large, dans notre nord-est. Stéfan et Éric prennent un quart, ce qui allège significativement la charge de chacun par rapport à la navigation à deux, plus éprouvante. Nous prévoyons de rencontrer des conditions difficiles à l'approche des Cinquantièmes hurlants, et nous attendons, vigilants mais non sans une certaine impatience, la première grosse dépression. Pourtant un temps clément nous est offert. Nous passons lentement au large de San Julián, lieu d'hivernage de la flotte de Magellan pendant lequel il dut réprimer une mutinerie dans la tradition de cette rude époque où l'on ne faisait pas de quartier – si l'on peut dire

40. Jacques-Yves Cousteau et Yves Paccalet, *Cap Horn à la turbovoile*, Flammarion, Paris, 1989.

41. Jean Raspail, *Qui se souvient des Hommes...*, Robert Laffont, Paris, 1986.

puisqu'un infortuné capitaine y fut décapité puis écartelé. L'endroit semble propice à la révolte : lors du deuxième tour du monde de l'histoire, Francis Drake eut également à y utiliser des méthodes expéditives face aux mutins. Nous longeons la baie de Santa Cruz, où Magellan perdit l'un de ses navires dans la tempête, tandis que nous recevons une météo annonçant des vents « *fuertes* ». Décidément ces rivages sont peu engageants.

Nous croisons quelques pêcheurs qui restent muets malgré les appels répétés de Stéfan en VHF. La moindre baisse du baromètre est abondamment commentée aux changements de quart. L'apparition du moindre nuage à la forme vaguement saugrenue peut donner lieu à d'âpres discussions et engendrer des prévisions alarmistes et fantaisistes. Toutefois, le temps reste calme, trop calme. Dans cette atmosphère sereine, nous renouvelons quelques essais de pêche. Nous n'attrapons qu'un albatros qui voulait faire son repas de notre poisson-appât en plastique. Après bien des difficultés, nous parvenons à le décrocher, et le puissant oiseau repart comme si de rien n'était. Lorsque l'occasion se présente, les albatros se jettent volontiers sur un homme tombé à la mer afin de s'en repaître. C'est pourquoi ils furent l'objet de sévices variés, au même titre que les requins, lorsqu'on en capturait à bord des grands voiliers de commerce.

La ligne de pêche est définitivement rangée. Quant aux étranges dauphins blancs du Grand Sud, ils font de temps à autre leur apparition. Au soir du deuxième jour, alors que nous venons de passer le cinquantième parallèle sud à la réputation hurlante, l'alerte est donnée par notre baromètre qui chute de 1 000 à 992 hectopascals en cinq heures. Cette différence de pression annonce du vent, beaucoup de vent. Le changement à bord est perceptible. Nous sommes quatre marins aux aguets, dans l'attente de l'épreuve. Nous savons que le cap Horn fait ph. 39
souvent payer un lourd tribut à ceux qui osent le défier. Les esprits se tendent, vigilants, et les regards se tournent fréquemment vers l'ouest. Peut-être une certaine appréhension nous atteint-elle, mais nous avons eu le temps de jauger les risques de l'étape et les assumons. Le vent de sud-ouest reste modéré et nous permet une belle progression vers le sud pendant la nuit.

Le lendemain, toujours pas de dégradation en vue. Nous passons à 20 milles au large du cap des Vierges, sentinelle de l'entrée orientale du détroit de Magellan. Double ration de tafia pour Thierry qui l'a vu le premier ! Nous décorons le bateau : boules et guirlandes envahissent le carré et l'éolienne est promue sapin, en cette veille de Noël, alors qu'« il ne fait pas un temps à effaroucher une vierge ». Telle est la citation du jour dûment consignée dans le livre de bord par Stéfan. La nuit est fraîche, *La Volta* gagne encore et toujours du sud, ce qu'elle fait obstinément depuis des mois. Pour quelques jours encore.

Le 25 décembre, le vent tourne au sud-est et freine notre progression dans cette même direction. Nous longeons enfin l'île légendaire de la Terre de Feu. L'un de ses bourgs, Río Grande, est à portée de vue.

Décidément, ma mère a bien fait les choses : en plus des guirlandes et des bougies, elle nous a fait transmettre un cadeau pour chacun. Thierry complète cette ambiance festive en nous concoctant un confit de canard, acheté de nombreux mois auparavant dans une autre île, charentaise celle-ci. Dehors, la pluie tombe à la verticale sur les Cinquantièmes. Le baromètre est bas, en pente douce et descendante. Dans cette grisaille, la mer est devenue parfaitement calme, à peine ridée par une risée passagère. À l'intérieur, dans le chaud carré de *La Volta*, une bonne bouteille est débouchée et consommée pour l'occasion, sans excès : un passage délicat nous attend pour demain.

Le détroit de Le Maire a mauvaise réputation, et son franchissement peut être plus difficile que celui du cap Horn lui-même, en raison des courants de marée qui s'y précipitent. Il se situe entre la pointe est de la grande île de la Terre de Feu et l'île des États, théâtre du livre de Jules Verne *Le Phare du bout du monde*. On nous a signalé à plusieurs reprises qu'il n'est pas rare de devoir attendre des jours avant de pouvoir emprunter le détroit, si les conditions sont mauvaises. Un vent fort s'opposant au puissant courant de marée peut soulever une mer d'une violence indescriptible. Il est possible, mais parfois délicat, de s'arrêter dans un abri sur la côte de l'une des deux îles. Il peut être préférable de rester en mer en attendant l'accalmie pour passer.

ph. 40 À l'approche de l'obstacle, le vent se lève du nord-est, favorable. La lecture des tableaux de marée argentins renforce l'euphorie en nous indiquant que le courant portera prochainement au sud, propice lui aussi. Nous nous présentons à l'entrée du détroit un peu en avance sur l'horaire, c'est-à-dire en fin de courant de marée défavorable. Nous sommes surpris, malgré des conditions de vent raisonnables, par l'état de la mer, extrêmement hachée, ce qui nous permet aisément d'imaginer les flots démontés qu'il peut y avoir ici. Bientôt le courant de marée s'inverse, prend la direction du vent et tous deux s'allient pour nous propulser à travers le détroit sur une mer apaisée.

L'île des États, que l'on prit un temps, à la suite de sa découverte par Schouten, pour l'extrémité du continent austral, nous apparaît comme une terre perdue, énigmatique. Un bagne y fut installé à la fin du XIXe siècle, puis fut transféré à Ushuaia, tant les conditions étaient dures, même pour des bagnards. L'île est aujourd'hui inhabitée. Sur notre carte est dessiné le tracé sinueux de sa côte, qui offre de nombreux abris propices à se retirer loin du reste du monde. L'île s'éloigne peu à peu dans notre sillage, et nous restons un instant interdits devant la vision de cette terre qui s'efface à nos yeux, en gardant son mystère.

Au passage, nous sommes interpellés à la VHF par les gardiens du phare de la Terre de Feu, au nom évocateur de Buen Suceso. Le « bon succès » semble en effet au rendez-vous lorsqu'ils nous informent du temps à venir : *No aviso de temporal*, que nous traduisons prudemment par « tempête peu probable », tant les prévisions météo argentines peuvent être fantaisistes. La réussite semble être avec nous, car le détroit de Le Maire est ph. 41 franchi sans encombre. Puis le cap est enfin mis sur le Horn, que l'on commence à sentir proche, malgré les 100 milles qu'il reste à parcourir. Il est temps de le franchir, car notre carte marine, issue d'une photocopie de piètre qualité, commence à s'effacer dans son secteur. Consigne est donnée de ne pas poser ses gros doigts sur le papier, encore moins sur le dessin du cap tant désiré. Toute la nuit et la journée suivante, le vent plutôt faible nous reste favorable, basculant alternativement du nord-ouest au nord-est, ce qui est une chance dans ces contrées où les vents dominants viennent habituellement de l'ouest, dans le sens contraire de notre route. Nous n'osions espérer une telle fenêtre météo. couv. 3

Les quelques voiliers de plaisance qui s'aventurent dans ces parages sont confrontés à une alternative. Certains font route directement vers le cap Horn. D'autres préfèrent, après le passage du détroit de Le Maire, s'enfoncer dans le canal Beagle où ont été bâties les deux bourgades les plus australes du monde, l'argentine

Ushuaia et la chilienne Puerto Williams, afin d'avoir les dernières prévisions du temps et attendre le moment le plus favorable pour aller au cap. Cette option est moins élégante que le passage « dans la foulée », mais plus sage. Je me souviens de conseils de marins glanés dans les ports : « Le temps peut changer extrêmement vite. Pour aller du canal Beagle vers le Horn, il est préférable de s'arrêter à Puerto Toro, une anse située à mi-chemin, pour être sûr de son coup. » D'autre part, le baromètre est bas depuis quelque temps et flirte avec les 980 hectopascals. Le temps est couvert et légèrement pluvieux.

À l'approche du cap, pendant que le vent toujours favorable monte à force 7 et que les vagues se croisent singulièrement en ce point de jonction de deux océans, un dernier doute m'assaille. Je glisse à mon coéquipier : « N'oublions pas que nous allons passer le cap dans le mauvais sens, et que le vent peut venir de l'ouest sans prévenir. Le baromètre est bas et la mer est confuse. Il est toujours possible d'aller s'abriter dans le canal et d'être sûr des conditions avant de s'engager. » Est-ce un raisonnement fait avec discernement, à la suite d'une appréciation froide de la situation qui me fait distinguer une option prudente – est-elle trop prudente ? – d'une option portée à la fois par le vent (donc logique) et par l'*astral* (donc un peu subjective) ? Mon jugement ne pourrait-il par ailleurs pas être vicié par une sourde crainte devant l'imminence du passage de l'obstacle qui pourrait m'impressionner ? Il est difficile de faire la part des choses entre la prudence et l'appréhension. Cependant je m'exprime sans grande conviction. Le vent nous propulse vers le cap Horn, si proche maintenant. *La Volta*, Thierry, l'équipage et moi-même sommes lancés vers l'objectif.

Dans la soirée, nous dépassons les îles Barnevelt, avant-poste de l'archipel du cap Horn. La fièvre monte à bord. C'est pour cette nuit. L'obscurité arrive tard à cette latitude de 56° sud, en ces temps proches du solstice. La nuit ne dure véritablement que trois ou quatre heures. Et encore, il y a toujours une clarté diffuse à l'horizon sud, comme si les glaces de l'Antarctique nous renvoyaient des rayons de leur soleil de minuit.

La mer est hachée, le vent est toujours vigoureux, la grand-voile porte deux ris. À notre surprise, une lueur apparaît au large, vers le sud-ouest, comme sortie de nulle part. La lumière grossit, et nous tentons de communiquer avec elle en VHF. Quelques mots nous en parviennent, comme issus du néant liquide qui s'ouvre au-delà du cap Horn et dont on pressent l'immensité : *« New Zealand... Pacific Ocean... bad weather... petrol industry... Falkland. »* Puis le bateau fantôme disparaît, avalé par le sombre horizon de l'est.

Enfin, dans la grisaille du crépuscule qui n'en finit pas de tomber, j'aperçois au loin l'île Horn. Ce qui me fait revendiquer une triple ration de tafia. Il fait froid dehors et le vent mollit. Le rythme des quarts continue, finalement interrompu par l'appel, sobre mais chargé d'émotion, de Thierry à 3 heures du matin ce dimanche 28 décembre : « On y est. »

Nous nous retrouvons tous sur le pont, sous les faibles éclats du phare. Le bouchon de la bouteille de champagne prévue à cet effet va rejoindre les flots de l'océan Pacifique dans lequel *La Volta* fait son entrée. Selon la tradition, en tant que cap-horniers, nous avons désormais le droit de « cracher au vent », ce dont nous ne nous privons pas. Passée l'euphorie du moment, nous nous calmons et admirons le rocher.

À cette heure, la mythique falaise de 424 mètres est comme ph. 42
une imposante forme noire surgie des flots, avant-poste du continent américain. Nous connaissons cette silhouette pour l'avoir vue et revue sur les photos qui nous faisaient rêver dans les livres de mer. Ce passage dans la pénombre d'une nuit australe est particulièrement envoûtant. Le silence règne maintenant à bord. Le phare nous lance ses furtifs clins d'œil, un éclat blanc toutes les douze secondes. Chacun a vécu intensément ces dernières journées et chacun vit à présent son Horn. Éric, songeur, dessine le cap majestueux. Thierry et moi rêvons aux 8 000 milles parcourus depuis plus de six mois, et à l'objectif atteint. Notre émotion est intérieure. Nous savons que nous n'en prendrons pleinement conscience qu'au fil du temps. L'heure est plutôt aux douces flâneries de l'esprit. Et le cap Horn est là.

Alors que peu à peu nous nous en éloignons dans le jour renaissant, son cône minéral et déchiré semble nous renvoyer à notre insignifiance. Enfin Stéfan écrit dans le livre de bord : « Trempés mais heureux, nous laissons le Horn dans notre sillage. Nous ne serons plus jamais les mêmes. Nous serons pires. »

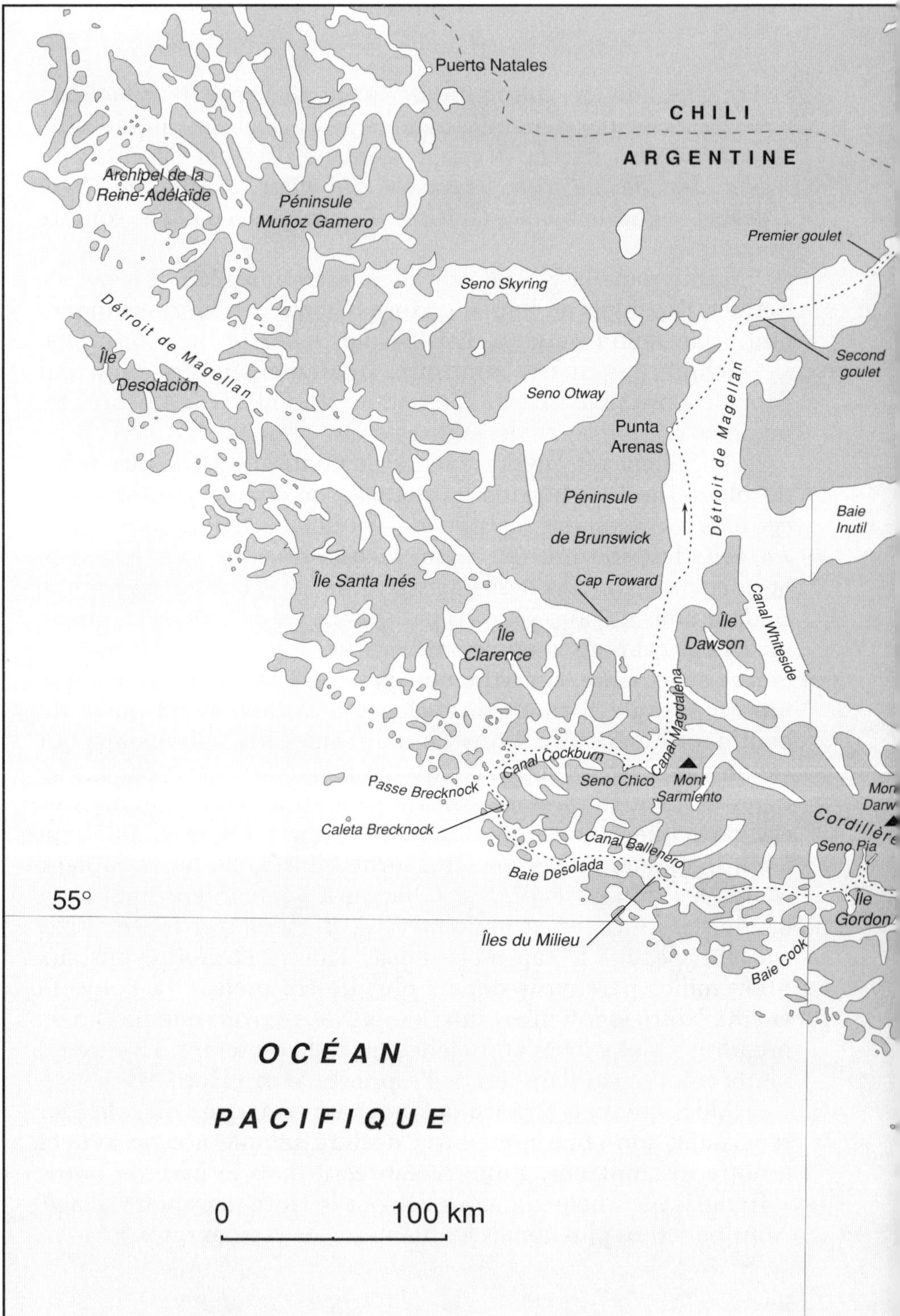

L'ARCHIPEL DE LA TERRE DE FEU

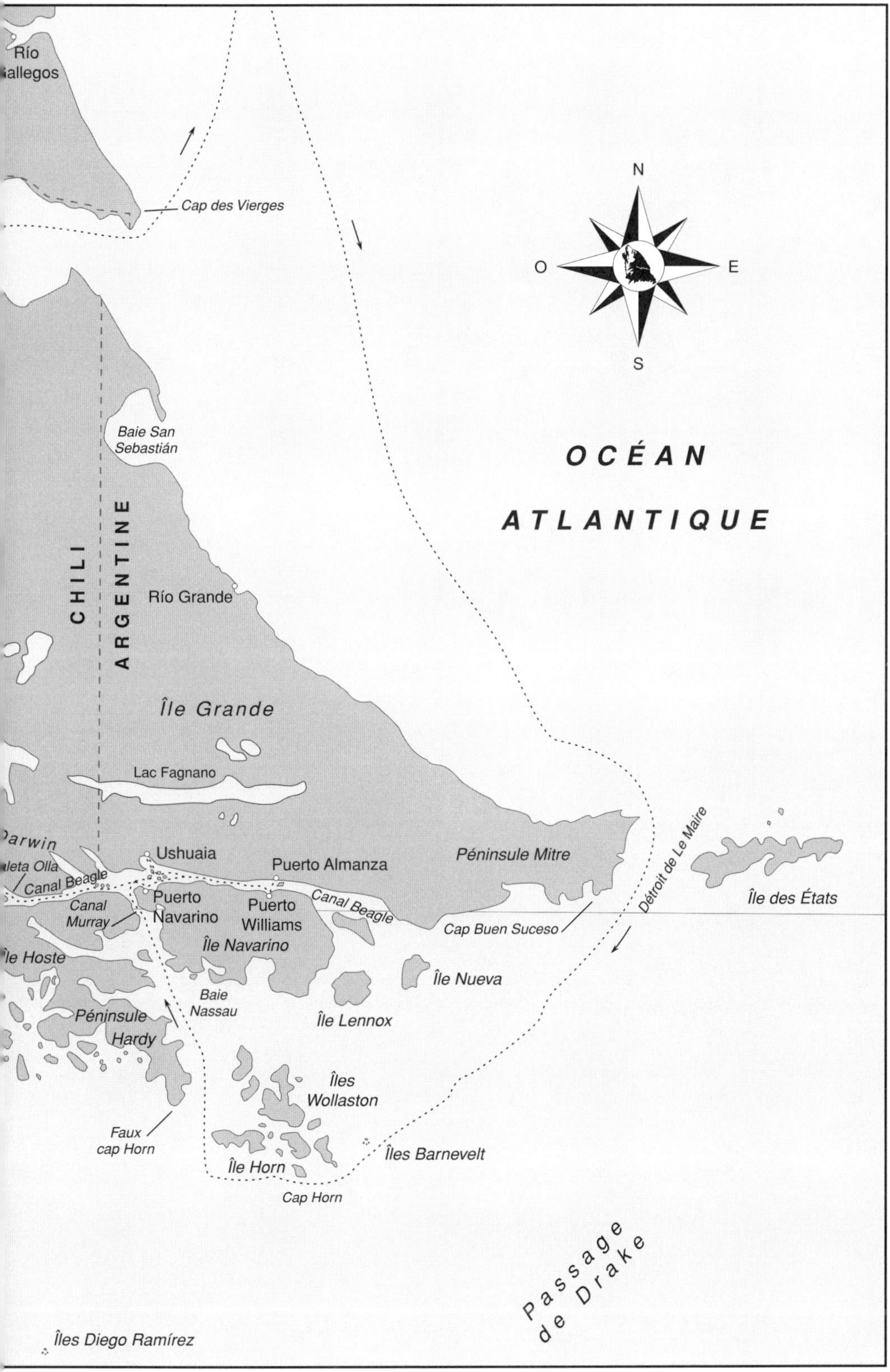

Río Gallegos
Cap des Vierges
N
O
E
S
Baie San Sebastián
OCÉAN ATLANTIQUE
CHILI
ARGENTINE
Río Grande
Île Grande
Lac Fagnano
Ushuaia
Puerto Almanza
Péninsule Mitre
Détroit de Le Maire
Île des États
Canal Beagle
Puerto Navarino
Puerto Williams
Canal Murray
Île Navarino
Cap Buen Suceso
Île Nueva
Baie Nassau
Île Lennox
Péninsule Hardy
Îles Wollaston
Faux cap Horn
Île Horn
Îles Barnevelt
Cap Horn
Passage de Drake
Îles Diego Ramírez

La balade des confins

Ushuaia – Río de la Plata

« Comment ? Vous êtes passés par le Murray ? Surtout, n'en dites rien à personne. Et vous feriez bien de ne pas vous rendre au Chili ! » C'est en ces termes peu encourageants que nous sommes accueillis sur le ponton d'Ushuaia.

La veille, après que nous eûmes franchi le cap Horn, le vent était progressivement tombé, pour bientôt nous abandonner complètement. Les vagues nous ballottaient en tout sens alors que nos voiles ne trouvaient plus l'appui nécessaire pour stabiliser le bateau. Quelques milles après le passage de la pointe mythique, nous fîmes démarrer le moteur. Pendant que nous longions l'île L'Hermite, la longue journée de l'été austral débuta. Nous distinguions encore le Horn, derrière nous : « Heureusement qu'on l'a passé à la voile ! »

À la mi-journée, après avoir contourné le groupe d'îles du cap Horn par l'ouest, nous prîmes la direction du nord et entrâmes dans le dédale des canaux naturels de l'archipel de la Terre de Feu, qui forment un lacis d'étroites vallées glaciaires envahies par la mer. À bâbord, la pointe sud de la péninsule Hardy sur l'île Hoste, appelée « Faux cap Horn », fut dépassée. Comme son nom l'indique, elle a vocation à tromper les marins. De l'autre côté, nous distinguions l'île Wollaston et les autres morceaux de terre mystérieux et mouvementés situés au nord de l'île Horn. Protégés de la houle du large, nous entrâmes dans la baie Nassau sur une eau lisse, à peine ridée par le passage de timides risées.

À cette extrémité sud de l'Amérique, la cordillère des Andes éparpille ses derniers sommets dans la mer, comme en d'ultimes soubresauts. Avant de sombrer définitivement, le continent se brise en fragments déchiquetés et coiffés de neige. *La Volta* faisait son entrée dans ce mystérieux univers maritime et minéral. Devant nous, l'île Navarino apparut, au nord de laquelle sont situés le canal Beagle et ses deux villes portuaires : Puerto Williams, la Chilienne, sur la rive sud, et Ushuaia, l'Argentine, côté nord sur la Terre de Feu. Contourner l'île Navarino par l'ouest permettait de rejoindre presque directement notre objectif, Ushuaia, en empruntant le canal Murray. Cette route paraissait la plus logique, mais la relecture des écrits du navigateur Patrick Van God nous apprit que ce canal était strictement réservé à la marine chilienne. Lui-même avait dû user de toute sa diplomatie pour amadouer les autorités après avoir franchi cette zone prohibée. Toutefois ces faits datent d'il y a trente ans. Qu'en est-il aujourd'hui ? Les *Instructions nautiques* françaises ne prennent pas la peine d'évoquer ce passage. Nous en conclûmes que ce document officiel ne signalait pas d'interdiction, encouragés dans ce raisonnement par la lecture de la carte et le constat du large crochet qu'aurait constitué le détour par l'est de l'île Navarino.

Le long crépuscule austral commençait, imperceptiblement, à s'acquitter de sa mission quotidienne consistant à obscurcir lentement le ciel couvert de nuages statiques. Nous approchions de l'entrée du fameux canal. En l'absence de balisage nocturne, nous préférâmes attendre le lendemain avant de nous y engager, laissant notre voilier inerte sur l'eau plane comme un miroir. Le moteur fut stoppé, la barre abandonnée. Un calme sidérant régnait. Le soir tombait et la faible lumière du carré éclairait notre cocon, dont le relatif confort contrastait avec l'immensité froide et figée, presque abstraite, du décor. De sombres reliefs capuchonnés de neige dominaient la surface grise de l'eau. La luminosité jaune orangée s'échappant des entrailles du voilier semblait posée là par erreur, comme une poche de vie égarée sur une photo noir et blanc. *La Volta* était immobile dans la nuit. Une certaine clarté se maintenait, et nous distinguions les fantomatiques dômes lactés et immaculés des sommets environnants. Parfois, un animal marin non identifié faisait frissonner la surface de l'eau, provoquant un clapotis rapidement absorbé par le calme absolu régnant sur ces confins. Vingt-quatre heures après avoir déboulé vers le cap Horn, secoués par une mer agitée, la paix de cette nuit fuégienne nous détendait profondément.

Puis l'avant-garde du jour décocha ses premiers traits lumineux, et se refléta sur les cimes enneigées, réveillant doucement les montagnes. Celles-ci s'illuminèrent peu à peu et le vent, répondant à ces signes, se leva lentement lui aussi. Notre voilier se remit en marche vers le nord. *La Volta* glissa dans l'étroit canal Murray, et nous aperçûmes sur la rive une cabane surmontée d'un drapeau chilien. Aucune trace de vie ne s'en échappait. Nous souhaitâmes un profond sommeil aux gardiens éventuels du poste. En face, la Terre de Feu nous réapparut, semblant barrer la route. Le canal Beagle se dessina et au croisement des canaux, nous prîmes à droite. Bientôt nous apparurent les premières maisons de la ville argentine d'Ushuaia, que nous atteignîmes le 30 décembre à 10 heures du matin, après huit jours de mer depuis Puerto Deseado. Nous nous amarrâmes à l'une des bouées de l'anse où dodelinaient une demi-douzaine d'autres voiliers.

couv. 1

Le canal Beagle mène de l'océan Atlantique à l'océan Pacifique, entre les deux autres routes possibles du détroit de Magellan et du passage de Drake, au-delà du cap Horn. Il est bordé au nord par la grande île de la Terre de Feu et au sud par les îles Navarino et Hoste. Il fait partie des nombreux canaux de Patagonie, qui s'étendent du nord au sud sur près de 2 000 kilomètres, de l'île de Chiloé sur la côte Pacifique jusqu'à la Terre de Feu et au Horn. Nulle part ailleurs au monde peut-être, la terre, l'eau douce et l'eau de mer ne sont si intimement mêlées. Le continent américain s'émiette en un enchevêtrement d'îles, îlots, presqu'îles et péninsules, dont les rives sont dessinées par les canaux et les fjords appelés ici *senos*. Partout, la mer a envahi les vallées. De nombreuses *caletas* forment autant d'anfractuosités de la côte : ces petites baies sont des abris appréciés des navires. Les terres sont couvertes de montagnes ou de cordillères enneigées. De spectaculaires glaciers, joliment nommés ici *ventisqueros*, se déversent depuis les sommets, tandis que d'innombrables torrents et cascades dévalent les pentes et se ruent sur d'étroites vallées. Nombre de lacs aux contours sinueux se nichent dans les recoins de ces reliefs tourmentés.

ph. 53

Deux pays se partagent ces contrées morcelées, jaloux de leur souveraineté : l'Argentine possède la partie est de la Terre de Feu et l'île des États, le Chili se taillant la plus grande part avec la moitié ouest de la Terre de Feu, les îles situées à son sud jusqu'au cap Horn, et le chapelet d'îles à l'ouest et au nord. Ce pays occupe en outre les côtes du détroit de Magellan, au bord duquel la grande ville de Punta Arenas étend ses quartiers.

Ainsi, sur le ponton d'Ushuaia, nous apprenons par le premier skipper que nous croisons qu'il est fortement déconseillé d'emprunter le canal Murray. Des équipages de voiliers y auraient laissé une amende correspondant à la moitié du prix du bateau. Dans cette zone où les militaires chiliens et argentins se surveillent étroitement d'une île à l'autre, il semble que l'on ne badine pas avec les règlements. Nous faut-il éviter le Chili ? Cela nous priverait des plus beaux paysages de l'archipel de la Terre de Feu, sur fond de glaciers se jetant dans l'eau des canaux. Il serait décevant de ne pas s'y rendre, alors qu'ils se trouvent enfin à portée d'étrave après tous ces mois de navigation. Indécis, nous nous donnons le temps de réfléchir et prenons celui d'arroser notre succès : les jeunes cap-horniers que nous sommes devenus écument les bars pendant deux jours, ajoutant aux bonnes raisons de s'adonner à ces festivités le changement d'année.

ph. 44 Ushuaia, ville d'environ trente mille habitants, nous apparaît contrastée. La rue principale propose au regard des touristes des vitrines de magasin emplies de tee-shirts célébrant la *Ciudad más austral del mundo*, son titre de « ville la plus au sud du monde » contesté par sa voisine chilienne de Puerto Williams sur l'île Navarino, plus petite mais plus australe. Sur les cartes postales est exhibé le visage d'une vieille Indienne, morte il y a quelques années, et qui était dans la région l'ultime rescapée des indigènes décimés par l'arrivée des Blancs.

Un paquebot a jeté l'ancre dans le port et les affaires sont bonnes dans les commerces. L'arrivée de ce mastodonte finit de briser le mythe de cette ville. Le bout du monde n'est plus ici. Quoique… Un peu plus tard, nous nous promenons parmi les maisons de bois disposées à la périphérie de la ville. Les strass de la vitrine touristique ont disparu. Les bicoques sont d'un confort sommaire et constituent un assortiment hétérogène, par leurs couleurs et par leurs formes : colonnades incongrues et clochetons dissonants témoignent d'un curieux sens esthétique.

Ils contribuent à donner à l'ensemble un aspect cosmopolite, comme si les habitants – colons, aventuriers ou pauvres bougres venus d'on ne sait où – avaient échoué là un par un, au bout de la dernière route, venant diluer davantage le sang indien qui résiste encore au métissage. Nous visitons l'ancien bagne d'Ushuaia. Des évadés s'échappaient de cet enfer sur des coquilles de noix, risquant leur vie dans le labyrinthe des canaux. Les cellules sont toujours là et quelques mannequins grandeur nature y représentent de patibulaires prisonniers, pour l'édification des touristes.

Nous nous éloignons en direction des montagnes. Nous grimpons le long de l'unique piste de ski de la Terre de Feu, herbeuse en cette saison. Alors que nous atteignons la neige, la vue sur le canal devient superbe. Nous devinons les embarcations du port. Chacun d'entre nous se demande si *La Volta* poursuivra sa route vers le Chili, que nous observons, en face, sur l'autre rive. L'ambiance parmi nous est morose, car certaines tensions sont apparues dans l'équipage à propos de la décision à prendre sur le passage au Chili et de la place de chacun à bord. De retour en ville, Stéfan téléphone aux autorités chiliennes de Puerto Williams. En bon comédien, il se fait passer pour un auto-stoppeur en retard qui aurait rendez-vous avec un voilier du nom de *La Volta*. Son interlocuteur lui répond qu'il n'a aucune trace du passage de ce bateau. Le résultat du stratagème est encourageant, à défaut d'apporter une certitude.

Nous avons installé confortablement *La Volta* au ponton, à l'abri d'éventuels coups de vent d'ouest. À notre étonnement, les eaux du canal restent si calmes durant ces jours que les reliefs s'y reflètent quasiment sans déformation. La remontée de 985 à 1 012 hectopascals du baromètre au cours des premières vingt-quatre heures de notre séjour, pourtant forte, n'a pas provoqué le moindre déplacement d'air. Le Sud nous montre un visage tranquille. L'unique employé de la partie du port réservée à la plaisance est un jeune Français, qui s'enorgueillit de faire « le meilleur maté d'Ushu ». Il s'agit d'une infusion de feuilles de l'arbuste du même nom, aux propriétés énergétiques, contenu dans une calebasse de laquelle émerge une pipette, et que l'on fait passer de main en main, en un rituel convivial. Le maté est la boisson nationale argentine et les équipages profitent régulièrement de cet excellent breuvage. Peu à peu, ph. 43 nous faisons connaissance avec la sympathique communauté des voiliers. La plupart sont français et pratiquent le charter, embarquant des passagers vers le cap Horn ou les glaciers de la partie ouest du canal Beagle, et parfois jusqu'en Antarctique.

Le premier jour, nous sommes à couple de la coque rouge de *Biribi*, dont le capitaine est une femme. Celle-ci nous prête gentiment une série de croquis, griffonnés à la main et fort précieux : de nombreuses *caletas* offrant les meilleurs abris aux voiliers ont été cartographiées au fil du temps par les bateaux de charter. Sur ces dessins sont notés les hauts-fonds, les dangers, la protection des vagues et du vent, les bons endroits où jeter l'ancre, les balades à pied éventuelles. Je me rends sur-le-champ en ville photocopier cette mine d'informations.

Biribi est bientôt remplacé par *Rimpoché*. Ce voilier, qui arrive de La Rochelle, accueille à son bord un équipage familial. Les deux jeunes enfants semblent épanouis par leur voyage en compagnie de leurs parents, malgré trois fortes dépressions subies au large de l'Amérique du Sud. Son skipper vient apporter sa contribution à l'édification du « phare du bout du monde », réplique de celui imaginé par Jules Verne dans son roman. En effet, un groupe de Français achève de donner réalité à ce phare qui doit être bâti sur l'île des États.

Jean-Paul, sur son *Ksar*, est un vieux baroudeur du Sud. Sa personnalité m'inspirant confiance, je propose à mes camarades de lui dévoiler notre petit secret : le passage par le canal Murray. Nous sommes jusqu'ici restés discrets à ce sujet, cependant il nous faut prévoir la suite de notre programme et débloquer la situation. Je souhaite avoir d'autres sons de cloche que celui, plutôt alarmant, que nous avons reçu brutalement le jour de notre arrivée. Thierry et moi sommes accueillis par un maté dans le chaleureux carré du *Ksar*. Nous attendons beaucoup de la réponse de notre hôte, à qui nous contons les détails de notre histoire. Lorsque nous sollicitons son avis, Jean-Paul est rassurant. Il nous convainc que la situation dans la région s'est détendue et a évolué vers moins de rigueur militaire. Ses paroles nous décident à nous rendre à Puerto Williams pour déclarer notre entrée au Chili.

Nous engageons *La Volta* sur le canal Beagle, d'abord en direction d'un poste argentin situé 30 milles plus à l'est. Dans cette partie du canal, la VHF crépite. Nous sommes interpellés

par les Argentins au nord et les Chiliens au sud, qui surveillent le trafic depuis les rives et enregistrent le nom des bateaux qui passent. Nous prenons soin de rester du bon côté du canal afin que nos passeports soient en règle avec notre situation sur l'eau. Le vent d'ouest mollit rapidement, puis se calme avant de s'inverser. Le moteur est lancé de manière à progresser contre cette bonne brise venue de l'est, rare en cette saison. Un voilier nous rattrape. Je l'identifie : ce n'est autre que *Sarah von Werveck*, le bateau allemand parti le même jour que nous de Mar del Plata. Le combiné VHF est décroché. Hank est heureux d'apprendre que nous avons fait une belle navigation jusque-là. Lui-même, en avance sur nous, est resté coincé trois jours par la tempête à Buen Suceso, sur le détroit de Le Maire. Rendez-vous est pris à Puerto Williams, où il se dirige. Nous mettons le cap sur Puerto Almanza, une anse située du côté nord du canal, où il est, paraît-il, possible de régler les formalités de sortie de l'Argentine. Un ponton de bois à l'allure délabrée accueille nos amarres. ph. 45
Heureusement, personne ne nous a précédés : il n'y a pas de place pour deux. Nous explorons le secteur. Une maison blanche et une sorte de hangar sont les uniques bâtisses de l'endroit. Un chemin à travers les herbes, qui se transforme bientôt en allée bordée de pierres blanches, permet d'accéder à la maisonnette. Une arche formée par deux côtes de baleine peintes aux couleurs argentines, blanc et bleu ciel, marque l'entrée dans l'enclos qui entoure le terrain de la maison. Sur la gauche, un monticule porte les mots suivants, écrits en lettres blanches : *Prefectura naval*. Le drapeau ph. 46
argentin flotte au-dessus de l'ensemble. Deux militaires nous accueillent. Oui, il est possible de tamponner nos passeports pour sortir du pays. Nous apprécions de ne pas courir d'un bâtiment à l'autre à la recherche de différents bureaux pour nous acquitter des formalités. Nous bavardons avec nos hôtes, qui semblent satisfaits de recevoir du monde. Chaque visite contribue à rompre l'isolement de leur poste perdu. Éric, le pas déterminé, se charge de rapporter des fonds de *La Volta* une bouteille de vin français, et nous trinquons.

Après une traversée d'une heure, nous entrons officiellement au Chili, à Puerto Williams, bourgade de deux mille habitants et capitale de l'île Navarino. En 1962, un navire, le *Micalvi*, y fut ph. 48
échoué et hérita à jamais de la gîte qui fait partie de sa légende déjà établie. Ce bateau, qui date d'avant la Première Guerre mondiale,

est maintenant le siège du *Club de yates más austral del mundo.* Le comptoir du bar du yacht-club est judicieusement situé du côté où le navire donne de la bande. Lorsque l'on entre, une légère descente amène donc naturellement à s'y appuyer pour un moment. Quand il naviguait, ce navire militaire était le seul bateau chilien à arpenter les canaux, et servait à peu près à tout. Il ravitaillait les cabanes isolées, transportait des passagers, relevait et balisait les fonds, amenait parfois quelques Indiens vers les missions, acheminait le courrier, distribuait des médicaments. Sur le *Micalvi* embarquèrent, entre autres, les écrivains Francisco Coloane et Jean Raspail. Ce dernier vit passer en 1951 le long du bord l'un des tout derniers canots des Indiens fuégiens.

La Volta vient s'amarrer à cet illustre ponton. Ce n'est pas sans inquiétude que nous pénétrons dans le bureau de l'armada chilienne. Nous devons y faire tamponner nos passeports, en espérant que notre passage matinal dans le canal Murray, une semaine auparavant, soit passé inaperçu. Lorsque nous déclarons le nom de notre bateau, nous guettons la réaction de notre interlocuteur. Aucun rictus ne se dessine sur son visage, ce qui est encourageant. Nous restons méfiants. La raideur militaire n'est pas censée laisser transparaître de la spontanéité. Nous répondons aux questions rituelles concernant notre provenance et notre destination. Quelques minutes plus tard, nous ressortons à l'air libre, papiers en règle et soulagés. Nous nous étions préparés à un interrogatoire plus serré, mais il semble que les gardiens du poste du canal Murray n'exercent plus une surveillance permanente et dorment parfois à poings fermés. Le Chili est à nous !

Nous retrouvons quelques voiliers parmi lesquels *Biribi* et *Sarah von Werveck.* Nous remettons du courrier confié par Lizzy, de Buenos Aires, au skipper du voilier argentin *Mago II* de retour d'Antarctique. L'Antarctique... Le continent blanc fait rêver Thierry, qui désire trouver un bateau pour l'y emmener. Nous estimons que *La Volta* n'est pas équipée pour cette traversée – par exemple un chauffage qui fonctionne y paraît indispensable –, et je ne souhaite pas m'y rendre, préférant partir à la découverte des canaux. Je ne me sens pas suffisamment fort pour affronter avec notre voilier le redoutable passage de Drake : environ 500 milles à franchir sans abri entre le cap Horn et la péninsule Antarctique, où les vagues qui font le tour du monde défilent sans cesse, entretenues par les fortes dépressions du Grand Sud. D'autre part, le cap Horn est pour moi un aboutissement dans ce voyage et je préfère savourer l'objectif atteint, sans chercher immédiatement une nouvelle forme de dépassement. Thierry espère se faire engager comme équipier à bord de l'un des voiliers de charter en partance vers le sud. Pendant ce temps, Éric, Stéfan et moi le laisserons dans sa quête à Puerto Williams, et irons explorer le canal Beagle.

Thierry plante une tente, que nous avions à bord, non loin du *Micalvi*. Le reste de l'équipage fixe pour le soir même le grand départ vers l'ouest et les glaciers. Je ressens de l'excitation à la perspective de nous enfoncer plus profondément dans le mystérieux dédale des canaux. Certaines de leurs caractéristiques me rassurent. Les côtes y sont généralement accores. Nous ne serons jamais en vue de la pleine mer et resterons ainsi à l'abri des vagues engendrées par les tempêtes océaniques. D'autres dangers nous y attendent, *a priori* moins préoccupants. Les témoignages que nous avons recueillis sur la navigation dans les canaux laissent augurer de possibles rencontres, parfois désagréables, avec des changements de temps brutaux ou des phénomènes exotiques tels que les *williwaws*[42], violentes rafales, accélérées par le relief et les différences thermiques, qui peuvent jaillir de tous côtés, sans mise en garde préalable. Ces bourrasques auraient couché plus d'un voilier et drossé quelques autres à la côte. Par ailleurs, on nous recommande de ne pas trop nous fier aux prévisions météo, à la précision aléatoire en ces régions montagneuses, mais de nous arrêter lorsque le vent devient excessif. Pour le reste, la navigation se fait souvent au moteur dans ces canaux étroits, sauf lorsque le vent est portant. L'une des difficultés à prévoir est la lutte contre le vent d'ouest dominant, qui soulève un court clapot rendant la progression laborieuse, voire impossible. Or le vent est souvent plus faible durant la nuit. C'est en tout cas l'une des informations que nous ont transmises nos voisins de ponton, plus expérimentés. Le canal Beagle est équipé sur le tronçon qui nous attend d'un bon balisage nocturne, ce qui nous conforte dans notre choix d'un départ en soirée.

Nous larguons les amarres. Le moteur est démarré afin d'aider la grand-voile à propulser le bateau contre le vent d'ouest

42. Terme qui provient de la langue des Indiens alakalufs.

qui souffle à force 5. Le pilote automatique, que nous utilisons quand nous naviguons au moteur, refuse de fonctionner. Je décide de revenir à Puerto Williams pour tenter de le réparer, décision affermie par la persistance d'un vent assez fort qui rend malaisée la progression du voilier. Une heure et demie après le départ, nous sommes de nouveau amarrés au *Micalvi*. Hank fait remarquer à juste titre qu'avec trois personnes expérimentées à bord et susceptibles de barrer le pilote automatique n'est pas indispensable. Cette remarque pique mon orgueil de marin, car elle révèle ma fébrilité. Mais ce départ dans la nuit, de la Terre de Feu vers des canaux inconnus, est une nouveauté pour moi et je souhaite mettre toutes les chances de notre côté pour m'y lancer. Aidé d'une lampe de poche, j'essaie, sans succès, de réparer le pilote automatique. Je proclame enfin qu'avec ou sans lui, nous appareillerons le lendemain.

Cinq heures trente : le jour s'est levé et nous repartons. Le vent est toujours là, aussi vigoureux. Toute la journée, nous luttons pour progresser contre les vagues serrées du canal. En fin d'après-midi, lassés d'avancer si laborieusement, nous décidons de rebrousser chemin vers l'abri de la *caleta* Mejillones, conseillé par Hank qui est encore à portée de VHF. Nous n'en avons pas le plan précis et jetons d'abord les ancres en un endroit mal abrité des vagues. Une observation plus scrupuleuse du rivage alentour nous décide à déplacer le bateau vers une échancrure de la *caleta*, située au-delà d'un amas de cailloux entre lesquels il va falloir se faufiler. Nous expérimentons la technique conseillée sur les pontons des ports du Beagle : observer les *cochayuyos*, algues géantes ou laminaires que les anglophones appellent *kelp*, qui marquent l'emplacement des rochers sur lesquelles elles s'accrochent. Mes deux équipiers scrutent les algues à la proue, et me dirigent à travers le dédale. Finalement, nous jetons de nouveau les ancres dans le recoin de côte préalablement repéré, et qui se révèle parfaitement abrité. À peine la manœuvre de mouillage est-elle terminée que le vent mollit nettement dans le canal. Nous relevons les ancres pour la
ph. 55 deuxième fois afin d'exploiter cette accalmie pour gagner de l'ouest. Dans la soirée, nous naviguons à la hauteur de Puerto Navarino, un bon abri, qui fait face à Ushuaia. Le vent est complètement tombé et nous permet une belle progression au moteur. Nous décidons de profiter de l'aubaine et de poursuivre

notre route de nuit. Une heure plus tard, tandis que le paysage s'obscurcit, nous recevons la météo d'un poste argentin : *vientos muy fuertes*, alors que le baromètre est en baisse sensible. Bien que ce type d'information ait rarement été exact jusqu'à présent, cela n'est guère réjouissant. Je décide de faire demi-tour, pour la troisième fois en à peine plus de vingt-quatre heures. Cette fois, c'est vers Puerto Navarino que nous nous dirigeons, où une solide bouée est disponible au pied d'un poste chilien.

Il est minuit passé lorsque nous approchons de l'abri. L'obscurité s'installe peu à peu et les montagnes qui bordent le canal ne sont plus que de sombres silhouettes. J'avais espéré arriver avant la nuit, mais celle-ci nous a pris de vitesse. Nous distinguons malgré tout à tribord les bas rochers qui débordent de l'île Navarino et qui annoncent la passe d'entrée. Le GPS est mis à contribution pour compléter nos observations, afin de contourner ces masses sombres avec plus de sécurité. Nous bifurquons vers l'intérieur de la baie de Puerto Navarino. Discernerons-nous la bouée ? Sur l'île, la lumière d'une habitation brille faiblement. *La Volta* s'engage dans cette direction. À droite, nous surveillons attentivement les formes noires des rochers, d'autres apparaissent plus loin, sur la gauche : nous entrons dans l'abri. La profondeur indiquée par le sondeur correspond à celle de la position que j'ai portée sur la carte. Pour l'instant, tout va bien. Éric et Stéfan se sont munis d'une torche et se dirigent à l'avant du bateau. Ils scrutent la surface de l'eau, à la recherche de la bouée. Sur la carte, Puerto Navarino apparaît comme une étendue d'eau saine en son centre, mais au pourtour bordé d'invisibles cailloux. Nous serions avisés de ne pas trop nous en approcher. Le repérage de la bouée est problématique. Nous nous engageons lentement vers le milieu de l'abri sans discerner le moindre objet flottant. Je sollicite à la VHF l'aide du gardien du poste chilien. La faible lumière visible sur le rivage entretient l'espoir que quelqu'un veille encore à terre. De longues secondes s'écoulent puis, par bonheur, une voix répond. L'homme qui parle doit sans doute nous observer depuis sa fenêtre, puisque des mots qui semblent indiquer des directions à suivre s'échappent du combiné. Nous avons du mal à comprendre ses instructions en espagnol, et ce que je perçois de ses consignes me paraît aller à l'encontre de ce que nous indique le GPS. Dans l'intervalle, *La Volta* avance lentement sur le plan d'eau. Mes compagnons veillent non seulement la bouée, mais aussi les éventuels *cochayuyos* annonciateurs de rochers. L'eau est noire, nuancée de gris par de timides vaguelettes. Le faisceau de notre lampe éblouit l'œil et corrompt les formes plutôt qu'il ne les souligne. Nous l'éteignons.

Des signaux lumineux apparaissent sur la berge. Probablement le gardien est-il sorti de son abri et agite-t-il une torche depuis la rive. Nous tentons d'en déchiffrer la signification : à droite ? À gauche ? Notre guide ne semble pas satisfait du cap donné au voilier car les signaux disparaissent peu après. Quelques instants plus tard, la VHF crépite de nouveau, laissant échapper une voix ahanante. Stéfan essaie de décrypter les syllabes qui en sortent. Au même moment, Éric signale la présence de *cochayuyos* à la surface de l'eau. Les informations qui me parviennent sont incohérentes. La présence des algues à proximité me surprend. Le GPS indique une position où l'eau est relativement profonde, néanmoins le report de son point sur la carte est fait un peu dans la précipitation et l'appareil n'est pas précis au mètre près. Le bruit du moteur, la VHF et son grésillement espagnol, le GPS, les indications de mes équipiers, la nuit fuégienne qui s'épaissit encore, les algues, les montagnes noires, la torche qui s'agite de nouveau sur le rivage… La dispersion des informations et l'intensité qui se dégage du site contribuent à entretenir mes atermoiements.

Le sondeur affiche toujours 20 mètres de fond, mais il peut varier d'un moment à l'autre si nous venions à effleurer une roche. L'hypothèse de jeter l'ancre me traverse l'esprit, mais le coup de vent annoncé, la profondeur encore importante et la nature supposée rocheuse des fonds ne m'y encouragent pas. Je songe un instant à ressortir de la baie. Un coup d'œil vers l'arrière m'en dissuade : à cette heure obscure, nous ne distinguons plus rien et risquerions de percuter les cailloux qui bordent la passe. La situation devient délicate. Le moteur est mis à son plus bas régime et nous tentons d'éviter les algues. Au diable l'électronique ! Je décide de privilégier l'écoute attentive du gardien, qui se démène pour nous venir en aide et qui en est à son deuxième aller et retour entre son poste VHF et la rive. Le ton de sa voix commence à donner d'évidents signes de fatigue dus à son agitation depuis l'arrivée de *La Volta* sous ses fenêtres. Nous essayons de déchiffrer ses consignes. *A la derecha ? A la izquierda ?*

À droite ? À gauche ? Rochers à gauche ou cap à gauche ? Nos essais respectifs de traduction finissent par concorder : d'accord pour nous diriger vers la gauche.

Toujours pas de bouée. L'aurions-nous dépassée sans la voir ? Dans ces conditions, il est prétentieux d'évaluer les distances et malaisé de percevoir les contours de la rive. Ceux-ci me paraissent trop proches à mon goût. Enfin, Éric annonce la bonne nouvelle. La bouée est là. Nous avisons avec soulagement sa forme conique, sombre et salvatrice.

La tension se relâche. Nous ne savons comment exprimer notre gratitude ineffable à notre sauveur invisible. Faute de mieux, nous répandons sur les ondes force *muchas gracias* appuyés. Puis nous sombrons dans le sommeil, seulement perturbé par des rafales de vent qui nous confirment dans notre option de relâcher ici. Le lendemain, nous nous rendons à terre visiter notre bienfaiteur de la nuit, munis comme il se doit d'une bonne bouteille. Puerto Navarino est constitué de cinq à six maisons où vivent quelques familles. Le gardien du poste, un militaire en mission pour plusieurs années, occupe la plus vaste. Nous y sommes conviés pour un café et une sympathique discussion. Notre hôte nous décrit les contraintes et les charmes de sa vie isolée. Parfois, il fait le déplacement à Puerto Williams, en été, lorsque la piste est praticable.

Nous nous baladons dans les environs. Entre les collines couvertes d'arbustes touffus, les vallons marécageux sont tapissés de mousses spongieuses dont les nuances de couleur vont du rouge au vert. Les castors ont modifié le paysage : de nombreux arbres sont dénudés ou abattus, et l'on découvre des abris et barrages de leur construction. Ces animaux importés ont trop largement proliféré dans ces îles où ils jouissent d'un environnement propice à leur mode de vie amphibie.

Le vent, toujours vigoureux, nous dissuade de repartir et nous prolongeons notre séjour à la bouée. Nous ne savons pas que cette bouée maudite, qui s'est tant fait désirer, n'a pas encore délivré tout son potentiel de désagréments et va nous apporter un deuxième lot d'émotions.

Une belle goélette en bois de plus de 20 mètres fait son entrée dans l'anse, propulsée par son moteur. Nous apprécions les lignes de ce gréement traditionnel. Notre admiration envers le nouveau venu ne va guère durer. Le long beaupré en bois qui prolonge sa proue, tel un tronc menaçant, frôle nos haubans. Je formule *in petto* l'alternative suivante : soit le capitaine est une fine barre et manœuvre au millimètre, soit il ne maîtrise nullement son affaire. Malheureusement, la deuxième hypothèse va se révéler la bonne. Le monstre approche de nouveau et vient se mettre bord à bord pour s'amarrer lui aussi à la bouée. Hélas, arrivant trop vite, il se vautre sur *La Volta*, son beaupré s'appuyant lourdement sur notre étai. Je crains un instant le démâtage. Stéfan et Éric, qui s'étaient portés à la proue pour aider à la manœuvre, se sont recroquevillés au ras du pont avant, se protégeant contre d'éventuels bris d'éléments de la mâture. Les parties métalliques du bordé de la coque en bois endommagent nos filières, et deux chandeliers qui soutiennent celles-ci plient sous le poids du gros voilier. Enfin celui-ci se stabilise. Mes coéquipiers se relèvent. Nous pouvons régler les amarres. Furieux, je monte à bord de notre assaillant et invective son capitaine, en espagnol, français et anglais. Ayant déchargé une partie de ma tension, je reviens sur *La Volta* constater les dégâts. Stéfan est hissé en tête de mât afin de vérifier que rien n'est abîmé dans la mâture. Des touristes embarqués sur la goélette de charter prennent des photos de cette ascension, aussitôt dissuadés par le regard menaçant d'Éric : *« No photo ! »* vocifère-t-il. Nous sommes tous trois énervés par l'incident. Je soupçonne toutefois Stéfan de recevoir avec bienveillance les regards admiratifs de certaines jeunes filles blondes devant sa vaillante escalade du mât.

Les dégâts apparents sont minimes : notre génois est légèrement déchiré, deux chandeliers sont pliés et la filière est à changer. Mais il est impossible de déterminer si le gréement n'a pas été fragilisé. Ma colère apaisée, je retourne sur la goélette rendre compte de notre inspection. Son capitaine offre aussitôt de tout rembourser, tout en refusant l'hypothèse de faire appel à un expert qui pourrait vérifier que la bonne tenue du mât n'est pas remise en cause. En ces lointaines contrées fuégiennes, est-il seulement possible de trouver une personne capable d'effectuer une telle expertise ? Rendez-vous est pris à Puerto Williams dans quelques jours, où nous ferons les comptes de manière plus sereine.

Le bilan n'est pas fameux : en trois jours, nous n'avons fait qu'une trentaine de milles vers l'ouest, au terme desquels *La Volta* s'est fait égratigner. Nous avons été plusieurs fois confrontés à des choix difficiles de faire route ou non, face à des conditions que je juge limite, dans cet espace de navigation aux caractéristiques nouvelles où j'ai besoin de prendre mes marques. Notre objectif, les plus beaux fjords et glaciers du Beagle, est encore à 55 milles et nous n'avons plus que cinq à six jours pour nous y rendre et revenir à Puerto Williams sans faire prendre le risque à mes camarades de manquer leur avion pour la France. Même si la navigation de retour devrait être grandement facilitée par les vents d'ouest dominants, nous commençons à douter.

Il est 4 heures du matin quand nous larguons l'amarre de la bouée. Notre objectif, quasi obsessionnel : gagner de l'ouest. ph. 57
Le vent, toujours contre nous, reste modéré. Lui faire face avec l'aide du moteur n'est guère efficace, car la large carène de *La Volta* n'apprécie pas les vagues courtes, qui cassent l'erre du bateau. Le couple grand-voile plus moteur est le moyen le plus concluant, qui nous fait progresser dans des bords serrés. En début d'après-midi, alors que le canal Beagle se sépare devant nous en deux bras, le vent redouble d'énergie, atteignant un bon force 6. Nous sommes proches de notre but et forçons le passage. Le courant favorable sous le vent de l'îlot du Diable, au nom évocateur, à l'entrée du bras nord-ouest, nous permet de nous approcher tout près de l'abri espéré : la *caleta* Olla. L'île dépassée, il ne nous reste que quelques encablures avant l'entrée, sur la rive nord du canal. *La Volta* franchit ces derniers hectomètres avec difficulté, puis s'engage dans la *caleta* sur une eau apaisée. Nous faisons un tour de la baie pour aviser l'endroit. À l'ouest, la plage est bordée par une rangée d'arbres qui font écran contre le vent. Au nord, une haute falaise s'affaisse sur la droite vers une vallée d'où s'écoule une rivière. Au sud, une langue de terre surmontée d'une colline ferme la baie dont l'entrée est située à son sud-est. En ce havre de paix, nous testons l'amarrage conseillé dans les canaux : nous jetons le mouillage à faible distance de la plage, puis mes équipiers gagnent la terre avec l'annexe, en déroulant notre longue amarre de 100 mètres, de manière à l'attacher à un arbre robuste de la rive. L'opération est répétée avec notre second long cordage mis sur rouleau.

Nous grimpons sur la colline avoisinante admirer notre voilier. L'arrière de *La Volta*, orienté face à la plage, est solidement relié aux arbres. De l'autre côté, à l'est, d'où le vent vient rarement, la position du bateau est assurée par les deux ancres. ph. 54
Nous pouvons attendre de pied ferme une éventuelle tempête.

Nous partons à la découverte des environs. Un « chemin de guanaco » remonte la rivière. Ces animaux de la famille du lama, caractéristiques de la Patagonie, ont tracé des coulées parmi les herbes et les arbres. Nous longeons un marais dont les bords ont été saccagés par les castors : de nombreux chablis émergent de l'eau, apportant une touche lugubre au paysage qui s'offre à notre regard, au détour des virages du chemin. Nous grimpons à flanc de montagne. Derrière nous, *La Volta* est minuscule au fond de la baie. De l'autre côté du canal, les sommets enneigés de l'île Gordon et de l'île Hoste nous dominent, posés là sur leur socle de falaises dont la base est léchée par le clapot des eaux marines. Enfin, nous atteignons un col derrière lequel un lac apparaît, où vient mourir un glacier immaculé, qui y éparpille de nombreuses taches blanches.

Je suis transporté par cette nature invraisemblable. Alors que je ne sais où donner de la tête, juché sur un rocher et dominant la *caleta* Olla, les villes du Beagle me paraissent un lointain souvenir, comme si elles s'étaient évanouies dans notre sillage. Je me sens transporté loin de tout, au cœur de ces canaux de Patagonie qui m'ont tant fait rêver, au travers de mes lectures ou de la consultation des cartes qui dessinent ce labyrinthe déchiqueté. Les contours tortueux dans lesquels vient finir le continent sud-américain me fascinent depuis l'enfance. Autour de nous, dans toutes les directions, les ingrédients des paysages de la Terre de Feu sont réunis, en une prodigieuse recette concoctée par Mère Nature. Le monde minéral est accommodé en un mélange étourdissant par les éléments liquides et végétaux. L'eau sous toutes ses formes, douce ou salée, stagnante ou agitée, liquide ou gelée, est omniprésente. Mon regard se nourrit de ce spectacle du bout du monde.

Dans la soirée, d'étranges rugissements résonnent entre les falaises du canal, qui semblent nous souhaiter la bienvenue dans cet autre univers. Lions de mer ? Quels qu'ils soient, ces animaux accompagnent à merveille le décor qui nous entoure par leurs cris ténébreux.

Après un nouveau départ matinal à 4 heures, nous poursuivons vers l'ouest. Les conditions sont propices : le vent contraire est tombé. *La Volta* évolue sur une eau plate, au moteur. À
ph. 58 tribord, un premier glacier apparaît, qui vient déposer ses rejetons

dans le canal : des glaçons de formes variées poussés par les courants approchent de notre coque. Le soleil vient faire luire le géant de glace, lui-même issu, comme tous les glaciers de la Terre de Feu, de la calotte posée sur le faîte de la cordillère Darwin, dont les pics dépassent 2000 mètres. Un peu plus loin, une autre de ces énormes langues de glace dévale la pente de la montagne. Celle-ci ne tombe pas dans l'eau de mer ; elle s'y déverse en une
large cascade issue de son front. Derrière l'arête rocheuse qui suit, ph. 60
un autre glacier se profile déjà. Je suis ébloui par cette succession couv. 2
de masses étincelantes qui déferlent des sommets pour s'épancher dans la mer. Les observer depuis le pont d'un voilier ajoute au dépaysement. Cette sensation est bientôt remise en cause par le passage incongru d'un paquebot !

La température a sensiblement chuté depuis que nous avons atteint la région des glaciers. Nous nous dirigeons vers le *seno* Pia, un profond fjord de 9 milles de long, qui s'enfonce dans les montagnes perpendiculairement à la rive nord du canal Beagle. Il se sépare en deux bras dans lesquels de nombreux glaciers se déversent, dont on nous a vanté la magnificence. Je me le représente comme l'une de ces demeures privilégiées de la Nature cachées dans les recoins les moins accessibles de la Terre, et dont les pièces rivalisent de beauté au travers de leur décoration. C'est notre objectif final. En fin de matinée, nous y faisons notre entrée. Au confluent des deux bras, nous décidons d'explorer d'abord celui du nord-est. Nous nous amarrons afin de déjeuner tranquillement dans un recoin du fjord, puis observons le panorama. Des nuages bas aux formes tourmentées se confondent avec les névés et voilent le sommet du glacier qui semble être surgi des nuées pour rejoindre l'onde. De temps à autre, des sons lourds comme des coups de tonnerre nous parviennent du fond du *seno*, provoqués par la chute de gros blocs qui se détachent du glacier, terminant dans l'eau une descente de plusieurs siècles depuis le haut de la cordillère. Rassasiés, nous repartons à la découverte du Pia. Stéfan et Éric prennent possession de l'annexe, pour une séance
photo de *La Volta* qui pose telle une étoile australe au premier ph. 61
plan du décor. Nous approchons de l'un des nombreux glaçons dérivant, dont le volume peut atteindre le mètre cube, afin de tester sa dureté. Stéfan lui assène un grand coup de rame, ce qui le fait trembler de toutes parts. Nous éviterons donc de percuter ces objets flottants durs comme le roc.

Nous nous rapprochons enfin de l'entrée du long bras nord-ouest du Pia. La carte nous apprend qu'au fond de celui-ci, à 6 milles devant nous, trois glaciers se rejoignent dans l'eau, se déversant de l'ouest, du nord et de l'est. L'endroit promet d'être exceptionnel. *La Volta* pointe son nez entre les rives abruptes du fjord. Chacun se prépare à être ébloui. À peine engagés, nous observons une rafale soudaine soulevant des gerbes d'eau vers le ciel, à 200 ou 300 mètres de l'étrave. La menace jusque-là restée invisible et mystérieuse choisit pour se révéler l'entrée de la plus belle chambre du palais : le *williwaw* nous lance un premier avertissement. Ce phénomène, dont les traités de navigation en Terre de Feu ne manquent pas de souligner les dangers, ne s'était pas manifesté jusqu'ici. Il avait peu à peu pris l'aspect, dans mon esprit, d'un danger abstrait, presque mythique, comme les épreuves subies en mer par le légendaire Ulysse. Aujourd'hui, la réalité est là, subite, palpable : le *williwaw*, tel un gardien du temple, dresse sa barrière d'écume furieuse et virevoltante.

Le moteur est mis au point mort. Je décide d'attendre quelque temps la suite des événements. La rafale s'apaise progressivement et l'atmosphère se détend peu à peu. Nous observons le calme relatif qui nous environne et reprenons espoir. Hélas, un deuxième *williwaw* surgit, qui rivalise de puissance avec son prédécesseur. Les tourbillons d'embruns se succèdent à la surface de l'eau. La chute importante du baromètre dans la journée, de 15 hectopascals en douze heures, achève de me convaincre : nous ressortons du fjord et allons nous installer de l'autre côté du canal pour la nuit, dans l'excellent abri que constitue la *caleta* Voilier.

L'amarrage des deux longs cordages aux arbres de la rive se ritualise. Avec les ancres, nous sommes tenus solidement de trois côtés et nous sentons en parfaite sécurité. Le baromètre peut chuter autant qu'il veut ! Ce type d'amarrage est prisé des quelques voiliers qui s'aventurent dans les canaux de Patagonie. Déjà, les tout premiers d'entre eux, ceux de la flottille de Magellan, dans le détroit du même nom, utilisaient cette technique. Pigafetta, le chroniqueur de ce premier tour du monde, écrit :

> *En ce dit lieu [...] force nous fut de mettre les proysses*[43] *en terre de vingt-cinq ou trente brasses de longueur.*

---

43. Il s'agit des amarres de proue.

Parmi les grands découvreurs, j'avoue décidément un faible pour Magellan…

Le paysage boisé qui nous entoure est magnifique. Le canal est invisible depuis cette anfractuosité de la côte, ce qui nous laisse l'impression de reposer à la surface d'un lac de montagne. Une rivière vient couler jusqu'à la plage. Nous nous offrons une longue nuit de sommeil, après ces quelques levers matinaux.

La direction inhabituelle du vent rend le départ délicat. Si nous commençons par détacher les amarres des arbres, le bateau fera le tour de son ancre et évitera sur la plage opposée à la forêt. Or il est impossible de relever l'ancre sans lâcher ces cordages. J'hésite, mais Stéfan suggère de lâcher une autre ancre sur l'arrière, qui retiendra le voilier à la suite du largage des amarres. Cette manœuvre ne m'était pas venue à l'esprit et je ne l'avais jamais effectuée auparavant. Nous nous dégageons ainsi de ce petit piège.

Le temps nous presse et nous repartons vers l'est et la civilisation. Nous repassons devant l'entrée du *seno* Pia. Son fameux bras nord-ouest nous restera inconnu, suscitant l'envie d'y revenir un jour. Dans cette direction, le vent et les vagues sont favorables et les voiles sont plus fréquemment mises à contribution. Notre progression est rapide. Nous longeons de nouveau nos majestueux glaciers. À l'approche de la *caleta* Olla, j'aperçois au bord du canal une tache orange et brillante : « Ce n'est tout de même pas une planche à voile ? » C'en est une. Un homme seul, en combinaison, surgit de derrière les buissons, sans prêter particulièrement attention à nous. Nous nous éloignons, perplexes. Le soir approche et nous nous dirigeons vers la *caleta* Burracho, baptisée par un skipper fêtard – *burracho* ne signifie-t-il pas « ivre, bourré » en espagnol ? Quelques *cochayuyos* indiquent les hauts-fonds et deux arbres robustes sont marqués de peinture rouge, suggérant d'y attacher nos amarres. Chaque *caleta* est un nouvel émerveillement. En quelques heures, le ciel nous offre une infinité de variations lumineuses. ph. 56 De lourds nuages y défilent et laissent filtrer de temps à autre les rayons du soleil. Depuis la plage, nous admirons un magnifique arc-en-ciel qui couronne entièrement la sortie de la baie, venant ceindre *La Volta* d'une immense auréole.

Mes deux camarades se jettent des regards entendus, puis Stéfan prend la parole : « Nous sommes à la *caleta* Burracho, la bien nommée, et c'est notre dernier soir avant le retour à la civilisation. Nous savons qu'il ne reste qu'une malheureuse bouteille de vin sous les planchers. Bruno, prends tes responsabilités ! »

J'ai besoin de bras pour ramener le bateau à bon port et la sagesse due aux capitaines avisés me suggère de ne pas provoquer de mutinerie et de céder à leur revendication.

Nous quittons à regret notre *caleta* pour mettre le cap sur Puerto Williams. Nous sommes de retour dans cette partie du canal Beagle où les contrôles VHF venus des deux côtés de la frontière se multiplient, où les maisons apparaissent de part et d'autre. La grêle et le soleil se relaient et tentent d'égayer notre route. Enfin nous retrouvons notre ponton préféré, le *Micalvi.* Thierry est toujours là. L'embarquement pour l'Antarctique n'a pas été possible, cependant mon camarade est aussi comblé de son séjour que nous le sommes de notre balade. Pour lui, les nombreux et riches contacts avec les voiliers de charter ont alterné avec des randonnées en montagne durant lesquelles il a planté la tente loin de tout, dans des clairières propices à la ph. 49 méditation, à l'écoute de la nature, buvant l'eau des rivières à castors et se réchauffant au feu de bois…

Il m'apprend qu'un grand voilier, un trois-mâts, est venu faire escale à Puerto Williams en notre absence. L'*Oosterschelde* est un navire hollandais en route pour le tour du monde. Coïncidence, j'avais eu l'occasion de naviguer à son bord dans la rade de Brest lors du rassemblement de vieux gréements il y a bientôt deux ans. Les routes des voiliers du grand large se croisent parfois de manière inattendue.

Notre penchant pour la bière est décuplé par la gîte du bar du *Micalvi*, qui résonne à la nuit de nos chants de marins. « Quand on sera soûls, comme des bourriques, on ira chanter sur les quais… »

Un couple de jeunes Autrichiens se promène sur le ponton. Un poste argentin situé dans un bras du canal nous avait demandé quelques jours auparavant de récupérer ces deux randonneurs mais, jugeant l'endroit peu propice à un amarrage, j'avais décliné la proposition. Les deux jeunes avaient tenté sans succès de traverser la cordillère. Ils furent finalement emmenés à bord d'un voilier charter. Le bateau salvateur avait été loué par un groupe de leurs compatriotes véliplanchistes, à la recherche de sites spectaculaires où ils pourraient s'exhiber, sur leurs planches, devant l'objectif de leurs caméras. Ainsi s'explique la présence inopinée de la planche à voile près de la *caleta* Olla.

Les adeptes du windsurf n'ont pas laissé un grand souvenir de leur passage : la météo ne leur ayant pas permis de se filmer en face du Horn, ce qui est, à mon sens, une juste interdiction de la part du cap Dur, ils se rabattirent vers les canaux. Ils tentèrent de convaincre le skipper d'approcher son bateau au ras des glaciers, mais le capitaine, seul maître à bord et garant de la sécurité, resta ferme dans son refus. Le groupe de pseudo-aventuriers ne renonça pas. Le skipper décida de prendre à son bord les deux randonneurs, en échange du prix d'une journée de charter, appliquant normalement la règle de son métier. Les véliplanchistes s'en mêlèrent et n'acceptèrent leur venue que moyennant le paiement de la journée à eux aussi, arguant du fait que le voilier leur était exclusivement réservé. On est loin de la solidarité des gens de mer. Puisse la région être débarrassée des taches fluorescentes dont ils décorent les âpres paysages fuégiens.

Peu avant minuit, nous repartons vers Ushuaia. Nos deux compagnons doivent y prendre leur avion pour la France. L'absence du vent d'ouest nous permet de gagner facilement la ville argentine au moteur, et nous retrouvons notre place au ponton. De nouvelles formalités de changement de pays nous attendent. Nous nous rendons à la *Prefectura* où nous sommes accueillis ainsi : « Désolé, nous n'avons plus qu'un exemplaire du formulaire. Pourriez-vous aller faire quatre photocopies en ville ? »

Le ponton du port nous accueille au petit jour, après une dernière bordée à terre avec nos équipiers. L'un des voiliers de charter, *Balthazar*, manœuvre en vue de son départ pour l'Antarctique. Son capitaine nous reconnaît : « Voilà les gars de *La Volta*, ceux qui ont passé le Le Maire, le Horn d'est en ouest et le Murray dans la foulée ! » Nous entonnons un chant de marins pour encourager l'équipage :

« Vire au cabestan, depuis tant et tant… »

Le skipper fredonne le refrain à la barre de son bateau qui s'éloigne peu à peu. Le chant prend fin, puis nous regardons, rêveurs, le beau voilier s'en aller vers le continent blanc.

Éric et Stéfan ont plié bagages. Nos amis emportent dans leur mémoire une collection d'images et d'événements forts vécus ensemble. Lors de notre descente vers le cap Horn, puis de notre progression difficile dans les canaux, chacun a ressenti les multiples événements, options de navigation, découvertes des sites, avec sa propre personnalité et son propre lien avec la mer. Même s'il appartenait à Thierry et à moi-même de prendre les décisions, je consultais fréquemment nos équipiers au moment de faire des choix, m'enrichissant de leurs attachantes sensibilités de marins.

Nous nous retrouvons de nouveau seuls et il nous faut songer à ébaucher notre retour vers le nord. Mon coéquipier propose de remonter vers le cap des Vierges sans repasser par le détroit de Le Maire, mais en contournant la Terre de Feu par l'ouest, en réalisant sa circumnavigation. Ce chemin, plus long, prolonge la découverte de ces terres fascinantes du Grand Sud. J'adhère à l'idée avec enthousiasme. Une deuxième balade dans les canaux s'annonce. Nous rejoignons de nouveau Puerto ph. 50 Williams pour les formalités usuelles. Nous y séjournons quelques jours, préférant cette bourgade, où l'apparition d'un touriste est rare, à sa rivale argentine Ushuaia. La population est essentiellement composée de militaires, mais leur présence est discrète dans le centre-ville.

Alejandro et Pati forment le couple qui tient le bar en pente du *Micalvi.* Au fur et à mesure de nos nombreuses apparitions au comptoir pour déguster un *pisco sour*, subtil mélange de pisco, jus de citron vert et sucre en poudre, nous sympathisons avec eux. Un repas pris en commun à bord de *La Volta*, puis un autre, dans leur maison, créent un lien spécial entre nous. Amusés, ils nous laissent organiser dans le bar une soirée ayant pour thème la France, censée combler le manque dû à la fermeture provisoire de la *discoteca.* Cet événement est annoncé en grande pompe par des affiches, représentant quelques mimiques de l'illustre capitaine Haddock, que nous appliquons sur les vitrines des commerces de la place principale.

Le grand soir, de nombreux Chiliens font honneur à nos kirs. À notre désappointement, la clientèle qui emplit progressivement le bar est essentiellement masculine. Seules quelques femmes de skippers français viennent prendre un verre. Curieuses et le sourire en coin, elles observent l'équipage de *La Volta* qui tente sans succès de recréer une ambiance de boîte. Heureusement, le kir issu de notre cave personnelle remporte un certain succès et nous nous autorisons des chants de marins à la clôture des festivités : « Tempête pour sortir et t'en chies pour rentrer… »

Nous partons à la découverte de la nature environnante. ph. 51 Thierry me conseille un sentier qui monte dans la forêt, jusqu'à un étang remodelé par le travail des castors. La balade me mène en direction de montagnes enneigées aux parois rocheuses escarpées, les dents de Navarino. De l'autre côté, les eaux du canal scintillent. Lors d'une halte au bord de la rivière, j'observe un castor qui se laisse dériver au fil du courant. Il est rare d'en apercevoir en pleine journée et sa présence m'enchante, bien que je ne souhaite pas trop approcher de sa dentition puissante.

Alejandro nous conduit au musée de Puerto Williams, nous faisant entrer sans payer, malgré notre insistance. Les deux salles présentent une collection d'animaux empaillés et certains aspects de la vie des Indiens fuégiens. Quatre groupes, distincts par leur langue, peuplaient l'archipel : les terriens Onas et Haush en Terre de Feu, entourés géographiquement par les « Indiens de canot », c'est-à-dire les Alakalufs au nord et les Yaghans au sud. On surnomme ces deux dernières tribus les « nomades de la mer », car ces Indiens naviguaient sans cesse d'un campement à l'autre sur des canots à rames au milieu desquels le feu était soigneusement entretenu. Ils vivaient pratiquement nus, ne se couvrant que d'une peau de phoque dont ils habillaient leur épaule au vent, et s'enduisant le corps de la graisse du même animal pour se protéger du froid. Ils se nourrissaient essentiellement des produits de la mer, de chair de phoque ou d'une baleine providentiellement échouée, et surtout de moules géantes, les *cholgas*, que les femmes, excellentes nageuses, allaient récupérer jusqu'à 10 mètres de fond.

Le premier cap-hornier fut probablement un Indien yaghan. Ces peuples, aujourd'hui anéantis, furent brisés par l'arrivée des Blancs qui leur apportèrent de nouvelles maladies et de l'alcool, qui leur imposèrent un mode de vie sédentaire dans les missions en les habillant de vêtements « civilisés » perpétuellement humides, qui enlevaient parfois leurs femmes, à l'instar des chasseurs de phoques venus du nord. Des massacres furent commis lorsque les Onas, amateurs de chair de guanaco, ne trouvaient plus sur leurs terrains de chasse que des barbelés et des moutons et devenaient des gêneurs et des chapardeurs sur leur propre terre. Les nouveaux propriétaires des concessions distribuées par les gouvernements argentin et chilien offraient alors une prime pour toute oreille d'indigène. Quant aux Indiens des canots, déprimés par leur infériorité face aux nouveaux venus et par l'abandon progressif de leur mode de vie traditionnel, ils vinrent mendier aux voiliers de passage de l'alcool, de la nourriture, des pièces de ferraille. Peu à peu, les canots se firent de plus en plus rares.

Les conquistadores du XXe siècle ont bien achevé le travail, dignes de leurs sinistres prédécesseurs. Seules subsistent aujourd'hui quelques poignées d'Indiens, largement métissés pour la plupart. Leur tragique histoire se termine, eux qui furent longtemps les hommes vivant – et naviguant – le plus au sud de notre planète, ayant réussi une adaptation exceptionnelle à des conditions climatiques extrêmes. Les souvenirs, photos et reconstitutions du musée sont particulièrement émouvants. J'en ressors à la fois impressionné et désabusé.

Au retour du musée, nous assistons au déchargement du bateau qui vient épisodiquement de la ville de Punta Arenas ravitailler ce bout du monde. Puis Alejandro nous reconduit vers *La Volta*, qui nous attend pour le départ. Il nous offre un immense drapeau chilien, pavillon que nous n'avions pu nous procurer auparavant. Pati nous rejoint pour les adieux et les *abrazos*, qui sont l'équivalent des accolades des Brésiliens. Je n'oublierai pas cette rencontre empreinte de discrète chaleur. Nous leur sommes reconnaissants de leur hospitalité et de leur gentillesse, qualités qui, semble-t-il, ne manquent pas aux Chiliens.

La silhouette du *Micalvi* s'éloigne définitivement derrière nous alors que le soir tombe. *La Volta*, ravitaillée, repart une fois
ph. 47 de plus sur le canal Beagle. Elle ira plus loin que lors de sa première balade, à la découverte de nouveaux bras de mer et *caletas*. Nos connaissances des voiliers *Ksar* et *Biribi* nous ont fourni une somme importante d'informations sur la navigation dans les canaux.

Nous restons bloqués par le vent à la *caleta* Olla, que je retrouve avec plaisir et que mon coéquipier découvre avec enchantement. Ce dernier, adepte du feu de bois, ne manque pas de ramener à bord de délicieuses pommes de terre cuites dans les braises. Le paquebot nous communique les prévisions météo lors de son passage périodique autour de la Terre de Feu : 40 nœuds de vent d'ouest-sud-ouest, rafales à 60. Inutile de tenter une sortie. Notre séjour ici risque de durer plus longtemps que prévu.

Ces journées me comblent. Lectures et promenades dans les tourbières ou vers le glacier les remplissent agréablement. Je ressens une profonde sérénité dans cet isolement. La nature environnante nous montre sa force et j'éprouve la sensation de composer harmonieusement avec elle. *La Volta* et son équipage, coincés par le vent dans ce lieu perdu, s'adaptent pleinement à la situation, et je me surprends parfois à souhaiter la persistance de ce coup de vent pour prolonger ces instants privilégiés.

Au bout de trois jours, le baromètre remonte, les conditions se calment et nous pouvons entamer notre série de sauts de puce journaliers autour de la Terre de Feu. Au vu du faible niveau de notre réservoir de gasoil, nous renonçons à nous engager dans le *seno* Pia car nous craignons de faire trop de détours. Nous entrons alors dans une zone que je découvre moi aussi. Nous ne naviguons désormais que lorsqu'il fait clair, surtout le matin. La fin de l'après-midi et la soirée sont consacrées aux balades autour de la *caleta* du jour. Nous prenons à chaque fois le temps de nous amarrer correctement, dans un rituel que nous goûtons fort. L'un de nous deux est préposé à la barre et à la manœuvre de mouillage, l'autre à l'annexe et aux amarres à porter à terre. Tous les jours, nous inversons les rôles. Quelques acrobaties sont parfois nécessaires pour amener le long cordage autour d'un arbre solide mais difficilement accessible. Ensuite, les amarres nous sont utiles pour nous rendre à terre avec l'annexe, et rendent les rames superflues.

Au mouillage comme au large, *La Volta* est notre refuge, notre point de repère mouvant mais rassurant. Nous aimons, après un tour à terre ou après un quart, retrouver la douceur du carré, préparer à manger dans la cuisine en « U » puis nous attabler autour du repas, faire un point sur la vaste table à cartes ou piquer un somme dans nos cabines. Les activités les plus simples de la vie quotidienne deviennent autant de moments privilégiés. Rarement, nous croisons un autre voilier : trois en douze jours. Un navire militaire chilien et le paquebot hebdomadaire viennent compléter la liste de nos rencontres. L'une d'entre elles nous conduit à bord d'un voilier norvégien au mouillage, habité par un couple d'une cinquantaine d'années. Nous y bénéficions d'un cours de météorologie locale. Devant la carte fraîchement sortie de son récepteur, le capitaine pointe son doigt sur des isobares serrées mais perpendiculaires au canal, en nous expliquant que cela ne favorise pas l'engouffrement du vent entre ses rives. Le calme devrait persister et le vent d'ouest n'est pas à craindre dans l'immédiat.

ph. 52 La présence de ces nombreuses *caletas* est pour moi une véritable révélation. Comme la navigation dans les canaux est agréable et variée ! Peu à peu, nous apprenons à lire une *caleta.* Si de longues touffes de *cochayuyos* apparaissent à fleur d'eau, gare au rocher dessous ! Si les arbres de la rive sont inclinés, gare à l'exposition au vent ! Nous nous amusons à accorder des étoiles à chaque *caleta*, suivant des critères bien définis : protection des vagues du secteur dominant d'ouest, et si possible de tous secteurs, fonds d'alluvions plutôt que de roche pour une meilleure accroche de l'ancre, pas trop de profondeur pour mouiller, exposition aux *williwaws*, desquels les arbres protègent mieux que les falaises, et beauté du site, grâce à la présence d'un lac, d'une cascade ou d'un glacier coulant parfois jusqu'à la mer. Chaque *caleta* possède sa propre personnalité et nous offre un nouvel éblouissement, comme autant de fragments éclatants de ces confins du monde. Parmi mes préférées, le mouillage des *Islas del Medio* – « îles du Milieu » – a une place particulière, de par sa configuration et son emplacement. Ce groupe d'îles enchevêtrées est isolé au milieu d'un plan d'eau relativement étendu, dans un élargissement du canal principal, lui-même entouré d'îles plus lointaines. Pour parvenir au mouillage, de nombreux zigzags entre les roches sont nécessaires. Une fois amarrés, nous grimpons au sommet de l'île la plus haute et admirons notre
ph. 62 voilier, à l'abri au milieu de cette immensité. Vers le sud, derrière les îles les plus lointaines, nous devinons l'océan Pacifique.

La *caleta* Brecknock, cachée dans le recoin d'un fjord, vient sans conteste prendre place dans le trio champion, à côté de la *caleta* Olla et des îles du Milieu. *La Volta*, les défenses à poste, s'amarre directement contre la falaise verticale à l'aide de cordages disponibles, traces du passage épisodique de pêcheurs. À quelques mètres de là, un torrent vient sombrer dans l'eau du *seno.* Nous remontons son cours à pied et atteignons un lac au contour tortueux. La vue sur le fjord et sur *La Volta* amarrée contre l'une de ses murailles de roche nous transporte. Partout se dessinent des vallées glaciaires en « U », dignes des photographies servant de modèle dans les meilleurs manuels scolaires de géographie.

Les canaux égrènent leurs noms autour de la Terre de Feu : sur notre route, ils répondent successivement aux appellations de Ballenero, O'Brien, Brecknock, Cockburn, Magdalena. Ils proposent dans les accidents de leurs rives de nombreux refuges accueillants. Ceux dont nous profitons, outre les abris déjà cités, se nomment *caleta* Morning, *caleta* Julia, Puerto Niemann, Puerto Imprevisto, *caleta* Beaubasin. Ces toponymes aux accents cosmopolites entrent les uns après les autres dans la mémoire de notre périple, qui prend encore une nouvelle dimension aux détours des méandres de ce sud de la Patagonie.

Certains passages sont plus délicats. Lors d'un resserrement des deux bords du canal, les courants de marée peuvent augmenter significativement, comme le confirme l'écrivain chilien Francisco Coloane :

> *Le cataclysme des premiers temps qui avait séparé le canal de Beagle en deux bras, avait laissé, comme une étrange pointe d'angle, l'île du Diable, où les tourbillons et les courants des canaux rendent la traversée tellement dangereuse que les marins ont baptisé l'île de ce nom menaçant.*[44]

Parfois, dans le dédale des canaux et des îles, nous apercevons au sud ou à l'ouest une ouverture vers la mer libre, c'est-à-dire l'océan Pacifique, comme dans la Bahía Desolada – « baie Désolée » – ou dans la passe Brecknock. Un coup de vent de sud-ouest peut rendre ces courts passages impraticables. Coloane, qui n'est pourtant pas du genre impressionnable, nous précise encore :

> *La passe Brecknock, aux consonances aussi rudes que ses flots, est plutôt courte ; mais les vagues s'y dressent comme des volcans avant d'exploser sur d'immenses et lugubres rochers, refluant en de tels remous que la navigation dans ces parages constitue pour tous les marins un véritable cauchemar.*[45]

---

44. Francisco Coloane, *Cap Horn*, Phébus, Paris, 1994.
45. *Ibid.*

Il est dans ce cas plus sage d'attendre l'accalmie dans une *caleta* située à l'entrée de la passe. Nous franchissons ces tronçons par un temps paisible. *La Volta* s'y ébroue sur la houle du large qui fait une incursion entre les îles, comme un avant-goût de pleine mer…

Après la passe Brecknock, nous atteignons l'extrémité ouest de notre voyage et nous nous rapprochons maintenant de la France. Nous contournons toujours la Terre de Feu, cette fois en direction du nord-est. Le ciel se découvre et l'élégant mont Sarmiento apparaît au loin, drapé de ses blancs glaciers. Isolé du reste de la cordillère, comme pour mieux afficher sa superbe, il est doté de pentes régulières comme celle d'un volcan. Dans son roman *Qui se souvient des Hommes…*, en bonne place dans notre bibliothèque, Jean Raspail retrace l'histoire des Indiens fuégiens et, non sans emphase, le décrit de la façon suivante :

> *Dans le ciel, au même moment, juste avant que la nuit tombe, surgissent dans une trouée de nuages, à des altitudes inconcevables en raison du manque de perspective, deux cornes de glace étincelantes incompréhensiblement suspendues au-dessus de l'indéchiffrable. Puis le vent lacère les nuées qui forment à longueur d'année une sorte de saint des saints austral, découvrant le prince des solitudes de son double sommet jusqu'à l'eau noire et glauque, à ses pieds : le mont Sarmiento ! Un iceberg de 3 000 mètres qui flotte immobile sur la mer. Une verticalité écrasante où le regard ne peut déceler la moindre aspérité, le plus infime affleurement de rocher. C'est une montagne qui n'est pas de ce monde. Lorsqu'elle accepte de s'incarner, de revêtir sa forme matérielle, c'est pour signifier aux hommes leur néant. Après quoi, ayant délivré son message, comme un animal fabuleux elle se rétracte au plus profond de sa caverne de nuages, saluée par les hurlements du vent, abandonnant, l'âme pantelante, les témoins de son apparition. Nul ne peut retrouver le goût de vivre s'il a vu le mont Sarmiento…*[46]

Cette montagne de caractère a daigné se découvrir à notre passage, puis nous laisser approcher en bateau l'un de ses glaciers, celui du *seno* Chico, situé au fin fond d'un bras de fjord.

---

46. Jean Raspail, *op. cit.*

Avant même de l'apercevoir, nous croisons de nombreux glaçons ph. 64
issus de son front. Leurs formes éphémères sculptées par la
nature varient à l'infini et composent une véritable exposition
d'art abstrait. Les courbes de certains évoquent des cygnes
gracieux, d'autres ressemblent plutôt à d'étranges humanoïdes.
Le glacier apparaît au détour d'une falaise. Il coule le long d'une ph. 59
vallée abrupte et étroite qui prolonge le fjord, dans les eaux
duquel il se déverse. Le grondement d'une cascade résonne ph. 65
contre les parois des montagnes. L'un des glaçons flottants, de
bonne taille, offre une plate-forme qui paraît accueillante. Thierry ph. 63
l'aborde avec l'annexe, puis mon coéquipier grimpe sur ce petit
iceberg, d'une relative stabilité. Pour ma part, je choisis pour la
photo incontournable un bloc de glace plus modeste, qui me fait
craindre pour mon équilibre. Un peu plus loin, nous observons
l'un de ces glaçons se renverser brusquement, sous l'effet de la
fonte irrégulière de son volume. Nous nous imaginons la scène si
l'un de ceux que nous avons utilisé comme radeau avait eu le
même comportement. L'infortuné aurait rapporté une photo bien
cocasse, en consolation d'un chaud et froid un peu brutal. Nous
nous extasions une fois de plus devant ce paysage encore diffé-
rent de ceux qui nous ont éblouis jusque-là, et complétons notre
fructueuse cueillette de souvenirs inoubliables.

Notre sillage bifurque vers le nord. Après avoir dépassé sur notre chemin des endroits répondant aux noms évocateurs de cap Anxious ou Puerto Hope, nous rejoignons le détroit de Magellan. Nous naviguons maintenant entièrement à la voile, sur cette large étendue d'eau aujourd'hui bien ventée. Nous retrouvons le continent, matérialisé par sa pointe sud, le cap Froward, que nous laissons à bâbord. Nous nous rapprochons de la grande ville du détroit, Punta Arenas, qui nous promet un fort contraste avec nos dernières *caletas*. Nous passons par le travers de Puerto del Hambre – « Port Famine » –, une anse que nous devinons sur la gauche. Le corsaire anglais Cavendish baptisa ainsi l'endroit en 1587, lors du troisième tour du monde de l'histoire, quand il découvrit ce qui restait de la première tentative de colonisation du détroit. Des cinq cents Espagnols débarqués trois ans plus tôt, un seul survivant fut récupéré. Les colons avaient été incapables de s'adapter au climat rigoureux, jalousant les Indiens qui, eux, y vivaient depuis des siècles.

Parmi les voyageurs du détroit, j'aime citer les frères espagnols Bartolomé Garcia de Nodal et Gonzalo de Nodal. À la suite de la découverte du cap Horn par le Hollandais Schouten en 1616, l'Espagne, qui contrôlait le détroit de Magellan, s'inquiéta de l'existence de cette nouvelle route plus australe. Dans le but de reconnaître le nouveau passage, les deux frères appareillèrent de Lisbonne en 1618, passèrent par Rio de Janeiro puis devant San Julián, le cap des Vierges et le détroit de Le Maire. Le cap Horn fut franchi le 5 février 1619, pour la deuxième fois par des Européens. Nos capitaines rejoignirent le détroit de Magellan en contournant la Terre de Feu par l'ouest, réalisant sa première circumnavigation, puis remontèrent vers l'Europe. Ce parcours ressemble étrangement au nôtre. Il se fit, prouesse exceptionnelle à l'époque, sans perdre de navire ni de vie humaine. Nous autres, sur *La Volta*, essaierons de faire aussi bien.

Le port de Punta Arenas, ville de plus de cent mille habitants, n'est guère adapté à nos voiliers. Il est formé par un unique quai rectiligne qui s'avance dans le détroit, large de près de 20 milles à cet endroit. Ce quai est occupé par les cargos de passage, par de nombreuses embarcations de pêche, et par… un voilier belge. Nous venons nous amarrer le long de ce dernier. Le port n'a pas bonne réputation : suivant la direction du vent, il peut devenir intenable. D'autre part, les pêcheurs font d'incessantes manœuvres pour dégager leurs bateaux, qui se mettent à couple sur plusieurs rangées de six ou sept unités. Régulièrement, ils frôlent *La Volta* de leurs rudes coques en bois. Quelques chandeliers de notre voisin belge ont été arrachés. Les voiliers du canal Beagle nous avaient prévenus, il n'est pas conseillé de s'éterniser ici après les formalités administratives et l'avitaillement. De plus, à peine avons-nous débarqué que l'on nous met en garde contre les vents locaux d'une extrême violence : le *panteonero* aurait soufflé en ouragan il y a seulement quelques jours. Enfin, la ville n'offre apparemment aucun charme particulier. Inutile de s'y attarder trop longtemps.

Une décision raisonnable certes, mais prise sans compter avec la gentillesse des habitants et les agréables rencontres. En cette nuit de fin de semaine, sur la route de Puerto del Hambre, la musique entraînante de la *discoteca* fait tournoyer les corps et trouble les sens. Les verres se vident, les conversations s'engagent.

Le lendemain, je suis convié à déjeuner chez une famille qui habite une coquette maison des faubourgs. Je suis bientôt confortablement installé dans un fauteuil du salon, un verre d'apéritif à la main. Après les premiers regards et les premières phrases timides, nous nous décontractons et la confiance s'établit. La mer et les voyages sont les thèmes qui alimentent agréablement la conversation. Durant le repas, le père me conte ses lointaines campagnes de pêche, qui l'ont mené jusqu'au large du Mozambique. Il est curieux d'observer ce Français qui revient du Horn et qu'a amené sa fille aînée. Celle-ci est d'humeur naturellement joyeuse, ce qui contribue, dans cette atmosphère chaleureuse, à me transporter sur un nuage. Après le café, elle me conduit dans sa petite voiture pour une découverte de la ville.

Décidément, *La Volta* ne se trouve pas dans une situation confortable. Le vent s'étant levé de l'est, les bateaux commencent à tanguer le long du quai et les amarres sont soumises à rude épreuve. Après seulement deux jours d'escale, nous décidons de repartir, alors que notre relâche commençait à perdre son caractère purement technique et que nous songions à la prolonger. Le port étant fermé depuis le début de la matinée à cause de la persistance d'un vent vigoureux, nous n'obtenons le feu vert des autorités que dans le courant de l'après-midi. L'étape qui s'annonce doit nous faire remonter les côtes argentines jusqu'à Mar del Plata. Nous avons déjà fait ce parcours en sens inverse à l'aller. Je le considérais comme le passage le plus délicat de notre voyage. Cela est aussi vrai pour le retour.

Déçus d'avoir été contraints d'écourter l'escale, nous larguons nos amarres, mettons le cap au nord et sombrons dans la morosité. En ce début d'étape, tandis que nous longeons les faubourgs de la ville, nous apercevons un voilier au mouillage devant une plage, chargeant équipiers et avitaillement. Nous nous regardons et hésitons. L'abri est mal fermé, mais il est protégé des vents dominants d'ouest, et des manœuvres parfois hasardeuses des pêcheurs du quai. Les ancres sont rapidement mouillées et l'annexe est gonflée. De vigoureux coups de rame, un coup de fil et quelques instants plus tard, elle se retrouve dégonflée et pliée dans le coffre d'une petite voiture et nous voici partis pour deux jours de prolongations.

– Nous devons rester vigilants sur cette étape.

– Le Horn ne sera complètement franchi que lorsque nous serons de nouveau au nord du Río de la Plata !

Nos réflexions nous aident à nous remettre dans le bain de l'étape de haute mer que nous entamons mollement, alors que Punta Arenas se perd à l'horizon et que le vent est paresseux. Après ces dernières semaines de balade dans les canaux, nous avons eu tendance à oublier que la remontée des côtes argentines est aussi délicate que sa descente, et que nous allons naviguer dans une zone maritime réputée peu clémente. En effet, le cap Horn n'est pas encore définitivement franchi, malgré la sensation d'entamer le voyage de retour. Il ne le sera que lorsque *La Volta* retrouvera les régions climatiques bienveillantes, à l'approche des tropiques. Nous nous adonnons donc à des exercices de concentration hauturière, en nous encourageant mutuellement à reconnaître l'importance de l'étape qui s'annonce.

Avant d'atteindre le large, nous devons franchir quelques passages à niveau : le détroit de Magellan se resserre dans sa partie est en deux goulets successifs, au sein desquels la vitesse du courant se décuple, dans une sorte de va-et-vient immuable, au rythme des marées. Les horaires de pleine mer et de basse mer sont dûment notés dans le livre de bord, de manière à calculer nos heures de passage. La marée descendante de l'Atlantique nous propulse au travers du premier goulet, nous faisant l'effet d'être entraînés par un tapis roulant à 5 nœuds. Nous sommes accompagnés durant cet ébouriffant transfert par de nombreux dauphins blancs et noirs du Grand Sud, ces curieux cétacés que nous avons identifiés à Ushuaia grâce à Jean-Paul, du voilier *Ksar*, ardent défenseur de la nature. Le dauphin de Commerson, puisqu'il s'agit de lui, vit au sud de l'Argentine et autour de la Terre de Feu. Curieusement, un deuxième centre de peuplement existe autour des îles Kerguelen. Il tient son nom du naturaliste Jean-Philibert de Commerson, embarqué sur *La Boudeuse* lors de l'expédition de Bougainville en 1766.

Le détroit s'élargit alors que le vent est toujours aussi faible et le ciel dégagé. Nous approchons tranquillement dans la nuit du second goulet, à l'entrée duquel nous devons attendre la renverse de courant, et donc que la marée descende de nouveau. Ce passage est plus étroit que le premier et encore plus soumis aux pulsations de l'océan Atlantique. Le garde-barrière n'est autre que la lune, qui régente les horaires de marée. Le tapis roulant décélère jusqu'à s'arrêter tout à fait. De manière presque imperceptible, il s'inverse, puis il accélère progressivement jusqu'à atteindre près de 8 nœuds. Nous sommes comme aspirés irrésistiblement vers l'est et l'océan, et finalement déposés dans la dernière partie du détroit, plus large. Le jour est revenu. Le vent tombe, le courant mollit et s'inverse de nouveau. La brume s'installe. Nous devons encore attendre la marée descendante qui suit pour franchir la dernière porte de sortie : le cap des Vierges, point d'entrée dans l'océan Atlantique, déjà entrevu il y a plus d'un mois et demi.

Nous mesurons combien de dépaysements inattendus ces semaines passées nous ont apportés. La Patagonie nous a ensorcelés, que nous fussions au cœur de la nature ou au contact des rares pôles de peuplement éparpillés dans ces confins. Nous nous éloignons de ce Sud avec la nostalgie habituelle des départs, d'autant plus forte lorsque les souvenirs laissés en arrière sont plus intenses. Nous mettons le cap au nord, vers lequel nous allons maintenant nous diriger. Cette sensation de retour est discrète mais tenace, accrochée au fil de nos pensées, même si les six mois à venir nous laissent présager de nouvelles découvertes et des rencontres passionnantes. Notre objectif, le port argentin de Mar del Plata, est à près de 1 000 milles dans l'étrave.

Durant les cinq jours qui suivent, nous avons affaire à un baromètre refusant de quitter des niveaux anticycloniques, et la force du vent est pour une fois en phase avec la pression atmosphérique : nous nous traînons. Décidément, les Cinquantièmes n'auront hurlé ni à l'aller, ni au retour. Nous ne nous consolons pas d'avoir quitté les merveilleux canaux de la Terre de Feu pour nous retrouver sur un océan désespérément calme. Les albatros disparaissent définitivement, comme pour alimenter notre vague à l'âme.

Enfin, une belle nuit, à l'approche du quarante-cinquième parallèle sud, le vent s'établit au sud-ouest, force 4 à 5. *La Volta* revit et renoue avec de bonnes moyennes. Lors de cette étape, nous nous sommes donné, comme limite à ne pas dépasser, une ligne brisée imaginaire passant à 50 milles à l'est des principales pointes du continent. De la même façon qu'à l'aller, l'idée est de naviguer sur le large plateau continental, les fonds de moins de 200 mètres et la relative proximité de la côte nous protégeant de mers démontées qui pourraient être levées par d'éventuelles tempêtes d'ouest. Comme souvent, quelques tiraillements apparaissent dans l'équipage lorsqu'il faut choisir entre des options comportant une dose plus ou moins importante de risque ou de prudence, et un compromis doit être trouvé. Entre le tempérament fonceur de mon camarade, à mon sens quelquefois excessif, et mon caractère plus précautionneux, pouvant me conduire à un peu trop de retenue, l'équilibre s'instaure, non sans quelques bougonnements. Peut-être ne serions-nous pas parvenus à nos fins l'un sans l'autre. Il apparaît que nos sensibilités différentes ont une certaine complémentarité. En tout cas, nos compromis nous ont permis d'aller au bout sans avoir à déplorer d'incidents qui auraient pu remettre en cause nos objectifs. Parfois, je juge mon rôle ingrat : je suis celui qui freine, qui formule des bémols, alors que ce genre de voyage devrait pousser à aller de l'avant. Je n'ai pas vocation à être la soupape de sécurité. Quant à la situation de Thierry, elle n'est pas toujours facile et sans doute se sent-il bridé dans certaines occasions.

Mais nous nous en sortons bien : le pari d'avoir deux chefs de bord aux responsabilités identiques n'était pas gagné d'avance. Cette situation est d'ailleurs formellement déconseillée. À bord, la norme est dictée par le précepte « un seul maître après Dieu », de manière à éviter les tergiversations devant une situation difficile nécessitant des décisions rapides. Je pense que bien des équipages ainsi constitués n'auraient pas tenu le choc. Peut-être avons-nous eu la chance de n'avoir pas dû affronter une situation nécessitant dans l'urgence une importante décision, sur laquelle nous n'aurions pas été d'accord. Mais ayant construit le projet à deux et ayant des compétences nautiques comparables, il n'a jamais été question que l'un ou l'autre ait une quelconque prééminence. Notre amitié a fait le reste.

Le vent bascule au sud-est et forcit progressivement. Nous sommes heureux de retourner à la manœuvre, fouettés par la pluie et les embruns. Pendant plus de vingt-quatre heures, c'est du force 7, montant jusqu'à 8 lors de notre sortie des latitudes patagonnes, comme un dernier signe de cette région qui nous a tant marqués et qui semble nous envoyer un message d'adieu.

La Volta se pare de nouveau de sa garde-robe de gros temps, trois ris et tourmentin. Nous croisons notre premier cargo depuis le cap des Vierges, et des dauphins viennent batifoler autour du bateau. Enfin, un oiseau jaune élit notre cuisinière pour y passer la nuit. ph. 66

Je ressens lors de ce coup de vent, dans la mer forte qui nous entoure, un peu de ce que notre périple a pu m'apporter. Je me sens parfaitement serein, malgré l'absence de réception de prévisions météorologiques. Je me perçois plus fort, plus sûr de moi, conscient d'être en train de réussir une entreprise importante, comme je n'en avais jamais réalisé jusque-là dans ma vie. Je me sens réellement grandi. Au-delà de la satisfaction personnelle, des sentiments plus ambigus apparaissent. Je me surprends à penser que par la seule évocation de ce voyage le besoin de reconnaissance, que nous recherchons tous, sera plus facilement comblé : j'ai fait mes preuves, à mes yeux et à ceux des autres. Je pense aussi qu'il ne sera pas nécessaire de discourir explicitement du périple pour recueillir plus de cette affirmation sociale, car ce voyage fait dorénavant partie de moi-même et mon comportement général est déjà influencé par l'assurance d'avoir apporté à l'édifice de ma vie quelques pierres rayonnantes et robustes.

Au petit matin, tout est calme alors que nous dépassons le quarantième parallèle. Nous invitons notre ami l'oiseau jaune à se restaurer de pain de mie et d'une assiette d'eau douce, et à effectuer ses déposes de guano à l'extérieur. Après sa débauche culinaire, notre volatile se déplace gauchement puis s'endort béatement.

Le vent revient, passant de l'ouest au sud et nous propulsant vers Mar del Plata, que nous atteignons le 21 février, après onze jours de mer. Pour la troisième fois, nous entrons dans le bassin réservé à la plaisance. Nous retrouvons peu après, lors du rituel des formalités obligatoires, le vieux docteur du port. Cette fois-ci, contrairement à l'aller, notre homme décide de facturer ses services, qui consistent à nous faire remplir son inénarrable questionnaire. Sa signature est évidemment indispensable pour poursuivre notre parcours administratif, et nous devons nous incliner devant cette cocasse et grotesque aberration. Nos papiers en règle, nous cheminons au hasard dans la ville. Le contraste avec nos précédentes relâches fuégiennes est saisissant : transposés dans une station balnéaire réputée, nous croisons une multitude de filles bronzées en tenue estivale dans les rues du bord de mer. Nous nous adaptons rapidement à cette nouvelle situation et nous dirigeons en soirée vers notre bar favori. Le serveur de La Mula se souvient de notre passage, il y a près de trois mois, et les cap-horniers sont bichonnés : *« Cerveza para los cabohorneros ! »* Les regards des *muchachas* sont toujours aussi pétillants.

Nous croisons sur les pontons un jeune Norvégien, navigateur solitaire. Il nous présente son voilier de 9 mètres, rafistolé, y compris dans sa structure. Son programme : descendre d'une traite au cap Horn puis remonter vers Valparaiso, en passant par le large, c'est-à-dire sans entrer dans les canaux protecteurs de la Patagonie chilienne, le tout pas vraiment à la meilleure saison.

– *I think you are crazy*, lui fais-je remarquer.

– *Everything is possible !* réplique-t-il ; c'est son adage.

Alors que nous sommes sur le chemin du retour, j'envie la fraîcheur et l'enthousiasme de ce jeune navigateur en partance pour le Sud. Gageons qu'il sera à l'écoute des avertissements que la mer pourrait lui distiller, si son ardeur devait l'emporter un peu trop loin.

Deux semaines après notre arrivée, nous nous décidons à repartir pour le nord. Un dernier coup de vent nous fait traverser l'immense embouchure du Río de la Plata à 6 nœuds de moyenne, deux jours durant lesquels nous sommes propulsés en direction des tropiques. Comme à l'époque de Magellan, le Río de la Plata reste une borne emblématique. À son sud, le monde est plus mystérieux et imprévisible, les règles ne sont pas tout à fait les mêmes. *La Volta* en est revenue.

C'est mon quart. Le ciel est couvert mais le baromètre est en hausse. Le vent commence à perdre de sa vigueur. Je largue le troisième ris dans la grand-voile, puis j'observe la marche du bateau. L'étrave plonge régulièrement au creux de la vague en levant des gerbes d'embruns.

À Belle-Île-en-Mer et à Nantes, hiver 2001.

Annexes

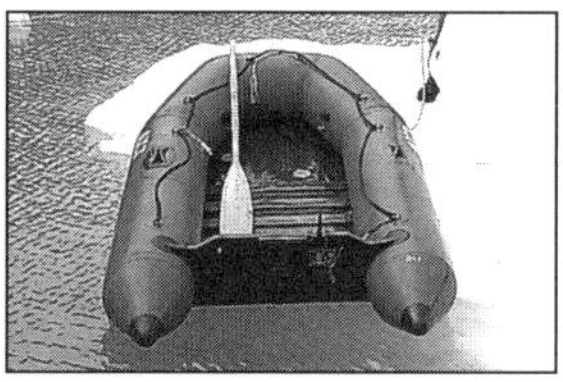

Découvreurs ou conquérants ?

Le plus célèbre d'entre les marins, Christophe Colomb, ne désirait pas uniquement découvrir des voies océaniques inexplorées. Il souhaitait surtout s'approprier richesse et gloire par tous les moyens. Sa cupidité et son obsession de l'or guidèrent ses gestes et ses décisions. Avant son départ vers les Indes, il réclama aux rois d'Espagne des privilèges exorbitants, entre autres le titre de vice-roi de toutes les terres qu'il pourrait rencontrer et dix pour cent des bénéfices qui pourraient s'y réaliser. Son arrivée en Amérique marque l'an I du génocide des Indiens. L'amiral commença par des enlèvements d'hommes et de femmes, les premiers pour servir de guides, les secondes pour satisfaire aux appétits sexuels des marins. Il songea rapidement à utiliser les indigènes comme main-d'œuvre. Dès le 14 octobre 1492, le surlendemain de sa découverte, il écrivit sans scrupule dans son journal de bord :

Ils ne possèdent pas d'armes et vont tous nus. Ils n'ont aucune connaissance de l'art de la guerre, et sont poltrons. Ils sont aptes pour qu'on les commande et pour qu'on les fasse travailler. [...] Si Vos Altesses en donnaient l'ordre, on pourrait les emmener tous en Castille, ou les maintenir en esclavage dans leur propre île, car cinquante hommes suffisent amplement pour les tenir en respect et leur faire faire tout ce que l'on voudra.

À cet instant, le glas sonnait pour les peuples amérindiens. Leur destin était scellé.

En 1495, lors de son deuxième voyage, alors qu'il dirigeait la première colonie établie à Hispaniola (Haïti), il imposa à chaque indigène de payer un lourd tribut d'or. Avec son bras armé, son frère Bartolomé, il mit fin violemment à toute objection. La bataille de la Vega Real, du 27 mars 1495, fit des milliers de victimes parmi les Indiens. Ils avaient osé protester contre les exactions devenues abominables de leurs bourreaux. Ces derniers commençaient par réquisitionner la nourriture. Puis ils se servaient en femmes. Enfin ils obligeaient les hommes à travailler pour eux. La mort attendait les indociles. En février de cette même année, mille six cents hommes, femmes, enfants furent raflés sur ordre de Colomb. Six cents d'entre eux furent chargés sur des navires à destination des marchés aux esclaves espagnols, dont la moitié mourut avant d'arriver à Cadix. Les Indiens restants furent partagés entre les colons. Les chefs récalcitrants étaient mis à mort. La distribution des terres et des indigènes entre les colons était commencée. Ce système, plus tard baptisé juridiquement l'*encomienda*, allait se généraliser dans l'Amérique espagnole.

Trouver quelque excuse à notre héros Christophe Colomb, dans le fait que les mentalités de son époque étaient différentes des nôtres, est un exercice délicat. Le XXe siècle n'est pas avare d'atrocités. Peut-être dans cinq cents ans absoudra-t-on nos bourreaux contemporains.

> *Faut-il lui accorder les circonstances atténuantes de l'époque dans laquelle il vivait, comme si en quelque siècle que ce soit, l'égoïsme, la cupidité, la vanité, l'intolérance, la violence, l'inhumanité pouvaient être d'une belle âme ?*[47]

Christophe Colomb fut l'initiateur du génocide des Amérindiens. En quelques années d'asservissement des indigènes, l'île d'Hispaniola fut privée de main-d'œuvre. Pour combler ce manque, on alla chercher des bras dans les îles voisines des Bahamas, de la Jamaïque, de Porto Rico, de Cuba. Les déportés succombèrent eux aussi par milliers, victimes d'exactions insupportables. Les Antilles, pourtant très peuplées à l'origine, furent vidées de la quasi-totalité de leurs habitants en trois décennies. Les Noirs allaient prendre le relais.

---

47. Robert Lechêne, *Colomb de malheur*, Messidor, Paris, 1991.

Les mêmes schémas se reproduisirent partout sur le continent. Du Mexique au Chili, les caciques furent rançonnés et torturés pour extorquer de la bouche des Indiens l'emplacement d'hypothétiques mines d'or, les populations massacrées à titre de démonstration, les corps des femmes réduites à l'état d'objets, les hommes asservis dans les travaux des champs, de l'extraction des perles ou des mines. Des meurtres furent commis pour l'amusement des bourreaux. Ceux qui s'insurgeaient étaient déchiquetés par les chiens. Certains s'enfuirent dans les montagnes, où les conditions de vie précaires les achevaient. D'autres s'abandonnèrent au désespoir.

Quelques voix finirent par s'élever en Europe. La plus notable fut celle de l'Espagnol Bartolomé de Las Casas, missionnaire dominicain au Nouveau Monde. Le témoignage accablant de sa *Très brève relation de la destruction des Indes*, paru à Séville en 1552, émut l'opinion, et le sort des Indiens fut quelque peu radouci, si tant est que les fonctionnaires de la Couronne pussent faire respecter les mesures dictées par la métropole dans un territoire aussi immense. On estime qu'environ quatre-vingts millions d'Indiens vivaient en Amérique en 1492, et qu'il en restait dix millions en 1550.

Dans les siècles qui suivirent, l'exploitation continua. Quelque six millions d'Indiens des plateaux andins périrent dans les entrailles de la fabuleuse mine d'argent de Potosi, dans le « Haut-Pérou », l'actuelle Bolivie. Les Espagnols avaient repris à leur compte la traditionnelle *mita* des Incas, c'est-à-dire le travail obligatoire, en la durcissant suffisamment pour exploiter la force physique des indigènes jusqu'à leur dernier souffle. Peu à peu, les crimes de l'Espagne allaient entretenir la « légende noire » qui la chargeait de honte. Il est à noter que si certains dénonçaient la barbarie des conquêtes, personne ne mit en cause leur principe. Cependant, les autres pays occidentaux n'étaient pas en reste. Toutes les puissances colonisatrices, Portugal, Pays-Bas, Angleterre, France et autres ont bafoué durant leurs périodes coloniales les droits les plus élémentaires de l'être humain aux quatre coins du globe.

Pour ne parler que de l'Amérique, en 1862, le Pérou indépendant envoya six navires rafler la quasi-totalité des hommes valides de l'île de Pâques. Le bon millier de Pascuans enlevés fut déporté en vue de la terrible exploitation des gisements de guano des îles Chinchas. Lorsque l'opinion internationale s'émut, il était trop tard : seuls quinze survivants furent rapatriés. La variole qu'ils rapportèrent fit périr à leur retour la moitié de la population restée sur l'île. Au Brésil, de nombreuses tribus amazoniennes disparurent par l'action des *seringueiros* ou collecteurs de caoutchouc, qui soumirent leurs membres à l'esclavage afin d'extraire cette substance rendue de plus en plus précieuse avec le développement de l'automobile et donc des pneumatiques. En Patagonie et dans la pampa, les Indiens, Araucans ou Tehuelches, refusèrent toute soumission, ce qui leur valut une véritable extermination au XIXe siècle. Au XXe siècle, les derniers Indiens de la Terre de Feu furent décimés, tout au bout du continent. En Amérique du Nord, ce furent les Anglais et les Français, puis les Américains qui sévirent, s'approprièrent les terres et déportèrent les Indiens au prix de guerres sanglantes. De nos jours, Antane Kapesh, Indienne montagnaise du Canada, écrit :

> *Je suis très fière quand, aujourd'hui, je m'entends traiter de Sauvagesse. Quand j'entends le Blanc prononcer ce mot, je comprends qu'il me redit sans cesse que je suis une vraie Indienne et que c'est moi la première à avoir vécu dans le bois.*[48]

Les Noirs firent les frais de l'épuisement de la main-d'œuvre indienne. En trois siècles et demi, plus de quinze millions d'entre eux furent déportés et réduits en esclavage par les Européens, avec la complicité des roitelets africains qui leur fournissaient les produits de leurs abominables chasses à l'homme. Peut-être cinq fois plus périrent de mort violente, de maladie ou de chagrin avant d'être embarqués.

En 1502, alors que Christophe Colomb effectuait son quatrième et dernier voyage aux Indes occidentales, une autre figure des grandes découvertes, le Portugais Vasco de Gama, arriva pour la deuxième fois sur les rivages des Indes orientales. Il se révéla un implacable conquérant et un impitoyable chef de guerre. La relation de son voyage donne les détails de la prise

48. Antane Kapesh, *Je suis une maudite sauvagesse*, Éditions Leméac, Ottawa, 1976.

d'un navire maure, qui fut bombardé, pillé, incendié avec trois cents passagers à bord, hommes, femmes et enfants :

> *À ce moment, une grande nef venant de La Mecque nous croisa. Elle se rendait à Calicut. L'amiral, l'ayant appris, ordonna à l'artillerie de bombarder le navire, aux matelots d'y mettre le feu. Un carnage horrible suivit. [...] Les Maures, hagards d'épouvante, prenaient des tisons enflammés et les lançaient sur les Portugais, qui ripostaient de leurs mousquets. [...] La mer était rouge de sang. Des trois cents passagers du navire, pas un seul n'a survécu, à l'exception de vingt enfants que Dom Vasco fit évacuer avant l'incendie du bateau et que notre chapelain a baptisés ce matin.*

L'œuvre de Vasco de Gama fut reprise et amplifiée par Afonso d'Albuquerque, qui jeta véritablement les bases de l'empire portugais dans l'océan Indien, en faisant couler le sang sur ses rivages pour s'emparer de ses points stratégiques : Ormuz, Goa, Malacca.

J'avais des comptes à régler avec les découvreurs, dont les actes suscitent chez moi à la fois l'admiration et l'exécration.

D'autres parmi ces illustres navigateurs étaient animés d'intentions plus pacifiques. Le Portugais Magellan, qui avec Colomb et Vasco de Gama complète le trio des grands découvreurs, participa à la prise de Malacca. C'est dans cette ville qu'il acheta un esclave malais destiné à le servir. Plus tard, en 1519, il prit un commandement, et non des moindres, puisqu'il fut à la tête de la flottille du premier tour du monde de l'histoire, dont il fut l'instigateur. Lors de ce périple, il enlevait parfois un ou deux indigènes, comme le roi d'Espagne le lui avait commandé, afin de les ramener en Europe. Dans une île du Pacifique, des échauffourées avec des naturels par trop larrons firent des victimes. Un peu plus tard, Magellan mourut d'une flèche indigène, alors qu'il voulait mettre au pas les ennemis d'un roi philippin qui venait de se convertir au christianisme. Il semble néanmoins qu'il rechercha systématiquement la bonne entente avec les populations rencontrées. Il ne fut jamais l'instigateur de la traite d'êtres humains, de déportations, de pillages. Après sa mort, les capitaines qui lui succédèrent à la tête de l'expédition trafiquèrent pour leur propre compte, abordèrent des embarcations pour les piller, enlevèrent des femmes pour en abuser.

Enfin, citons le premier capitaine français ayant accompli un tour du monde : en 1766, Louis Antoine de Bougainville, commandant la frégate *La Boudeuse*, partit de Nantes pour un voyage de découverte, à des fins politiques – renforcer la présence française dans le Pacifique – et scientifiques. Lors d'une escale à Tahiti, un indigène fut embarqué, avec son consentement. Plus tard, après le retour de l'expédition, le Tahitien, lassé de découvrir la France, émit le désir de rentrer dans son pays. Bougainville engagea sa fortune pour affréter un navire afin de le rapatrier.

La manœuvre de la volta à partir du XVe siècle.

Dans l'hémisphère Nord, le vent tourne autour des anticyclones dans le sens des aiguilles d'une montre. Dans l'hémisphère Sud, c'est l'inverse.

On peut constater que pour les deux routes (retour d'Afrique vers le Portugal, ou direction des Indes *via* le cap de Bonne-Espérance), si les navires voulaient suivre la ligne droite pour arriver à destination, ils auraient à lutter contre le vent.

El Niño

Environ tous les quatre ans, les pêcheurs péruviens constatent l'arrivée d'un courant chaud le long de leurs côtes, qui fait disparaître les bancs d'anchois dont ils vivent. Comme cela se produit en général à la Noël, les pêcheurs ont baptisé ce courant El Niño – « l'Enfant Jésus ». Il s'agit plutôt d'un drôle de diable responsable de nombreux dérèglements climatiques sur l'ensemble de la planète, plus particulièrement dans l'océan Pacifique. Ce phénomène météorologique fait périodiquement son apparition, avec plus ou moins d'intensité. Celui de 1997-1998 fut le plus fort jamais observé.

En situation normale, l'alizé de sud-est souffle sur le Pacifique, au sud de l'équateur. Ce vent puissant et régulier pousse les eaux chaudes de l'océan vers l'ouest. La place laissée par cette masse d'eau du côté est, en particulier au large du Pérou, est occupée par l'eau froide des profondeurs, qui remonte alors, faisant chuter la température de surface. Ce phénomène, appelé *upwelling*, est apprécié des poissons et favorise la pêche. Cette mécanique s'entretient d'elle-même : l'air à l'ouest de l'océan est réchauffé par le courant, puis, l'air chaud

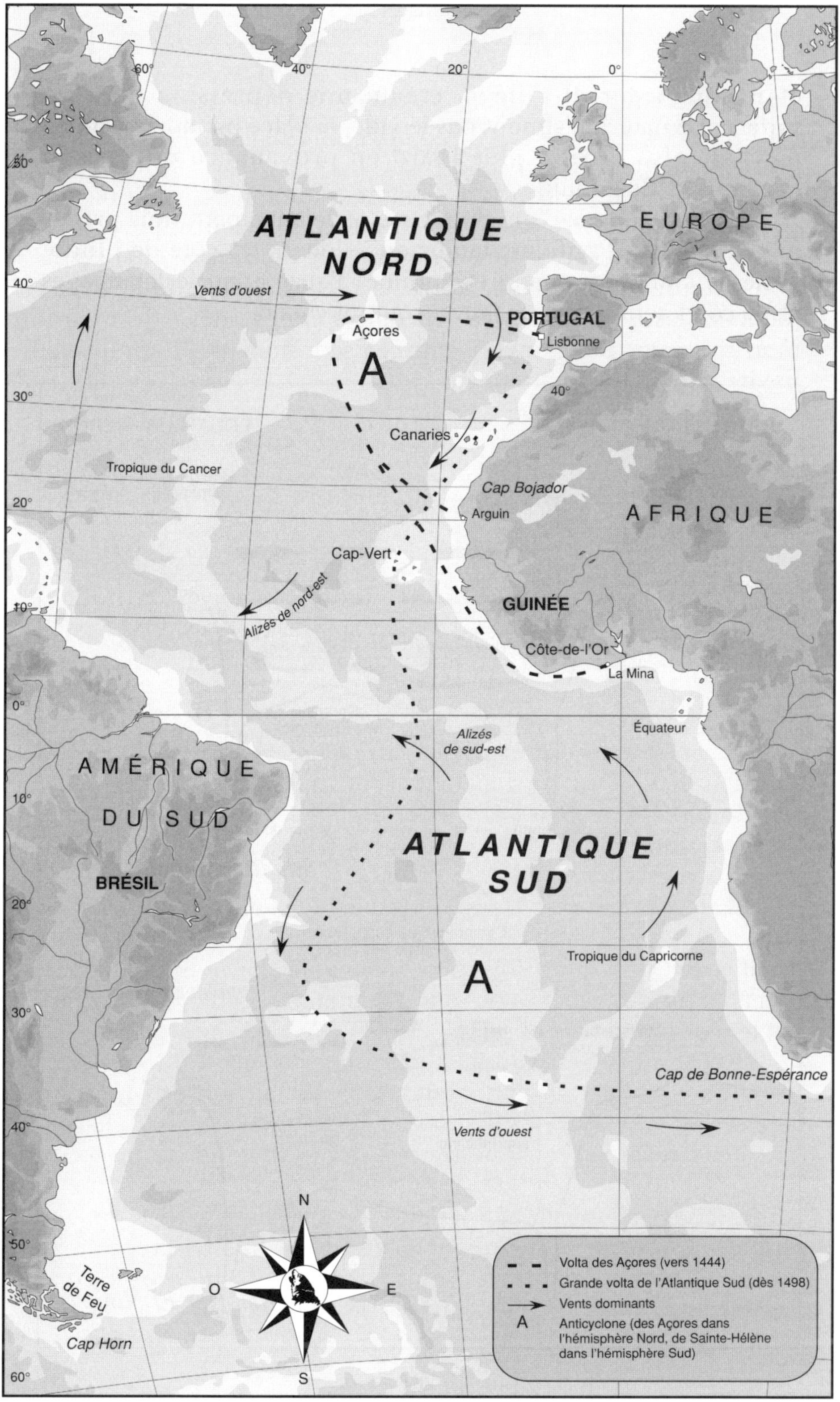

ATLANTIQUE NORD
EUROPE
Vents d'ouest
PORTUGAL
Açores
Lisbonne
A
Canaries
Tropique du Cancer
Cap Bojador
Arguin
AFRIQUE
Cap-Vert
Alizés de nord-est
GUINÉE
Côte-de-l'Or
La Mina
Équateur
Alizés
de sud-est
AMÉRIQUE
DU SUD
BRÉSIL
ATLANTIQUE
SUD
Tropique du Capricorne
A
Cap de Bonne-Espérance
Vents d'ouest
Terre
de Feu
Cap Horn
N
O
E
S
60°
40°
20°
0°
50°
40°
30°
20°
10°
0°
10°
20°
30°
40°
50°
60°
Volta des Açores (vers 1444)
Grande volta de l'Atlantique Sud (dès 1498)
Vents dominants
A
Anticyclone (des Açores dans l'hémisphère Nord, de Sainte-Hélène dans l'hémisphère Sud)

étant plus léger, il s'élève, créant une dépression d'air en surface. La nature n'aimant pas le vide, la place est alors occupée par l'air plus frais et plus lourd en provenance de l'est du Pacifique : l'alizé souffle.

En conséquence, un climat sec et relativement frais prédomine à l'est du Pacifique, tandis qu'à l'ouest, du côté de l'Indonésie, le climat est chaud et humide : l'alizé apporte les nuages et les côtes sont baignées par le courant chaud.

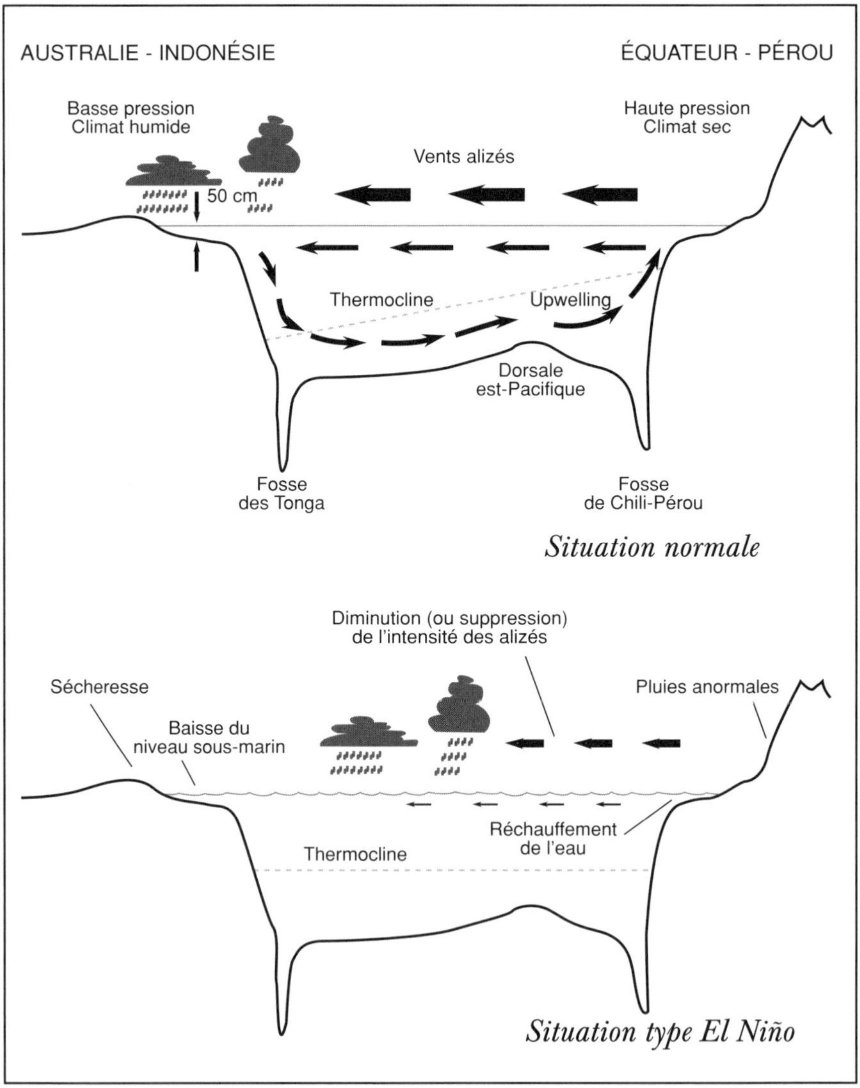

Certaines années, pour des raisons indéterminées, les alizés de sud-est du Pacifique Sud s'affaiblissent, voire s'inversent. C'est la situation type El Niño. Le courant de surface engendré par les alizés ne repousse donc plus les eaux chaudes vers l'ouest. De la sorte, les eaux froides ne parviennent plus au large des côtes de l'Amérique du Sud et le poisson migre, pour le malheur des pêcheurs péruviens. Des pluies diluviennes s'abattent sur le Pérou alors que l'Indonésie connaît la sécheresse et les incendies de forêt.

El Niño se ressent surtout aux abords de l'océan Pacifique, mais détraque aussi le climat dans d'autres régions du monde, sans que l'on sache précisément déterminer quels sont les dérèglements qui lui sont imputables.

La météo difficile que nous avons rencontrée entre Rio de Janeiro et Buenos Aires (vent, pluies, orages) a sans doute été influencée par son action. Ce qui est certain, c'est qu'El Niño aurait perturbé notre remontée de l'océan Pacifique si nous nous en étions tenus à notre projet initial : vents et courants, au lieu de nous être favorables en nous portant vers le nord-ouest, auraient été absents ou contraires. Ce qui aurait rendu cette longue navigation (nous prévoyions de relier directement Panamá depuis Valparaiso au Chili) extrêmement laborieuse. Et copieusement arrosée.

Sous le soleil exactement

Les rayons lumineux en provenance du Soleil se terminent par une flèche, qui pointe sur l'endroit de notre planète se trouvant, à midi, « sous le soleil exactement ». On constate que ce point n'est pas à la même latitude suivant le jour de l'année.

L'axe de rotation de la Terre n'est pas perpendiculaire au plan sur lequel elle effectue sa révolution autour du Soleil (plan de l'écliptique). En effet, notre planète est penchée, d'environ 23 degrés 26 minutes d'angle.

Le 21 juin, au solstice d'été, l'hémisphère Nord est penché vers le Soleil. Celui-ci n'envoie donc pas alors ses rayons perpendiculairement à l'équateur, mais au tropique du Cancer (les tropiques n'ont pas été tracés au hasard). La terre tournant sur elle-même, tous les points de ce tropique reçoivent les rayons du Soleil à la perpendiculaire (notre étoile est alors au zénith) successivement au cours de cette journée, à l'instant de midi.

Le point qui reçoit le soleil au zénith à midi est le point de la Terre le plus proche du Soleil. Pendant ce temps, à midi heure solaire en France, c'est le début de l'été, et le soleil culmine côté sud. Dans l'hémisphère Sud, jusqu'à l'équateur et même jusqu'au tropique du Cancer, le soleil de midi culmine au nord. À l'intérieur du cercle polaire antarctique, il fait nuit toute la journée (les cercles polaires n'ont pas été tracés au hasard), tandis qu'au pôle Nord et dans ses environs, le soleil ne se couche pas : c'est le soleil de minuit. On dit que la déclinaison est de 23° 26' nord.

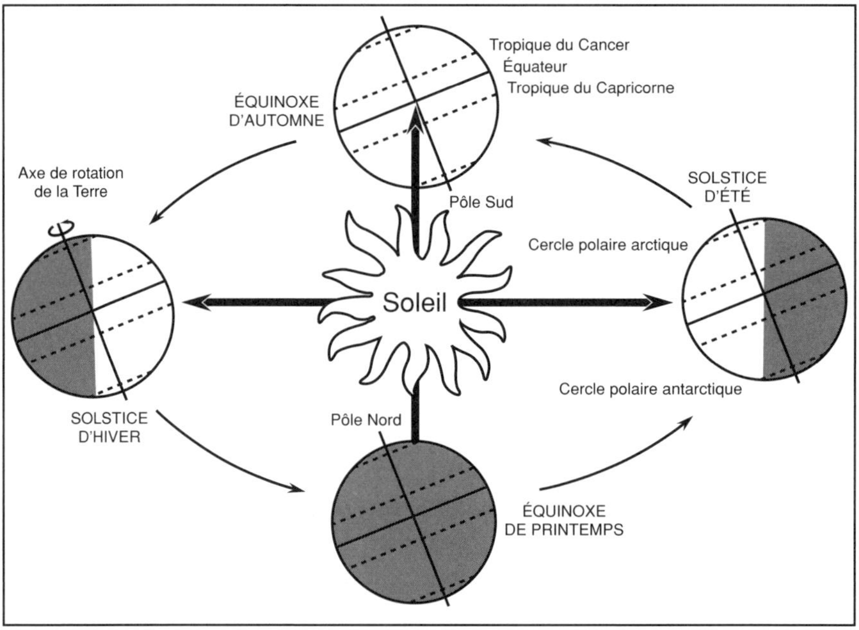

Six mois plus tard, le 21 décembre, au solstice d'hiver, la Terre a effectué la moitié de sa révolution autour du Soleil. Son axe de rotation penchant toujours du même côté, c'est cette fois l'hémisphère Sud qui est le plus ensoleillé : c'est le début de l'été austral. Seront « sous le soleil exactement » les personnes situées à midi sur le tropique du Capricorne. À cette latitude, l'astre du jour se lève précisément à l'est, monte perpendiculaire à l'horizon, culmine au zénith, redescend de l'autre côté et se couche perpendiculairement à l'horizon ouest (c'est pourquoi, sous les tropiques, les aurores et les crépuscules sont brefs).

Au pôle Sud, il fait jour depuis trois mois et pour trois mois encore. À l'intérieur du cercle polaire arctique, le jour ne se lève pas. On dit que la déclinaison est de 23° 26' sud.

Puis, à mesure que l'on se rapproche de l'équinoxe du 20 mars, cette déclinaison va évoluer vers le nord. À cette date, elle sera de 0° : aucun hémisphère n'est penché vers le Soleil davantage que l'autre. Sur toute la Terre, le jour et la nuit durent partout douze heures chacun (en dehors des équinoxes, seuls les points situés sur l'équateur ont une durée du jour égale à celle de la nuit). La latitude recevant le soleil au zénith à midi est alors la latitude zéro, l'équateur. Cette même situation se retrouve lors de l'équinoxe du 22 septembre.

On constate que les endroits qui reçoivent le soleil à la verticale sont ceux où la latitude est égale à la déclinaison. Cette déclinaison évolue légèrement tous les jours au cours de la révolution de la Terre autour du Soleil, et est comprise entre 23° 26' nord et 23° 26' sud : cela correspond à la latitude des deux tropiques. Elle est de 23° 26' nord le 21 juin, baisse jusqu'à être de zéro le 22 septembre, puis passe au sud et augmente jusqu'à 23° 26' sud le 21 décembre, pour revenir à zéro le 20 mars et remonter ensuite vers le nord. Elle est responsable des saisons.

Lors de notre passage du tropique du Cancer, le 14 juillet, la déclinaison était de 21° 38' nord, alors que la latitude est de 23° 26' nord. La déclinaison avait atteint son maximum de 23° 26' nord un peu plus de trois semaines avant, le 21 juin (ce jour-là, le soleil était au zénith sur le tropique). Elle avait donc déjà commencé à baisser. Le lendemain, 15 juillet, nous avons gagné un peu de latitude vers le sud et rattrapé la déclinaison, qui était de 21° 28' nord à midi. Notre latitude était aussi de 21° 28' nord. Nous étions « sous le soleil exactement ». La veille et les jours précédents, le soleil culminait au sud ; le lendemain et les jours suivants, il culminait au nord. Puis nous nous sommes arrêtés un mois et demi à la latitude des îles du Cap-Vert. Pendant ce temps, la déclinaison nous rattrapait (elle était égale à notre latitude le 6 août) et nous dépassait : le soleil repassait au sud. Nous le rattraperions un peu plus tard, le 7 septembre (à une latitude d'environ 6° nord), pour ensuite le remettre à notre nord. En moins de deux mois, nous sommes donc passés trois fois « sous le soleil exactement ».

Considérations techniques

Le choix du matériel a été dicté par les nécessités du voyage et par le budget. Tous les frais ont été divisés en deux parts égales entre mon coéquipier et moi-même. Le bateau a été acheté l'équivalent de 50 000 euros. Du matériel supplémentaire, pour environ 7 500 euros, est venu compléter l'armement (voir le chapitre « A volta do mar largo » pour les raisons de ces choix). D'autre part, une multitude de points à résoudre, plus ou moins importants, apparaissaient tout au long de la phase de préparation. Pour en avoir une idée, voici un aperçu des listes que nous tenions à jour régulièrement pendant cette période :

- Matériel à rassembler :
  tente
  vêtements chauds et duvet
  vestes de quart
  fourrure polaire
  moufles
  anti-moustiques
  bouillottes
  ciseau à ongles
  dentifrice
  lessive et shampooing
  papier hygiénique, allumettes, torchons
  produit pour désinfecter l'eau (genre Micropur)
  café en poudre
  citrons verts
  bouteille de gaz
  four
  pétrole désaromatisé
  pharmacie
  formulaire E111 pour la Sécurité sociale
  documents d'assurance
  ceinture pour dissimuler l'argent
  cartes marines
  carte générale du Brésil et de détail de Salvador
  ouvrage sur les marées en Patagonie (1997 et 1998)
  éphémérides 1998
  lampes (route arrière, compas de route et table à cartes)
  lampes frontales

ampoules moins « gourmandes » pour les feux de route
aviron
balise Sarsat
sextant
batterie 2
bidons 35 l (qui doivent entrer sous le siège cockpit)
multimètre
tubes PVC
clés à pipe 10, 17, 8, 9 (pour compléter la caisse à outils)
coupe-orin
pince
cadenas intérieur capot avant
tige filetée et aérien de rechange pour régulateur
3 poulies
taquet d'écoute de grand-voile
drisses et écoutes de rechange
protection haubans et barres de flèche
palan pour empointure
scotch à voile
cadènes dans cockpit (pour accrocher le harnais)
ligne de vie pour cockpit
halin (système Glénans de repêchage d'homme à la mer)
2 longues aussières
pare-battage à remplacer
taud de soleil
interrupteur
système pour boucher les aérations
cloisons avant + réserve bois
support table du carré tribord arrière
radiocassettes
pavillons des pays à visiter

• Choses à faire :
prévoir l'avitaillement
penser à la répartition des poids
se faire vacciner contre l'hépatite B
retirer des dollars
effacer l'ancien nom de la bouée couronne
étalonner le baromètre
vérifier les toiles antiroulis

tester le chauffage
changer le tuyau de gaz
remplacer le support d'antenne du GPS
étanchéifier les hublots des cabines arrière
resserrer le stick
vérifier le gréement et la girouette
vérifier la soudure des crochets pour prise de ris
protéger les écoutes
graisser les winches
fixer le pataras
passer en revue et renforcer les voiles et le foc2
installer des penons
étanchéifier le pied de mât
trouver une place pour l'annexe
réparer la fuite et le moteur de l'annexe
vidanger le moteur
vérifier le feu à retournement
amortir les vibrations de l'éolienne
graisser le régulateur d'allure
essayer la pale de gros temps du régulateur
revoir le système baisser/lever du régulateur

• Questions à trancher :
adhésion à l'Unité amateur
visas pour le Cap-Vert et Cuba
réservoir souple pour l'eau
désalinisateur
stockage du gaz
récepteur cartes météo
expertise gréement
prise du 3e ris
plan d'action en cas de chavirage
2e annexe
3e batterie de rechange
perche IOR
mouillage lourd (FOB ou CQR ?)
étanchéifier la descente
étanchéifier les capots arrière
clouer les planchers
hard-top

Voici maintenant quelques considérations techniques, en complément de celles déjà évoquées dans le corps du livre.

Le régulateur d'allure s'est révélé un auxiliaire précieux et fidèle. Au départ, nous avions une certaine méfiance envers cet appareil qui prétendait pouvoir rivaliser avec nous à la barre de *La Volta*. Un temps d'adaptation fut nécessaire avant que nous ne daignions lui abandonner la conduite du bateau en toute confiance. Il lui faut suffisamment de vent apparent pour être efficace. L'une de ses qualités est d'être un système entièrement mécanique et donc de ne pas consommer d'électricité. Cet ustensile me semble indispensable pour un voyage au long cours, tant il décharge l'homme de quart de la tâche de barrer.

Le pilote automatique électrique, gourmand en énergie, ne fut utilisé que lorsque le moteur était en marche.

Nous avions à la fois un système de foc à enrouleur sur l'étai principal et un étai largable sur lequel nous avons utilisé deux voiles : le tourmentin et le foc 2. Lorsque le vent forcissait, à la suite de la prise du deuxième ris, la réduction de toile suivante nous amenait généralement à enrouler complètement le foc à enrouleur pour installer le foc 2 sur l'étai largable. Le gréement se trouvait plus ramassé, et *La Volta* plus à l'aise dans une mer formée. Aujourd'hui, je pourrais difficilement me passer des avantages que procure un étai largable en complément d'un système de foc à enrouleur.

À partir de deux ris foc 2, une garde-robe que nous appréciions, nos harnais étaient crochés aux haubans, aux lignes de vie ou aux crochets que nous avions installés à cet effet en haut de la descente. Nous pouvions ainsi nous attacher avant même de sortir de l'intérieur du bateau. Dans le gros temps, les harnais étaient crochés en permanence. En ce qui concerne la prévention de l'homme à la mer, nous avions choisi le système de l'école de voile des Glénans : un feu à retournement, régulièrement vérifié, était relié à la bouée couronne par environ 80 mètres de halin. Ce cordage en polypropylène, léger (il flotte), de couleur jaune (il est visible), doit permettre à l'infortuné tombé à l'eau de revenir par lui-même au bateau, s'il est conscient, et à condition de stopper l'embarcation suffisamment vite (lofer immédiatement et lancer le feu à retournement sont de bons premiers réflexes).

Sous deux ris foc 2, notre éolienne était efficace mais bruyante, faisant vibrer la coque en aluminium. Nous l'arrêtions si elle devenait trop gênante pour le ou les dormeurs. Dans l'ensemble, elle nous fournissait suffisamment d'énergie. Toutefois, elle ne permettait pas à elle seule de garder les feux la nuit. Nous les éteignions lorsque nous n'étions pas dans une zone de trafic important.

Un itinéraire plus tropical nous aurait amenés à faire le choix de panneaux solaires, mais notre parcours s'est fait en partie dans des régions où le vent est plus vif que le soleil.

La gestion de l'énergie nous demandait tout de même une surveillance régulière. Malgré tout, au début du voyage, nous laissions parfois négligemment nos deux batteries (d'une capacité d'environ 100 Ah chacune) se décharger. À la suite de ces moments d'inattention, nous remplaçâmes, à deux reprises, une batterie qui ne tenait plus la charge. Nous changeâmes ces batteries sans entretien par des batteries pour lesquelles il fallait surveiller le niveau d'eau : celles-ci résistent mieux à une décharge complète.

L'imperfection dont souffrait *La Volta* était sa difficulté à remonter au vent. La version de notre Romanée, quille longue (donc peu profonde, 1,57 m de tirant d'eau), n'est pas la meilleure pour ce genre d'exercice. Cependant, compte tenu de notre itinéraire, nous préférions tout de même celle-ci à l'autre version, quille plus profonde. En effet, les voiliers à grand tirant d'eau ont l'inconvénient de partir plus facilement au lof en allure de fuite dans le gros mauvais temps. Par un effet de croc-en-jambe, cela peut les faire chavirer.

Parmi les quelques incidents auxquels nous avons dû faire face se situe en bonne place la double panne de moteur et d'électricité à Puerto Madryn. Le problème venait finalement tout simplement d'un câble électrique débranché.

Le plus gros souci nous est venu des haubans. Nous avions jugé plus sûr de tous les changer avant le départ. Heureusement, nous avions gardé à bord tous les anciens. Dès la première vérification de gréement, soumis au regard expert de Sébastien, lors de la première étape, celui-ci remarqua que deux d'entre eux présentaient un angle au niveau du sertissage entre le câble et l'embout. Ils furent les premiers à nous lâcher. D'autres suivirent tout au long du parcours. Nos nombreuses inspections nous permettaient parfois de déceler des gendarmes avant que tous les torons ne cèdent. D'autres fois, c'était le hauban qui tombait sur le pont, cassé net. Par bonheur le mât, lui, n'est pas tombé. Lors de l'escale de Buenos Aires et du retour de Thierry en France à cette occasion, mon coéquipier prit contact avec notre fournisseur pour lui faire part de nos déboires. Nous reçûmes alors gracieusement un bas-étai de rechange, d'une section plus importante que le précédent. Mais celui-ci était trop long et présentait lui aussi un angle inquiétant au niveau du sertissage. À la fin du voyage, la quasi-totalité des haubans à poste était à nouveau ceux d'origine.

L'incident le plus sérieux du voyage survint lors de la transat retour : la cadène de l'étai, en aluminium soudé au pont, cassa net, faisant valser le génois. Heureusement, l'étai largable était à poste (ce qui était souvent le cas vu nos problèmes de haubans). D'autres anneaux d'aluminium situés juste en arrière permirent d'y fixer l'étai ; leur solidité paraissait bonne. Ça a tenu. Nous ne savons pas si la casse de la cadène est une conséquence du choc avec la goélette de Puerto Navarino, dans le canal Beagle. Plus tard, plusieurs témoignages nous feront part de la casse de cette cadène sur Romanée.

Pour donner une idée de l'entretien courant à effectuer, voici le contenu de la rubrique « Problèmes rencontrés » de notre livre de bord, tout au long du voyage. Cette rubrique permettait de récapituler à l'escale ce qu'il y avait à faire, si ce n'avait pas été fait au fil de l'eau durant l'étape. Les tâches récurrentes d'entretien courant ne sont ici reproduites qu'une seule fois.

Réparer taquet d'écoute de grand-voile
Batteries déchargées
Vérification gréement effectuée
Graisser le winch d'écoute bâbord
Le feu blanc de route ne fonctionne plus
Idem lumière table à cartes
Crochet prise de ris cassé
Resserrer attache éolienne
Hublot cabine arrière tribord : joint à refaire
Frigo en panne
Manche à air avant envolée
Vérifier les niveaux moteur
Le bas-étai tombe sur le pont
Carénage
Réparer l'annexe

Graisser réas et poulies
Graisser rail de grand-voile, régulateur
Chercher fuite d'huile
Pompe à eau de mer bloquée
Sécurité gazinière inefficace
Pompe de cale hors service : décrasser filtre
Nettoyer les fonds
Le moteur n'accélère plus
Câble de hale-bas cassé
Nettoyer l'hélice du loch
Latte de grand-voile à la baille
Recoudre les goussets de latte
Nerf de chute du foc 2 ne tient pas
Chandelier avant tribord à refixer
Étanchéité pied de mât à refaire
Étalonner baromètre
Remplacer drisse de grand-voile
Lignes de pêche inefficaces
Manivelle de winch à l'eau
Barre de pompe de cale aussi
Assurer le nœud de chaise de la drisse
Vérifier les cadènes
Foc enrouleur déchiré
Passer lignes de vie à l'intérieur des haubans
Desserrer bas-étai
Électricité en rade
L'embrayage n'arrête plus l'hélice moteur arrêté
Changer piles feu à retournement
Pilote électrique hors service
Collision avec goélette : chandeliers pliés, trou génois
Le moteur s'arrête sans raison, puis redémarre
Vérifier cadène pataras
Aussière rompue
Faire le plein gasoil et eau (réservoirs et bidons)
Anodes d'arbre d'hélice disparues
Couture bordure génois

Finalement, nous n'avons pas eu de problème majeur pouvant remettre en cause tout ou partie du voyage. Cela est dû à différents facteurs.

Notre préparation fut sérieuse. Heureusement, nous pûmes nous entourer d'amis plus experts que nous dans l'art d'amener un bateau en excellente santé sur la ligne de départ. Notre assiduité à l'entretien courant permit de prolonger cet état de grâce jusqu'à la ligne d'arrivée. Nous nous sommes attachés à la sécurité tout au long du parcours. La vérification des points sensibles (gréement, safran), l'entretien du moteur et des voiles se faisaient régulièrement. Notre fidèle embarcation, déjà réputée robuste, fut ménagée et nous évitions en particulier de la surtoiler. Nos choix de navigation privilégiaient les options de route les plus sûres, compte tenu des spécificités des différents bassins de navigation traversés. Enfin, nous eûmes à affronter des conditions parfois difficiles, mais jamais démesurées. Un zeste de chance n'est-il pas souhaitable pour réussir une telle entreprise ?

Le sloop La Volta

Type :	Romanée (version petit tirant d'eau)
Année de construction :	1982
Matériau :	aluminium
Architecte :	Philippe Harlé
Longueur :	10,20 m (8 m à la flottaison)
Largeur :	3,50 m
Tirant d'eau :	1,57 m
Poids lège :	4,60 t
Lest :	1,65 t
Voilure au près :	62 m² (grand-voile 20 m², génois 42 m²)
Moteur :	Volvo MD11C 25 CV
Confort :	2 cabines, 8 couchettes
Équipements :	éolienne, régulateur d'allure, radar, étai largable pour foc de route et tourmentin

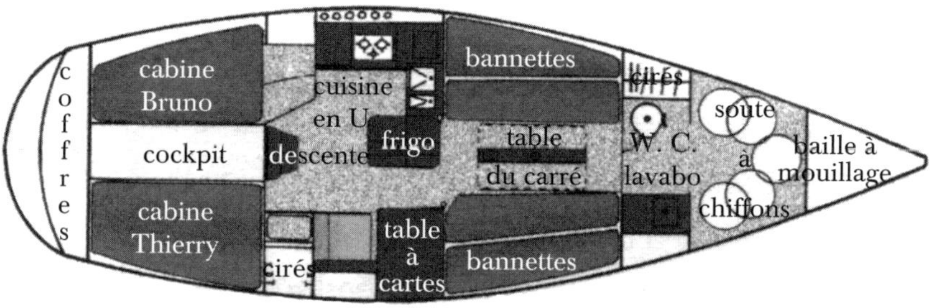

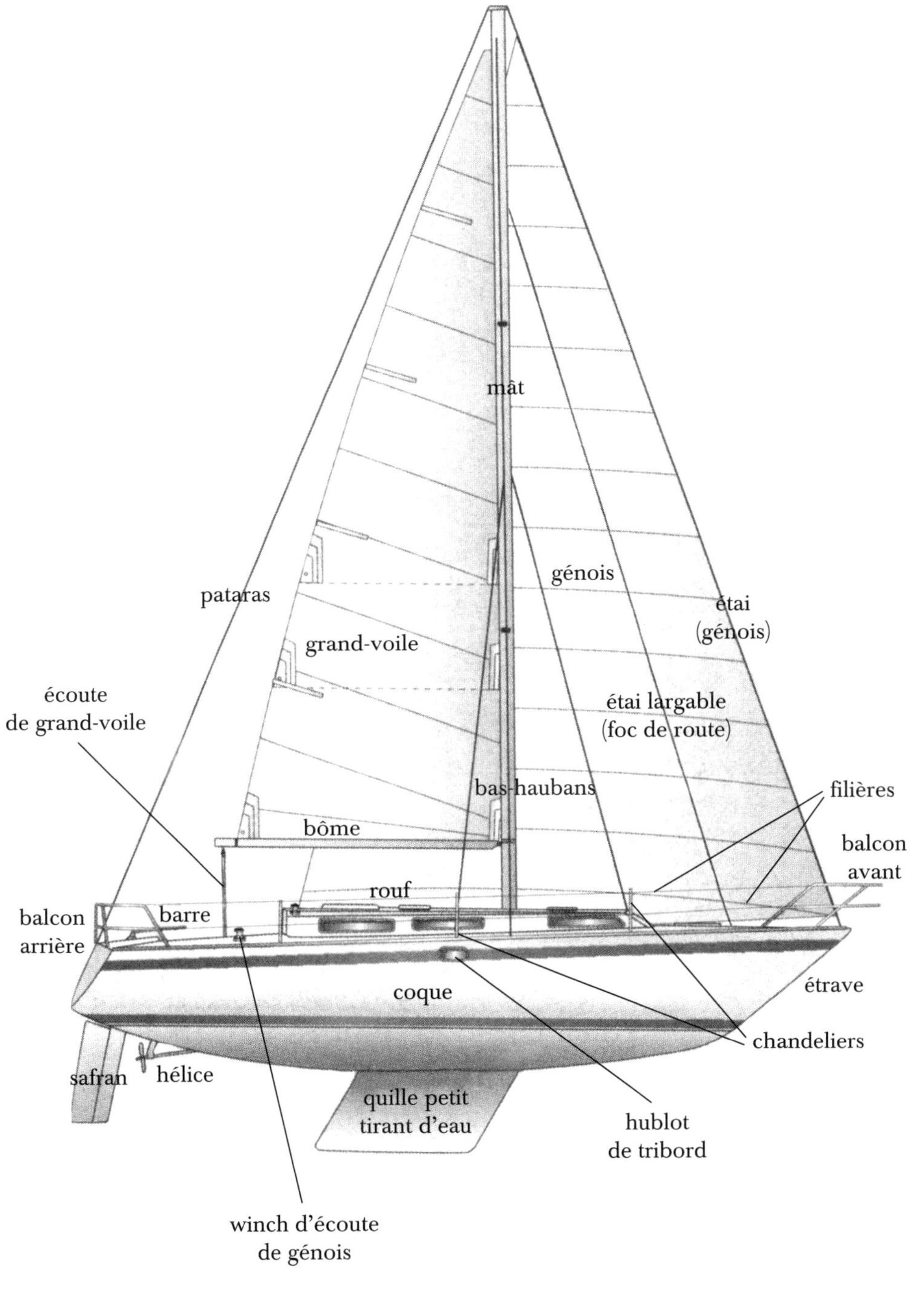
mât
pataras
grand-voile
génois
étai
(génois)
écoute
de grand-voile
étai largable
(foc de route)
bas-haubans
filières
bôme
balcon
avant
rouf
balcon
arrière
barre
étrave
coque
chandeliers
safran
hélice
quille petit
tirant d'eau
hublot
de tribord
winch d'écoute
de génois

CHRONOLOGIE

14-21 juin 1997	Île d'Oléron / Lisbonne
21-29 juin	Escale à Lisbonne
29 juin - 17 juillet	Lisbonne / îles du Cap-Vert avec une brève escale aux îles Canaries
17 juillet - 1er septembre	Escales aux îles du Cap-Vert
1er-20 septembre	Îles du Cap-Vert / Salvador (traversée de l'océan Atlantique)
20 septembre - 8 octobre	Escale à Salvador avec balades autour de Salvador
8 octobre - 2 novembre	Salvador / Buenos Aires avec courtes escales à Ilhéus, Rio de Janeiro et Florianópolis
2-27 novembre	Escale à Buenos Aires
27 novembre - 29 décembre	Buenos Aires / Ushuaia (avec courtes escales à Colonia, Mar del Plata, Puerto Madryn, *caleta* Raso, *Isla Leones*, Puerto Deseado) ; passage du cap Horn le 28 décembre
29 décembre - 10 février 1998	Ushuaia / Punta Arenas avec nombreux mouillages autour de la Terre de Feu
10-21 février	Punta Arenas / Mar del Plata
21 février - 9 mars	Escale à Mar del Plata
9 mars - 3 avril	Mar del Plata / Salvador avec brèves escales à Buzios, Vitoria, îles Abrolhos
3 avril - 1er juin	Escale à Salvador avec balades autour de Salvador
1er juin - 12 juillet	Salvador / Açores (traversée de l'océan Atlantique) avec courte escale à Aracaju
12-27 juillet	Escales dans l'archipel des Açores
27 juillet - 12 août	Açores / Pornic puis Nantes

GLOSSAIRE

 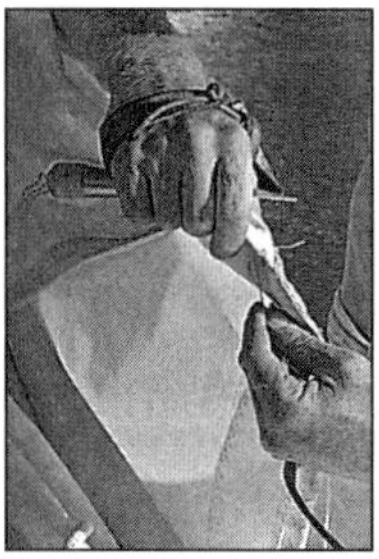 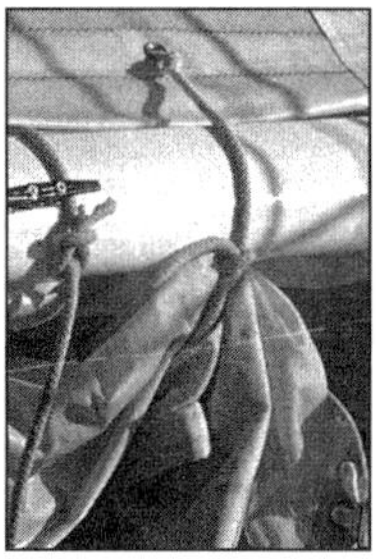 

ABATTRE : gouverner de façon à éloigner l'axe d'un bateau du lit du vent. L'allure est alors plus confortable, le vent plus portant.

AFFALER : faire descendre, en parlant d'une voile.

ANNEXE : embarcation gonflable servant à rejoindre la rive depuis un bateau à l'ancre, et *vice versa. « Ils durent ramer énergiquement afin de rejoindre le rivage, avant que leur vieille annexe ne se dégonfle complètement. »*

AUSSIÈRE : gros cordage destiné au touage ou à l'amarrage d'un bateau.

AVITAILLEMENT : denrées, fournitures et consommables nécessaires à bord d'un bateau.

BÂBORD : côté gauche lorsqu'on regarde l'avant du navire.

BEAUPRÉ : espar placé à l'avant de certains navires, plus ou moins obliquement, qui prolonge la proue et reçoit l'étai.

BÔME : grand espar horizontal au bas de la grand-voile. *« L'infortuné matelot reçut un violent coup de bôme sur la tête qui le fit passer par-dessus bord. »*

BORD : chaque côté du navire, considéré par rapport au vent. Exemple : le bord sous le vent. *« Tirer des bords »* signifie louvoyer.

BOSSE : cordage qui tient un ris contre la bôme.

CADÈNE : chaîne fixée au bordage où sont rivés haubans et étais.

CARRÉ : espace principal à l'intérieur d'un voilier, qui sert notamment de salle à manger.

CHANDELIER : pièce métallique verticale disposée autour du pont du bateau de manière à maintenir les filières. *« Le choc avec la goélette fit plier deux chandeliers. »*

CIRCUMNAVIGATION : périple autour d'une vaste étendue de terre ou du globe.

COCKPIT : emplacement situé à l'arrière du voilier, où se tient l'homme de barre.

DÉFENSES (OU PARE-BATTAGE) : bouées suspendues le long du bord pour protéger la coque du ragage ou des chocs.

DESCENTE : ouverture étroite par laquelle on entre à l'intérieur du bateau. Des panneaux amovibles en bois en ferment l'accès.

DRISSE : cordage servant à tenir les voiles en haut du mât.

ÉCHELLE DE BEAUFORT : échelle permettant de mesurer la force du vent. Elle va de 0 (calme) à 12 (ouragan). *« "Nous avons essuyé des rafales à un bon force 10", se vanta le plaisancier au comptoir du bar du port, à la quatrième pinte. »*

ÉCOUTE : cordage servant à orienter une voile et à l'amarrer à son coin inférieur sous le vent.

EMPANNER : virer de bord en passant par vent arrière.

ÉQUIPET : rangement à l'intérieur du bateau.

ESPAR : longue pièce en bois ou en métal, utile au maintien du gréement sur un voilier. Exemples : mât, bôme.

ÉTAI : hauban qui joint le haut du mât à la proue.

ÉTRAVE : pièce saillante qui forme la proue d'un navire. *« Je suis bercé par le chuintement régulier de la vague d'étrave contre la coque. »*

FILIÈRE : petit câble faisant le tour du bateau, soutenu par des chandeliers.

FOC : voile triangulaire hissée à l'avant du navire. Il peut être monté sur enrouleur : on réduit sa surface à mesure que le vent forcit en l'enroulant autour de l'étai. Sinon, on doit en changer selon la force du vent. Un jeu de focs peut comporter, du plus grand au plus petit, le génois, le foc 1, le foc 2, le tourmentin.

GAFFE : perche munie d'un croc et d'une pointe qui permet notamment d'attraper une bouée d'amarrage.

GALHAUBAN : cordage ou câble qui assujettit un mât sur le côté et vers l'arrière.

GÉNOIS : voir « foc ».

GÎTE (OU BANDE) : inclinaison sur un bord. On dit d'un bateau qu'*« il gîte »* ou qu'*« il donne de la bande »*.

GOÉLETTE : voilier à deux mâts, dont celui de l'arrière est plus haut ou aussi haut que celui de l'avant.

GPS : appareil relevant du *Global positioning system* qui, *via* le relais d'un maillage de satellites, indique la position du navire.

GRAND LARGUE : allure d'un navire entre le vent de travers et le vent arrière.

GRAND-VOILE : voile principale d'un voilier, située à l'arrière du mât.

GRÉEMENT : ensemble formé par le mât, les voiles, les cordages, poulies et pièces associées.

HALIN : cordage destiné à haler.

HAUBANS : câbles maintenant le mât à la verticale.

HAUTURIER : relatif à la haute mer. *« Le capitaine Haddock lança une série de jurons hauturiers à la cantonade. »*

ITAGUE : câble ou chaîne qui permet de déplacer une voile.

KETCH : voilier à deux mâts, dont celui de l'avant est plus haut que celui de l'arrière.

LIGNE DE VIE : filière fixée au pont pour recevoir les mousquetons des harnais de sécurité.

LOCH : instrument servant à mesurer la vitesse apparente d'un navire.

LOFER : gouverner de façon à rapprocher l'axe d'un bateau du lit du vent. *« Sous l'effet de la rafale, le bateau partit au lof sans que le barreur ne puisse l'éviter. »*

LOUVOYER : remonter le plus près possible du vent en changeant de direction, d'un côté et de l'autre de celui-ci.

LOVER : rouler un cordage en cercles superposés.

MILLE : le mille marin équivaut à la soixantième partie d'un degré équatorial, soit 1 852 m.

MOUILLAGE : action de jeter l'ancre et emplacement favorable où jeter l'ancre.

NŒUD : unité de vitesse qui correspond à une progression d'un mille marin à l'heure.

ORAIN (OU ORIN) : filin reliant une ancre à sa bouée.

Pataras : hauban arrière fixe d'un voilier.
Penon : banderole fixée au-dessus du pont qui indique la direction du vent.
Pétole (argot) : absence de vent. *« Ils pestèrent contre deux jours de pétole dans le Pot-au-Noir. »*
Piaule (argot) : vent fort. On dit parfois *« un coup de piaule »* ou *« ça piaule »*.
Portant : allure d'un bateau poussé par le vent.
Poupe : arrière d'un navire.
Près : allure d'un bateau remontant vers le vent en gardant les voiles gonflées.
Proue : avant d'un navire.
Ragage : déchirure ou usure par frottement.
Ris : partie basse de la grand-voile pliée le long de la bôme, de manière à réduire sa surface lorsque le vent forcit, en l'abaissant d'un cran. Sur *La Volta*, on peut prendre jusqu'à trois ris. Au-delà, il faut complètement plier la voile afin qu'elle ne fasse plus du tout de prise au vent. *« Ce fort coup de vent les obligea à prendre le troisième ris. »*
Roof (ou rouf) : superstructure, parfois munie d'un capot à glissières, établie sur le pont d'un navire.
Sextant : instrument à réflexion qui permet de mesurer l'angle d'un astre au-dessus de l'horizon de manière à trouver sa propre position. *« Avec le GPS, les jeunes ne savent même plus utiliser le bon vieux sextant. »*
Sloop : voilier à un mât, portant une grand-voile et une seule voile d'avant.
Spi (ou spinnaker) : voile triangulaire d'avant, légère, très creuse et de grande surface. Ne sert qu'aux allures portantes.
Taud : abri de toile tendu au-dessus du pont ou étui pour protéger les voiles serrées.
Touage : action de faire avancer un navire en tirant à bord sur une amarre.
Tourmentin : petite voile de gros temps, à l'avant d'un voilier. Voir « foc ».

TRAVERS : allure d'un bateau recevant le vent de travers.

TRIBORD : côté droit lorsqu'on regarde l'avant du navire.

VENT ARRIÈRE : allure d'un bateau recevant le vent de l'arrière.

VENT DEBOUT : allure d'un bateau se trouvant face au vent.

VHF : radiotéléphone maritime sur ondes métriques *(Very High Frequency)*, permettant de communiquer depuis un navire, d'une portée d'environ 30 milles.

VIRER : changer le côté du navire recevant le vent. Employé seul, signifie implicitement que l'on passe par le vent debout pour effectuer cette manœuvre. Si l'on passait par le vent arrière, on dirait *« virer lof pour lof »* ou plus communément *« empanner »*.

WINCH : treuil manuel pour les drisses ou les écoutes.

Remerciements

Après avoir guidé *La Volta* hors de la barre d'Aracaju,
le vieux Zé « Fish » s'apprête à plonger
pour rejoindre la côte brésilienne.

Merci aux équipiers qui ont embarqué successivement, pour un jour ou un mois, à bord de *La Volta* au cours de notre périple : Nicolas Charpentier, Serge Viallefond, Sébastien Fivaz, Isabelle d'Halluin, Marion et Perrine Pierlas, Claire, Julie et Léa Debyser, José Djalma de Morais Junior, Stéfan Le Lay, Éric Marion, Éliane Lorang, Brigitte d'Halluin, Nicole Debyser, Pascal Sylvestre, Jean-René Lorang, Arnaud d'Halluin et enfin Daniel Debyser, qui me remplaça efficacement lors de la transat retour de Salvador à l'archipel des Açores, que j'ai rejoint en avion de façon à prolonger mon séjour au Brésil. ph. 67-73

Merci à celles et ceux qui m'ont offert leur hospitalité, leur aide ou leur affection et que, malheureusement, je n'ai pu citer dans le corps du récit, comme Henrique, Luis, Daniel, Suzanne, João, Ricardo, Alejandra, Patricia, Jaqueline et, bien sûr, la famille de Junior : son père et sa mère « Tia », ses sœurs Angela, Rosa, Rosie.

Merci à Zé « Fish », le vieil homme brésilien qui guida *La Volta* dans le franchissement de la barre de déferlantes de la rivière d'Aracaju, où elle était venue se réfugier pour réparer la cadène de l'étai, rompue au début de la transat retour. Une fois son devoir accompli et après avoir rendu *La Volta* à la mer, le vieux Zé plongea pour environ deux heures de nage afin de rejoindre la côte.

Merci à ceux qui ont contribué, de près ou de loin, à la réalisation de notre rêve, à Olivier Carré et André Gentil pour leurs conseils, à tous les adhérents de l'association « L'astral de La Volta » et aux membres de son bureau : Claire Debyser, Michel Blanc et Bernard Sylvestre-Baron.

Merci à ceux qui m'ont encouragé dans la rédaction de ce livre : Raphaële Glaux, Christian Aumaître, Jeanneton et André Daleux, Évelyne Duffez, Vonjy Andrianatoandro et Gaëlle Clanet, ma compagne.

Merci enfin à toi, lectrice ou lecteur, auquel je propose de prolonger la navigation avec *La Volta* sur mon site Internet : http://membres.lycos.fr/lavolta/.

SOMMAIRE

SOMMAIRE

Achevé d'imprimer sur les presses
de l'imprimerie Jean-Lamour
à Maxéville (54)
Décembre 2003